山东高速青岛胶州湾大桥建设丛书

互通立交

■ 王兆星　主　编
■ 刘国强
于　坤　副主编

人民交通出版社股份有限公司

内 容 提 要

本书是青岛胶州湾大桥建设丛书之一，共有7章，系统介绍了青岛胶州湾大桥红岛互通立交枢纽工程和李村河互通立交枢纽工程的方案选择、施工图设计和施工等相关技术内容，阐述了工程实施过程中的设计理念、设计思路及施工中所采用的关键技术。

本书丰富了我国海上互通立交桥工程的建设技术资料库，可供跨海工程、桥梁工程技术人员和高等院校师生参考借鉴。

图书在版编目(CIP)数据

互通立交／王兆星主编．—北京：人民交通出版社股份有限公司，2016.11

（山东高速青岛胶州湾大桥建设丛书）

ISBN 978-7-114-13412-8

Ⅰ．①互… Ⅱ．①王… Ⅲ．①跨海峡桥－桥梁设计－青岛 Ⅳ．①U448.192.5

中国版本图书馆CIP数据核字(2016)第255409号

山东高速青岛胶州湾大桥建设丛书

书　　名：互通立交
著 作 者：王兆星
责任编辑：张征宇　刘永芬
出版发行：人民交通出版社股份有限公司
地　　址：(100011)北京市朝阳区安定门外外馆斜街3号
网　　址：http://www.ccpress.com.cn
销售电话：(010)59757973
总 经 销：人民交通出版社股份有限公司发行部
经　　销：各地新华书店
印　　刷：北京市密东印刷有限公司
开　　本：787×1092　1/16
印　　张：12.5
字　　数：284千
版　　次：2016年11月　第1版
印　　次：2016年11月　第1次印刷
书　　号：ISBN 978-7-114-13412-8
定　　价：40.00元
(有印刷、装订质量问题的图书由本公司负责调换)

《山东高速青岛胶州湾大桥建设丛书》编审委员会

主　任：孙　亮

副主任：艾贻忠　姜振亭

委　员：姜言泉　陈代级　钱　洪　于　潜　董淑喜
刘元良　刘殿君　杨振平　邵新鹏

编辑工作委员会

主　任：姜言泉

副主任：邵新鹏

成　员（按姓氏笔画排列）：

于　坤　于天胜　于长河　马士杰　王　麒
王兆星　王存毅　王行耐　王明军　王晓昆
王晓乾　韦晓霞　刘国强　庄纪文　闫宗山
吴　健　宋吉刚　张　莉　季　辉　季锦章
周　斌　周焕涛　荆玉才　赵建刚　赵世超
段爱忠　徐　强　郭保林　崔　峰　商　晨
盖国晖　董君玲　彭　霞　程建新　翟文琦
蔡建军　鞠锦慧

《互通立交》编委会

主　　编：王兆星

副 主 编：刘国强　于　坤

编写人员（按姓氏笔画排列）：

于长河　王传波　王明军　王晓乾

牛立军　兰　彬　孙　瑜　安　静

任惠表　刘　辉　庄小勇　张保民

陈　辉　周焕涛　荆玉才　娄忠应

赵根生　贾　玉　路征远　翟文琦

序

山东高速青岛胶州湾大桥(以下简称胶州湾大桥)是我国北方冰冻海域特大桥梁工程,是青岛市规划的东西跨海通道“一路一桥一隧”中的“一桥”。大桥全长41.58km,为山东半岛蓝色经济区战略的重要交通枢纽,对进一步完善青岛市东西跨海交通联系,为城市的深度发展拓展出崭新的空间。

胶州湾大桥,由青岛市人民政府采取特许经营权模式,进行公开招标。山东高速集团凭借良好的信誉、雄厚的资金和技术实力、丰富的建设管理经验,一举中标成为项目法人。

胶州湾大桥,早在1993年4月就开始前期工作,经历了规划、预可、工可、初设、施工图设计和招投标等严格的建设程序,共历时13年零8个月。这期间,包括两院院士、长江学者在内的数百名中外专家、学者为大桥付出了心血和汗水。

胶州湾大桥开工建设以来,国家有关部委,山东省委、省政府以及青岛市委、市政府等各方面高度重视,要求建设者高标准、高质量建成精品工程。全体建设者露宿风餐、无私奉献、奋勇攻关,确保了工程质量、建设进度和施工安全,整个工程建设过程中,未出现一起质量、安全事故,没有发生一起违法违纪事件。

胶州湾大桥建设者始终坚持创新引领,攻克了许多特大型跨海大桥的技术难题,他们发明的“水下无封底混凝土套箱技术”为世界首创;“稀索斜拉桥索塔的耳板锚固方式”具有独创性;兼具防雾和景观功能的LED桥梁护栏节能灯为世界首创;应用4D技术和4D管理理念实现了项目管理的集成化和可视化管理;并且在结构耐久性的研究和长寿命评估方面,实现了大桥全寿命周期的过程控制。从而全面提高了胶州湾大桥的运营效率、降低了运营成本,延长结构的实际使用寿命,为海上桥梁的耐久性设计提供了数据基础和理论依据。

胶州湾大桥于2011年6月30日全线通车,它结构新颖,造型独特,气势恢弘,美观大气,像一条玉带飘荡在蔚蓝色的大海上。它也对冰冻海域的大型桥梁建设提供了一个可资借鉴的经验和样板。

鉴于胶州湾大桥在科技创新、工程美学价值、与自然环境的协调统一等各方面的成绩,很有必要编写这套丛书。而且就在本书即将付梓的时候,今年6月,在美国匹兹堡举行的世界桥梁大会上,胶州湾大桥荣获组委会颁发的“乔治·理查德森大奖”。这个奖项是专门授予那些在技术创新、工艺造型、工程质量、人才培养等方面都有卓越表现的大型桥梁工程,为中国桥梁工作者赢得了荣誉。

借此机会,向胶州湾大桥所有的建设者表示祝贺!

胡希捷

2013年7月1日

前　　言

山东高速青岛胶州湾大桥是我国在北方寒冷冰冻海域建设的首座特大型桥梁集群工程，是青岛市交通规划中东西岸跨海通道“一路、一桥、一隧”中的“一桥”，是国家高速公路网青岛至兰州高速公路的起点段。

胶州湾大桥红岛互通立交的形式为匝道上跨主线的 Y 形互通立交，是海湾大桥主线与红岛连接线相交叉的枢纽立交，主要功能为实现红岛区域的车流方便上下海湾大桥主线，是国内首座海上互通立交，其中 C 匝道桥为大跨径、小半径混凝土箱梁，采用滑移模架施工，设计、施工技术含量高，施工难度大。李村河互通为直连式匝道 + 部分苜蓿叶形的混合式互通立交，为青岛胶州湾大桥与环胶州湾高速公路相交叉的枢纽互通式立交。2009 年年底，因环胶州湾高速公路海泊河至双埠段拓宽改造为城市主干道，取消了收费功能，李村河互通立交的性质和功能发生了变化，互通立交转变为封闭收费的高速公路与开放交通的城市快速路相交叉的枢纽立交。

本书的出发点和落脚点是系统介绍海上互通立交工程实施过程中的设计思路、设计方案、施工技术、科学研究等方面的经验，进一步丰富我国跨海桥梁建设技术资料库。

《互通立交》是山东高速青岛胶州湾大桥建设丛书的第六册，分 7 章编写：第 1 章为红岛互通立交工程概况，第 2 章为李村河互通立交工程概况，第 3 章和第 4 章分别阐述了红岛互通立交和李村河互通立交的方案设计、总体设计和结构设计等内容，第 5 章介绍了互通立交防腐涂层设计方案，第 6 章为互通立交施工，详细阐述了红岛互通立交及李村河互通立交的施工过程，分别从桩基、承台、桥墩、陆上和海上预应力混凝土箱梁、防腐涂装等方面介绍了桥梁施工方法和关键技术，第 7 章介绍了互通立交静载试验和动载试验的试验过程及试验结论。

限于编写时间及编写者水平，本书难免存在不当之处，恳请同行指正。

编者

2015 年 8 月

目　录

第1章

红岛互通立交概况

1.1 工程概况

红岛互通式立交位于青岛市红岛镇东大洋村南侧海域,距陆域约1km,是海湾大桥主线与红岛连接线相交叉的枢纽立交,主要功能是实现红岛区域的车流方便上下海湾大桥主线。

红岛互通立交的形式为匝道上跨主线的Y形互通立交,红岛→青岛市区和黄岛→红岛方向的两条左转匝道采用上跨主线的半直连式匝道,青岛市区→红岛和红岛→黄岛方向的两条右转匝道采用直连式匝道,四条匝道分别与红岛连接线相连接。

1.2 自然条件

红岛侧陆域地貌属丘陵区,地面高程2.50~14.09m,向海域倾斜;连接线HK0+000~HK0+200段处于陆域,HK0+200~HK0+470段处于潮间带,地面高程0.00~-1.50m,低潮时基岩裸露于地表,向海域微倾,地面坡度8‰;互通区、主线桥位于海域,地貌上属滨海堆积区水下浅滩,地面高程-3.50~-5.10m,地势较平坦。

1.3 地质、地震概况

1.3.1 地质概况

1)基岩

红岛互通区基岩主要为中生界白垩系青山群(K1q)地层:为一套陆相火山喷发形成的火山岩系。岩性上部以砖青、浅灰绿色安山质凝灰角砾岩为主,中部以灰紫色流纹岩、流纹质火山角砾岩、熔结凝灰岩等为主,下部为紫灰色、紫红色安山岩、玄武岩、安山质角砾熔岩夹砂岩、泥岩等。

2)第四纪松散层

连接线RK0+200~RK0+470段处于潮间带,基岩直接裸露,无第四纪地层分布;在互通区RK0+470以北松散层厚度0.00~11.20m,岩性以淤泥质亚黏土为主,且向陆域渐灭;

以南揭露松散层厚度达20.0m左右，岩性以淤泥质亚黏土、亚黏土、中砂、粗砂、砾砂为主，根据岩性成因，由老到新简述如下：

(1)大站组(Q3al + pld)：为上更新统冲—洪积沉积，岩性为黄褐色、灰黄色中砂、粗砂、砾砂、亚黏土、含砂亚黏土，含钙、铁、锰质结核。该层沉积韵律明显，厚度变化较大，一般为0～12m。

(2)潍北组(Q4mw)：该组属全新世海相沉积，主要岩性为淤泥、淤泥质黏性土，含较多贝壳碎片，局部含砂层，沉积厚度不等，一般为0.0～8.0m。

(3)旭口组(Q4mxk)：该组为全新世海相的灰黄色、浅灰白色细砂、中细砂、含砾细砂及少量淤泥层等，厚度为5.0～10.0m。

受区域构造影响，工程范围内发育有F3和F10断裂(图1.3-1)。

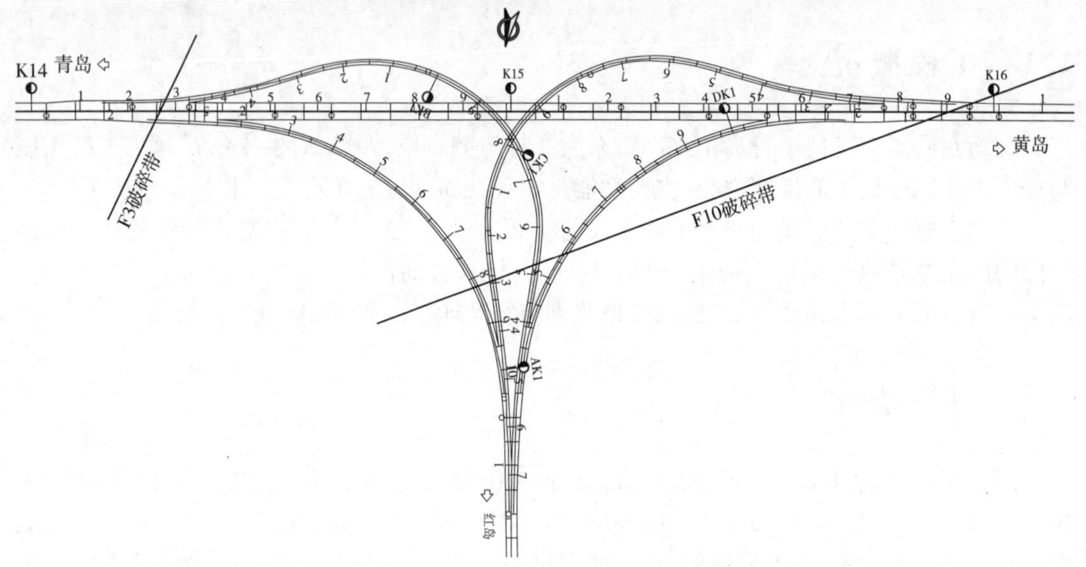

图1.3-1　红岛互通立交破碎带位置图

F3断裂为即墨—流亭断裂，位于主线K14 + 120附近，走向约NE28°，上断点埋深约20m，基岩面上下错动3～4m，倾向SE，钻探查明上盘为流纹岩，下盘为安山岩、玄武岩。在F3东侧XZK57孔近于强风化的破碎流纹岩，厚达23.15m，西侧XZK58、CZK42孔的安山岩、玄武岩，岩性破碎，呈软硬不均状，受构造影响，岩芯呈碳酸盐化、高岭土化、绿泥石化等蚀变现象。可认为在CZK41(RK14 + 030)和CZK42(RK14 + 240)是F3断裂形成的破碎带，岩性强度、完整性与两侧相比差别很大。

综合认为F3为即墨断裂在桥位区的反映，在地震剖面上，该断点错断了基岩面，基岩面以上的反射波呈杂乱反射，钻孔资料揭示为一晚更新世厚层砾砂沉积，该反射波没有明显的受断层错动的迹象(图1.3-2)。

F10断裂位于红岛连接线K1 + 880m附近，走向近东西，倾向南东，该断裂上断点埋深约9m，断距近6m，沿红岛连接线的钻孔揭示断裂上盘为青山群的中性火山岩(安山岩)，下盘为酸性火山岩(流纹岩)。经钻探揭露，HDZDB5、HDZDC8一线应是F10断裂的位置：

①这两个孔全～强风化层厚度分别为35.50m、19.40m，尤其是HDZDB5孔，安山岩破碎

程度高，呈挤压揉皱现象明显，下部弱风化与强风化状安山岩交互存在，呈软硬不均状；

②在断裂北侧是弱、微风化的流纹岩，完整性、岩体强度均较高；南侧的安山岩强风化层厚度较大。

图1.3-2　F13断层构造破碎带岩芯

据国家海洋局第一海洋研究所《青岛胶州湾大桥一期工程地球物理勘察报告》地震资料，物探调查中发现的F3、F10断层，晚更新世以来没有活动的迹象。

1.3.2　地震

红岛互通位于胶莱坳陷与胶南隆起的交接部位，发育的北东向、北东东向、近东西向及北西向断裂，经断层活动性鉴定，它们大多为早、中更新世活动断裂，在晚更新世以来均已停止活动，无错断地表的活动，因此，近场区内无Ⅵ级以上地震的发震构造条件。根据1∶400万《中国地震烈度区划图》，本地区地震动峰值加速度为0.05g。

1.3.3　工程地质对工程的影响

1）水文地质对工程的影响

红岛互通立交均位于海中，海水对混凝土具有中等结晶类腐蚀，无分解类腐蚀，具结晶分解复合类强腐蚀，混凝土结构中钢筋（长期浸水）具弱腐蚀性，对钢结构具中等腐蚀性。海域地下水对混凝土具有强结晶类腐蚀，无分解类腐蚀，具结晶分解复合类强腐蚀，对混凝土结构中钢筋（干湿交替、长期浸水）具弱腐蚀性，对钢结构具中等腐蚀性。

2）持力层的选择

互通区域范围基岩岩性、强度变化较大，基础形式采用端承形钻孔灌注桩，以弱、微风化流纹岩、安山岩、玄武岩为桩端持力层；RK14+030～RK14+240段是F3断裂形成的破碎带，岩性强度、完整性均较差；F10断裂附近安山岩较为破碎，呈软硬不均状，岩质软，强度低；因此，这些地段没有强度高、完整性较好的基岩作为持力层，采用桩基时，可采用摩擦型钻孔灌注桩。

3）断裂带对工程的影响

主线RK14+030～RK14+240段是F3断裂形成的破碎带，岩性强度、完整性均较差；

F10 断裂附近安山岩较为破碎，呈软硬不均状，岩质软，强度低；因此，设计过程中 F10 附近的桥墩布孔时均避开破碎带中心，且 F10 附近的桩基均按摩擦桩设计。F3 破碎带较宽，晚更新世以来没有活动的迹象，桩基按摩擦桩设计能够满足工程需要。

破碎带附近各层风化程度高，具有浸水易软化、易崩解、分布厚薄不均等特点，施工时对孔壁稳定有一定的影响，如 HDZDB5 孔位于 F10 断裂附近，岩性为安山岩，强风化层厚度达 45.00m，岩质软，在较长时间的清水洗孔过程中，孔壁受水浸泡，易出现孔壁坍塌。针对这种情况，在施工技术交底过程中，对施工单位做了重点陈述，施工时应特别重视。

第2章

李村河互通立交概况

2.1 工程概况

李村河互通立交位于青岛胶州湾大桥一期工程起点处和李村河入海口处，为海湾大桥与环胶州湾高速公路相交叉的枢纽互通式立交。2009年年底，因环胶州湾高速公路海泊河至双埠段拓宽改造为城市主干道，取消了收费功能，李村河互通立交的性质和功能发生了变化，互通立交转变为封闭收费的高速公路与开放交通的城市快速路相交叉的枢纽立交。本互通立交采用定向匝道+部分苜蓿叶形的组合式互通，设计等级为城市快速路兼高速公路。按双向八车道设计，主体工程行车速度80km/h，匝道60km/h（定向匝道）、40km/h（环形匝道）。

2.2 自然条件

2.2.1 地形、地貌

李村河互通立交位于青岛侧环胶州湾高速公路李村河大桥北200m处，东接青岛市区，西连黄岛，北接双埠，南连海泊口。

李村河互通立交陆域部分属山前冲积平原，原始地面高程为-1.0～-1.50m，现为大面积人工堆填，地面高程一般为2.80～4.05m，现建有少量厂房，其他大面积为垃圾场，堆填有较多的建筑垃圾，局部低洼有少量积水，近胶州湾公路东侧有鱼塘。李村河河岸边、河中地貌上为河口三角洲～海岸堆积阶地，河床上地势东高西低。海域部分总体上是东侧稍低，西侧较高，海底总体上属于滨海堆积区水下浅滩。

2.2.2 气象

李村河互通立交地处北温带，主要属海洋型季风气候区，季节变化分明，10月至翌年3月呈大陆性气候特点，气候干燥，温度低；4月至9月受东南季风影响，呈现海洋性气候特征，空气湿润，雨量充沛。

2.2.3 波浪、潮汐

海浪:胶州湾所在地区波浪根据显浪站 9 年的实测资料,常浪向为 NW、NE 向,最大波高 1.90m。

潮流:海流主要为潮流,基本上是往复流,湾口处平均流速 48 ~ 78cm/s,涨潮最大流速 160cm/s,落潮最大流速 136cm/s。

潮汐:潮汐类型属正规半日潮,最高潮位 5.30m,最低潮位 -0.57m,平均高潮位 3.85m,平均低潮位 1.08m,平均潮差 2.78m,最大潮差 4.61m。

海冰:胶州湾初冰日在 12 月下旬,终冰日在 2 月中旬前后,冰期 30 ~ 45 天。流冰分布在 5m 等深线以内。

2.3 地质、地震概况

2.3.1 地质概况

1)地质构造

(1)第四纪松散层

①$_0$层填土:色杂,其成分混杂,主要以建筑垃圾为主,含碎砖块、砂土、煤渣等,局部充填淤泥质土,松密不均,软硬不均,为新近埋填,属欠固结土,易产生不均匀沉降,为不良工程地质层。

①$_2$层:淤泥质亚黏土,具高含水率、大孔隙比、高压缩性、低强度等特征。该层埋藏浅、厚度较大、分布广泛,其承载力低,为不良工程地质层。

③ ~ ⑤层:属晚更新世冲 ~ 洪积成因,主要岩性为软塑 ~ 硬塑状亚黏土及中密 ~ 密实状砂砾层,总体上力学性能较好,场区普遍分布,但厚度较小,单层厚一般为 2.0 ~ 4.0m。

(2)基岩

场区⑥、⑦、⑰层基岩,埋藏较浅,埋深 14.80 ~ 30.80m,基层面最大坡度 11.9%,起伏较大。⑰层花岗岩仅 LCHZX1 孔揭露(断层影响所致),风化程度较低,饱和单轴抗压强度均大于 30MPa,岩质较硬,该层揭露厚度较大,为良好工程地质层。⑥层角砾岩和⑦层粉砂质泥岩均为软质岩,具风化差异性、软硬不均性、浸水易软化性。

场区揭露基岩根据风化程度可划分为强风化和弱风化。顶部为强风化,厚 1.55 ~ 7.35m(平均 3.93m);下部为弱风化,揭露厚度 14.70 ~ 38.00m(平均 24.33m)。

强风化层结构疏松,角砾岩岩芯呈砂土状、碎石状,粉砂质泥岩呈黏土状。强风化层比弱风化层强度、波速值明显要低,力学性能相对较差。

本互通竣所在区域断裂带主要为沧口断裂,该断裂经夏庄,在沧口一带进入胶州湾(根据地质勘察资料,该断裂在桩号 K8 +800 ~ K8 +950 之间穿过互通区),破碎带宽可达 25m。断裂东侧为燕山期崂山花岗岩,西侧为白垩系粉砂质泥岩、角砾岩。

2)水文地质

地表水:本互通范围内主要河流为李村河。李村河发源于崂山,全长 14.5km,自东向西

穿过青岛市,在四流中支路南流入胶州湾,主要支流为张村河,河流水位及流量随季节变化,枯水期局部接近断流。

地下水:互通范围内地下水主要分为松散岩类孔隙水和基岩裂隙水。

2.3.2 地震概况

李村河互通立交区域内断裂带主要为沧口断裂、即墨—流亭断裂,经确定上述两个断裂均是第四纪晚更新世以来不活动断裂,因此近场区内不构成发生中强以上地震的构造条件。根据1:400万《中国地震烈度区划图》,本地区地震动峰值加速度为0.05g。所在区域地貌属于河口三角洲~海岸堆积阶地。

2.3.3 工程地质对工程的影响

1)水文地质对工程的影响

李村河互通立交部分路段位于海中,海水对混凝土具有中等结晶类腐蚀,无分解类腐蚀,具结晶分解复合类强腐蚀,混凝土结构中钢筋(长期浸水)具弱腐蚀性,对钢结构具中等腐蚀性。陆域地下水对混凝土具有弱结晶类腐蚀,中等分解类腐蚀,具弱结晶分解复合类强腐蚀,对混凝土结构中钢筋(干湿交替)具强腐蚀性,对钢结构具中等腐蚀性。

2)持力层的选择

根据青岛胶州湾大桥工程地质勘察报告,李村河互通区内的工程地层为两层:第四系松散层和基岩。

根据岩石试验数据结合各亚层岩性特征,上部覆盖层受海水入浸影响,强度易变化,不宜作为一般桩基持力层;弱风化岩层岩性虽然多变,但其厚度大,分布稳定,破碎层厚度较薄,主要以透镜体出现,泥岩与泥质砂岩呈渐变关系,其上覆盖层较大,受海水下浸影响减小,作为一般桩基持力层及下卧层。因该层具吸水崩解性,成桩时注意保护,未采用清水钻进,而是选用优质泥浆进行成桩施工,效果比较理想。

3)断裂带对工程的影响

根据地质勘探报告揭示,通过李村河互通区的断裂主要为沧口断裂,该断裂经夏庄在沧口一带进入胶州湾,主线桩号在K8+850附近,为探清该破碎带的范围和走向,除布置主线XZX1、XZX2、XZX3钻孔外,又增加了XZX1-1、XZX2-1、XZX3-1三个钻孔对该断裂做进一步确认,探明了破碎带宽可达25mm,为Ⅳ级构造单元边界,是一条压扭性逆断层。断层东侧为燕山期崂山花岗岩;西侧为白垩系粉砂质泥岩、角砾岩。针对这种情况,桥梁布孔时采用30m跨径基本上跨过了断裂带。断裂带的东侧采用端承桩,桩尖嵌入弱风化花岗岩2倍桩径的深度,桩长一般在20m左右;西侧采用摩擦桩,桩长一般在40m左右,桩底高程都进入到弱风化泥质砂岩、砂质泥岩或角砾岩内,承载力满足结构要求和规范要求。

第3章

红岛互通立交设计

3.1 立交方案设计

3.1.1 技术标准及设计交通量

3.1.1.1 技术标准

主线：

(1)道路功能：城市道路兼有公路功能。

(2)道路等级：城市快速路兼高速公路。

(3)行车道数：双向八车道。

(4)设计行车速度：主体工程：80km/h；互通匝道：60km/h(直连匝道)。

(5)行车道宽度：3.50m + 3 × 3.75m。

(6)路基宽度：35m，具体见图3.1-1。

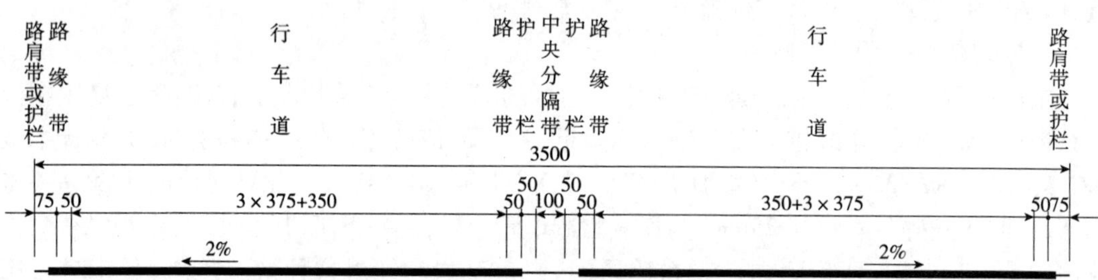

图3.1-1 路基(桥梁)宽度(尺寸单位：cm)

(7)设计荷载：城—A级；公路—Ⅰ级；

(8)地震基本烈度Ⅵ度，抗震设防标准见表3.1-1。

抗震设防标准

表3.1-1

桥梁	设防地震概率水平	结构性能要求	结构校核指标
非通航孔桥	P1：50年10%(重现期475年)	主要结构接近或刚进入屈服	主要结构校核正常使用极限状态
	P2：50年3%(重现期1642年)	主要结构变形应小于极限值	主要结构校核变形

(9)抗风设计标准:

运营阶段设计重现期100年,根据具体情况采用U10 = 36.5m/s;

施工阶段设计重现期20年,根据具体情况采用U10 = 32.1m/s。

3.1.1.2 设计交通量

青岛胶州湾大桥工程可行性研究报告对红岛互通立交各个方向的交通量做了预测,2009年、2015年、2020年、2028年四个年度的预测交通量见图3.1-2~图3.1-5。

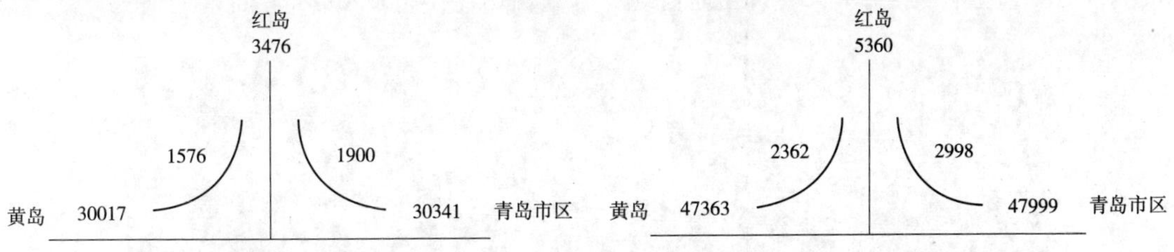

图3.1-2 2009年预测转弯交通量(单位:pcu/d)

图3.1-3 2015年预测转弯交通量(单位:pcu/d)

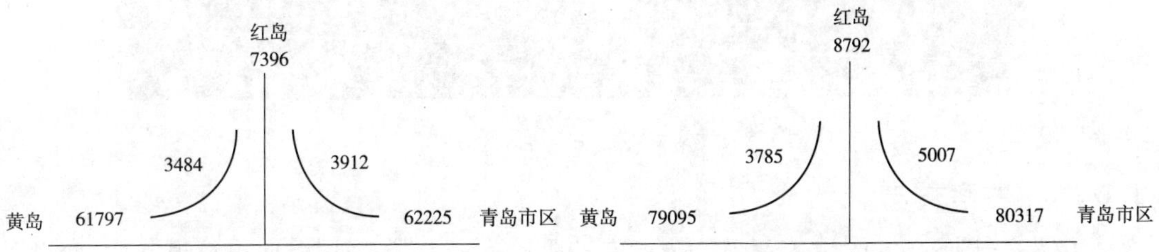

图3.1-4 2020年预测转弯交通量(单位:pcu/d)

图3.1-5 2028年预测转弯交通量(单位:pcu/d)

本互通立交设计按照2028年远景交通量设计。在2028年交通量的基础上,对远景设计年限交通量进行分析,得出的交通分布如图3.1-6所示。

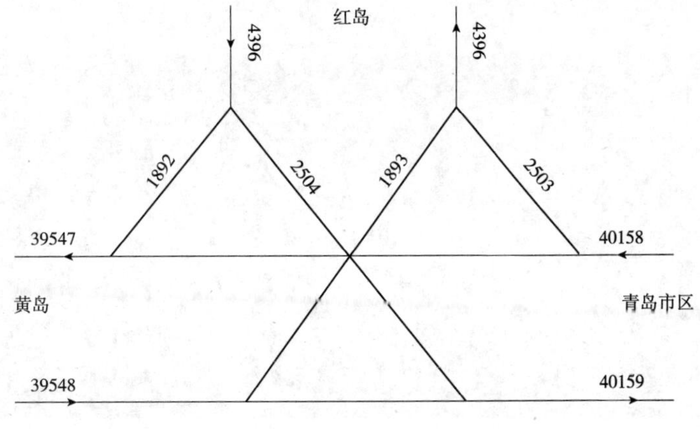

图3.1-6 2028年转弯交通量分布图(单位:pcu/d)

3.1.2 立交方案比选

考虑到青岛市未来“品”字形城市大框架架构形成后红岛的经济发展和汽车保有量的增

长,根据预测转向交通流及地形、地物以及未来发展等因素综合考虑,初步设计选择两种主线与匝道的相互跨越关系的Y形互通式立交进行方案比较,力求行车舒顺。

3.1.2.1 方案一

方案一(图3.1-7)中黄岛→红岛方向左转匝道上跨主线,采用单向单车道断面,红岛→青岛方向左转匝道上跨主线,采用单向单车道断面。另外两条右转匝道均采用单向单车道断面。互通立交范围内主线最大纵坡为0.314%,匝道最小平曲线半径为265m,最大纵坡3.772%,匝道全长为4424.957m,互通占地516.3亩(1亩=666.6m^2,下同)。

图3.1-7 红岛互通立交推荐方案

3.1.2.2 方案二

方案二(图3.1-8)中黄岛→红岛方向左转匝道下穿主线,采用单向单车道断面,变形Y形互通立交,红岛→青岛方向左转匝道上跨主线及黄岛→红岛方向左转匝道,采用单向单车道断面。另外两条右转匝道均采用单向单车道断面。互通立交范围内主线最大纵坡为1.132%,匝道最小平曲线半径为350m,最大纵坡3.344%,匝道全长为3348.394m,互通占地322.3亩。

图3.1-8 红岛互通立交比较方案

考虑到该互通立交地处海中,综合考虑占地、工程量、造价等的差别,初步设计拟定匝道上跨主线的方案一作为推荐方案。施工图设计中,在不影响互通立交通行能力的基础上,对互通立交平纵面线形设计进行了优化,减小了互通立交规模,降低了工程造价。

3.2 总体设计

3.2.1 平面线形设计

青岛胶州湾大桥红岛互通立交 A、B、C、D 四条匝道均采用直连式匝道(图 3.2-1)。根据交通量预测,青岛←→红岛方向 2028 年转弯交通量最大,为 5007pcu/d(双向),考虑到每条匝道均超过了 500m,所以匝道均采用单向双车道断面。匝道最小平曲线半径 $R=350$m。互通立交工程匝道全长 5858.255m。

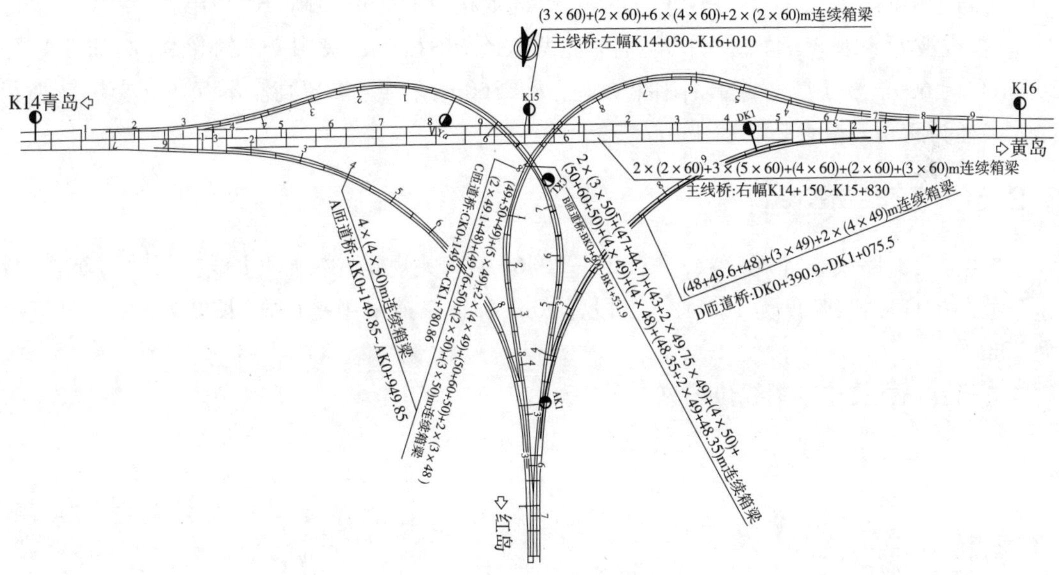

图 3.2-1 红岛互通立交平面布置图

3.2.2 纵断面线形设计

在匝道的纵断面设计中,充分满足匝道各跨越点净高、各连接部高程及纵坡、临界设计高程,适当结合线形的平、纵、横组合,在规范要求的范围内追求路线的最佳建筑高度,以节约工程量。本互通桥纵断设计中主线下穿匝道,红岛→青岛市区方向的左转匝道 B 放在第二层,黄岛→红岛方向的左转匝道 C 放在第三层。匝道最大纵坡为 2.947%,最小凸形竖曲线半径 3800m,最小凹形竖曲线半径 6000m。

3.2.3 横断面设计

A、B、C、D 匝道均采用单向双车道断面。单向双车道匝道宽 10.0m,其组成为护栏 0.5m,左侧路缘带 1.00m,行车道 2×3.50m,右侧路缘带 1.00m,护栏 0.5m(图 3.2-2)。

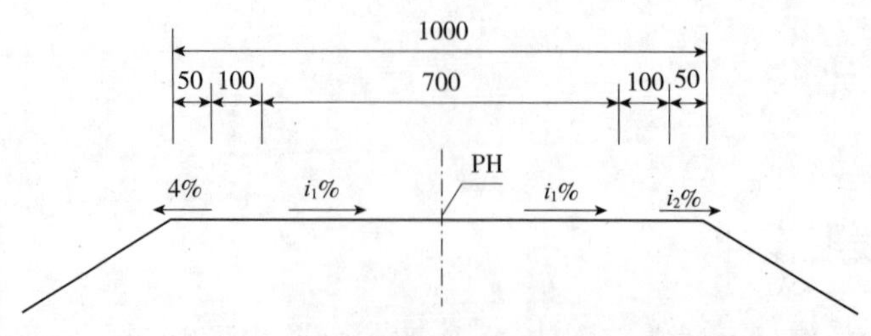

图 3.2-2　10m 单向双车道断面(尺寸单位:cm)

3.2.4　超高设计

为满足不同转弯半径下一定车速的需要,设置相应的弯道超高,设计中综合考虑了匝道车速、合成坡度等因素,本互通中匝道圆曲线半径 $R>600$m,采用 2% 的超高;圆曲线半径 360m $\leqslant R \leqslant$ 600m,采用 3% 超高;圆曲线半径 $R<360$m,采用 4% 超高。本互通立交桥最小圆曲线半径为 350m,最大超高值采用 4%。

3.2.5　变速车道设计

根据《公路路线设计规范》(JTG D20—2006)中有关规定,并结合主线桥梁桥跨布置,减速车道采用直接式,长度为 120m,渐变段为 90m;加速车道采用平行式,长度为 180m,渐变段为 70m。

红岛互通立交施工图线位图见图 3.2-3。

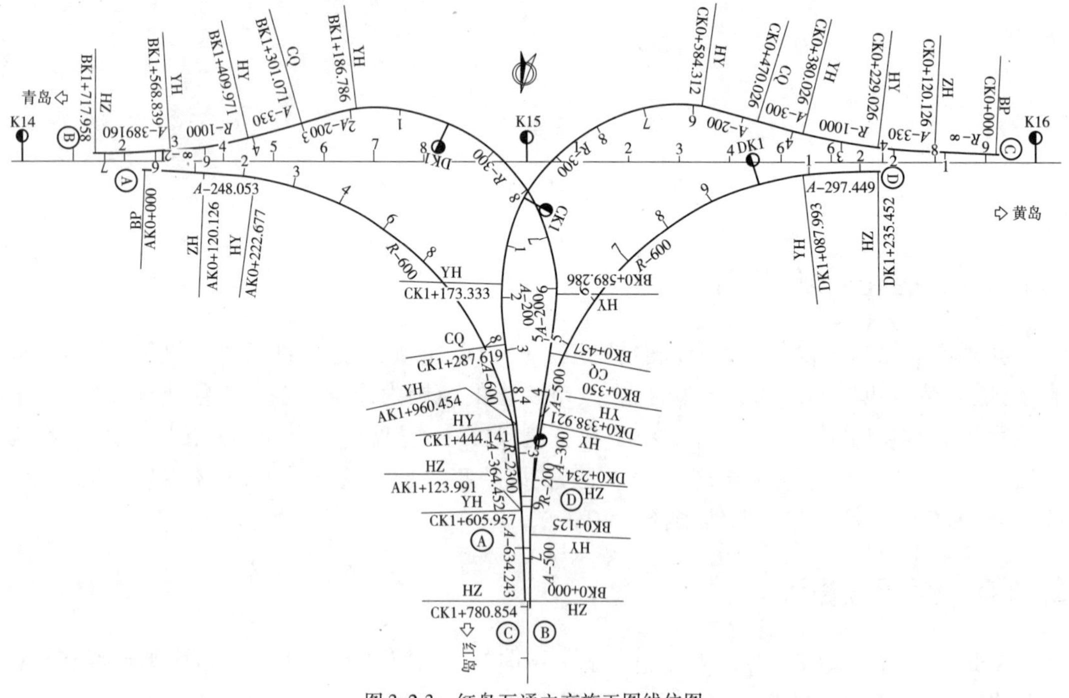

图 3.2-3　红岛互通立交施工图线位图

3.3 桥梁结构设计

3.3.1 设计原则

红岛互通立交包括主线桥和A、B、C、D匝道，工程投资、施工组织及工期安排，均是桥梁设计的重要考虑因素，设计时应在安全可靠的结构受力、施工方法和合理的经济指标之间寻求平衡。

项目所处位置为海域，即为海上互通。通过选择合理的跨径布置和施工工艺，可有效地控制施工周期、保证施工质量、节约建设成本。桥梁方案应在满足使用功能的前提下，尽量做到经济性、美观性和先进性的有机结合，宜选择结构可靠、经济合理、施工简便快捷的跨径和结构形式，其主要构思如下：

桥型方案选择时应考虑到整个工程的组织实施，桥位桥头区段场地条件（有无大型施工用地、有无大型块件起吊、运输、下水等条件），节段运输和临时施工机具设备、材料运输、堆放问题，以及是否需要在水上拼装大型架桥设备（如采用移动模架、架桥机、临时托架如何转运）。

桥型方案选择时应尽量考虑同样的结构可采用不同的大型机具施工设备施工，以利充分选择施工单位参与建设，发挥各方优势，减少施工风险。

借鉴国内外海上桥梁项目的先进设计经验和施工工艺，充分体现轻型化、工厂化、装配化的要求。

下部结构尽量采用安全、成熟的施工工艺，综合地质、水文、造价等因素，根据不同的基础条件选取不同的基础形式。

桥梁设计基准期为100年，本桥址位于胶州湾海水环境中，考虑到桥跨结构长期营运的耐久性，应从结构设计、材料应用、防腐措施选择等方面综合考虑，采用成熟的施工工艺，充分考虑结构的质量保证和耐久性。

充分重视景观设计，力求造型美观，横断面形式基本相同，立面线形流畅，总体上与周围环境协调。本项目与海湾大桥主线相接，桥梁布孔和桥梁上下部结构形式尽量与海湾大桥主线非通航孔桥设计风格相统一，以取得大桥景观的整体美观。同时应充分重视海水环境和自然景观的保护，力求将其影响降低到最低限度。

基于以上构思，匝道桥采用预应力混凝土连续箱梁结构，等宽段采用滑移模架施工，变宽段采用支架现浇施工；主线变宽段桥梁，采用跨径60m的预应力混凝土连续箱梁，支架现浇。

3.3.2 桥梁设计标准

道路功能：城市道路兼有公路功能。

道路等级：城市快速路兼高速公路。

行车道数：双向八车道（主线）；单向双车道（匝道）。

设计行车速度：主体工程：80km/h；互通匝道：60km/h（定向匝道）、35km/h（环形匝道）。

行车道宽度：2×(3.5+3×3.75)m(主线)；2×3.5m(匝道)。

路基宽度：35m，具体见图3.3-1。

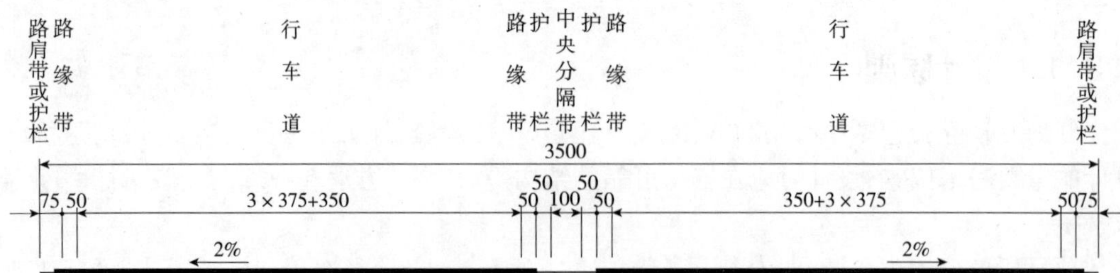

图3.3-1 路基(桥梁)宽度(尺寸单位：cm)

设计荷载：城—A级；公路—Ⅰ级。

地震基本烈度Ⅵ度，抗震设防标准见表3.3-1。

抗震设防标准 表3.3-1

桥梁	设防地震概率水平	地震峰值加速度	结构性能要求	结构校核指标
非通航孔桥	P1：50年10%(重现期475年)	46.9(cm/s²)	主要结构接近或刚进入屈服	主要结构校核正常使用极限状态
	P2：50年3%(重现期1642年)	74.0(cm/s²)	主要结构变形应小于极限值	主要结构校核变形

抗风设计标准：运营阶段设计重现期100年，施工阶段设计重现期20年，根据具体情况采用。

设计洪水频率：通航孔桥、非通航孔桥1/300。

设计水位见表3.3-2(表中高程为1985国家高程基准)。

设计水位一览表 表3.3-2

20年一遇最高设计通航水位(m)	3.040	平均低潮位(m)	-1.40
98%保证率最低设计通航水位(m)	-1.460	设计高潮位(300年一遇)(m)	3.54
平均高潮位(m)	1.39	设计低潮位(300年一遇)(m)	-3.61

通航净空及船撞力：非通航孔桥横桥向船撞力1.2MN，纵桥向船撞力0.6MN。

航空限高(1985国家高程基准)：本合同段范围无限高要求。

冲刷深度：非通航孔桥计算最大冲刷深度4.5m。

设计基准期：100年。

3.3.3 桥梁抗震设计

本项目以部颁《公路桥梁抗震设计细则》(JTG B02-01—2008)指导抗震设计。

1)抗震设防目标

本项目为特大桥，抗震设防类别采用B类，抗震设防目标是小震不坏(E1地震作用，重现期为50~100年)，中震可修(重现期约为475年)，大震不倒(E2地震作用，重现期约为2000年)，抗震设防目标详见表3.3-3。

抗震设防目标　　表3.3-3

抗震设防类别	设防目标	
	E1 地震作用(重现期约50~100年)	E2 地震作用(重现期约2000年)
B类	不受损坏	不致倒塌

2)抗震设防标准

本项目所处地区地震动加速度峰值≤0.05g,抗震设防烈度为6度,抗震设防措施等级为7级。

3)抗震分析理论——反应谱法

(1)桥梁抗震分析方法:本工程所采用桥梁均为B类规则桥梁,桥梁抗震分析计算方法见表3.3-4。

桥梁抗震分析采用的计算方法　　表3.3-4

桥梁分类 / 地震作用	B类
	规则
E1	单振型和多振型反应谱方法(SM/MM)
E2	单振型和多振型反应谱方法(SM/MM)

(2)延性抗震设计:全线桥梁均采用钢筋混凝土墩柱,抗震设计时,墩柱作为延性构件设计。桥梁基础、盖梁、梁体和结点作为能力保护构件。墩柱的抗剪强度按能力保护原则设计。

4)桥梁设计所采用的抗震措施

(1)上部结构选用现浇箱梁,采用连续或刚构,避免选用预制组合结构,整体性好,抗扭刚度大。

(2)各联分联长度、跨径尽量一致,避免联间因上部结构差异导致的自振周期的不一致,而产生纵向碰撞。

(3)对处于平弯曲线的匝道桥梁,适当固结中间高墩,可有效减小上部结构位移,防止落梁;对于矮墩,则采用球形钢支座,便于各墩均匀承受地震力。

(4)由于地基淤泥质土层较厚,设计采用大承台群桩基础,增加桥墩刚度,减小地震位移。

3.3.4 桥型选择

3.3.4.1 主梁断面选择

1)预应力混凝土箱梁

预应力混凝土箱梁是成熟、普遍的桥梁主梁形式,在许多工程中得到广泛运用。箱梁截面抗扭刚度大、受力特性好,且适用于采用体内、体内与体外预应力相结合或体外预应力技术,可以采用现浇、预制拼装的施工方法。

箱梁腹板形式有直腹板和斜腹板之分,采用斜腹板,景观效果较好;同时,在底板宽度相同的条件下,采用斜腹板可减小桥面板悬臂长度,使桥面板横向受力更为合理,横向钢束用量较少。

2）预制 T 梁或小箱梁

国内对于50m及以下的跨径桥梁采用预制 T 梁或小箱梁结构的很多，其优点包括：工程造价比同等跨径的箱梁低，经济性较好；预制构件在预制场完成，减少海上作业时间，质量易保证；可采用整片吊装和梁上运梁的施工方式。其缺点包括：结构整体性、耐久性没有箱梁好；下部结构需要横梁，桥墩需做成双柱、多柱或墙式墩，桥下墩柱林立，通视效果差；对码头和预制场地要求高；上下部景观效果均差。本工程桥址处海水较浅，需采用梁上运梁施工方案，架桥机、运梁车等施工设备投入也较大。因此本工程不采用预制 T 梁或小箱梁等预制构件方案。

3）钢—混凝土叠合梁

钢—混凝土叠合梁是一种充分发挥混凝土和钢材不同力学材料性能的桥梁结构，其优点是结构自重轻、下部结构工程量少，同时在施工时具有吊装重量轻、施工速度快等特点，缺点为造价较高。此外，若采用闭口箱形截面，材料用量过大；若采用开口的工字形截面，由于桥面较宽，下部结构必须采用盖梁，影响下部结构统一美观。钢—混凝土叠合梁虽然施工速度快，但由于其成本较高，故优势不明显。从结构受力性能上来看，叠合梁承受负弯矩的能力较差，虽然可施加体外预应力，但与混凝土面积相比钢结构面积较小，同时在混凝土中因混凝土徐变产生的应力重分布会造成预应力的进一步削弱，故叠合梁施加预应力的效率较低，只有在混凝土与钢梁之间的水平剪力约束作用之前对混凝土施加预应力才是有效的。采用叠合梁在后期养护费用上将明显高于混凝土梁。虽然工艺和技术难度较大，但内、外钢—混凝土叠合梁也有许多成功的工程实例。本工程由于处于海洋环境，桥梁规模大，大规模使用叠合梁方案既会造成工程造价的激增，也会造成后期养护费用的增加，因此本桥不采用叠合梁形式。

3.3.4.2　跨径选择

由于桥梁在本项目中占主导地位，是本项目控制造价的关键因素，从经济合理性考虑，宜采用中、小跨径；但水中桥墩的设置必然造成过水断面紧缩，产生桥前壅水，设置在水中的桥梁结构必然会对水流产生影响，也同时会对胶州湾内水域内生态环境带来一定的影响。因此，在跨径选择上，一方面考虑上下部结构的工程总造价因素，另一方面，要基于目前国内的施工设备情况。

最终选择50m为基本跨径，根据总桥长、跨越主线等要求作适当调整。设计认为采用50m跨径，建筑高度、跨径、墩高三者配合比例较协调，也与主线桥60m跨径较统一，整体景观效果较好。

3.3.4.3　施工方案研究

在施工方案上，选择移动滑模施工、架桥机架设作为备选方案。

1）移动滑模逐跨现浇法

该方法自1950年联邦德国在考勃林茨近郊的克钦卡汉桥采用以来，得到了广泛应用，并在实际运用中不断改进、发展。根据模架的承重梁位置，逐跨现浇施工支架可分为下导梁式、上导梁式两种，见图3.3-2。下导梁式的模板置于承重梁上，承重梁低于桥面，其长度大于桥梁跨径，浇筑混凝土时承重梁支承于桥墩托架上。上导梁式的模板悬吊于承重梁下方，承重梁高于桥面，其长度大于两倍桥梁跨径，浇筑混凝土时承重梁支承于已架设的墩顶梁段上（前支点亦可置于桥墩上，见图3.3-2）。

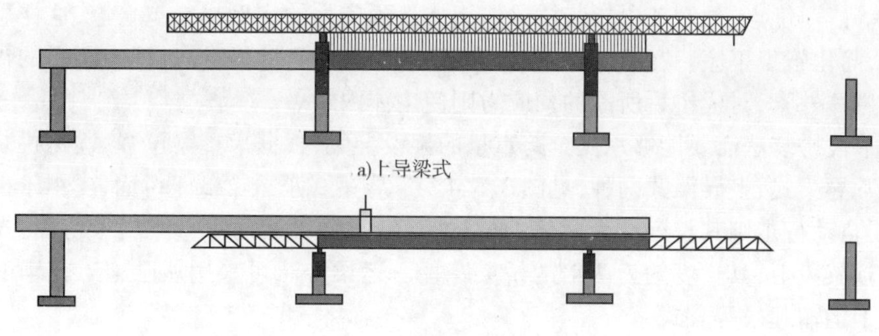

a)上导梁式

b)下导梁式

图 3.3-2　滑模逐跨现浇法施工示意

逐跨现浇法的优点是:结构整体性好;结构耐久性有保证,特别是本桥位于海洋环境中;施工高度机械化;模板、钢筋、混凝土及张拉工艺均在模架内完成,不受气候和外界因素干扰;便于工程管理,能提高工程质量、加快施工速度;目前国内已有多座跨径50m左右的同类型桥梁建成,施工设备已有多套,设计、施工技术已十分成熟。

逐跨现浇法的缺点是:施工速度不够快,该工法完成一孔梁时间约为17天;构件现场浇注质量控制不如预制结构,长距离供应原材料、水、电等有一定的难度。

对本工程而言,50m跨径可以采用逐跨现浇法。上导梁式在双幅桥之间模架平移方便,但需要在墩顶预埋钢材,增加钢材用量,下导梁式对成桥线形控制较为理想。故最终采用下导梁式,因为国内已有的多套施工设备均为下导梁式。

2)整孔节段拼装法

整孔节段拼装法是将先在工厂或现场预制的梁体节段,从纵向沿已建成的桥跨轨道运输或船舶运输至桥位,采用能够承受全跨重量的架桥机或承重梁,将全跨的预制节段放置就位后用体内或体外预应力进行串联拼装,如图3.3-3所示。

图 3.3-3　节段拼装施工现场

由于这种施工方法大大减少了施工现场工作量、预制节段的标准化,梁体节段一般采用长线预制以减小拼装误差。在预应力设计上,由于体内预应力存在压浆不密实,导致预应力索锈蚀问题难以得到有效整治,同时体外预应力具有减轻上部结构重量,方便主梁制作以及可以更换等诸项优点，预制节段拼装桥梁使用体外预应力的实例越来越普遍，这样可以减轻梁体自重，简化施工工序。在兼用体内与体外索时，一般而言对架设过程中所需的预应力钢索主要采用体外索，对成桥后所需的预应力则使用体内索。

整孔节段拼装法需要能够承受全跨重量的架设导梁，根据承重梁位置，逐跨拼装施工支架可分为下导梁式、上导梁式两种，见图3.3-4。下导梁式承重梁低于桥面，支承于桥墩托架上，若需要自动行走则其长度约为两倍的桥梁跨径；上导梁式的承重梁高于桥面，支承于已架设的墩顶梁段上，其长度约为两倍的桥梁跨径。运梁方法可采用从已施工完毕的桥面运输或从水上运输起吊等方式。

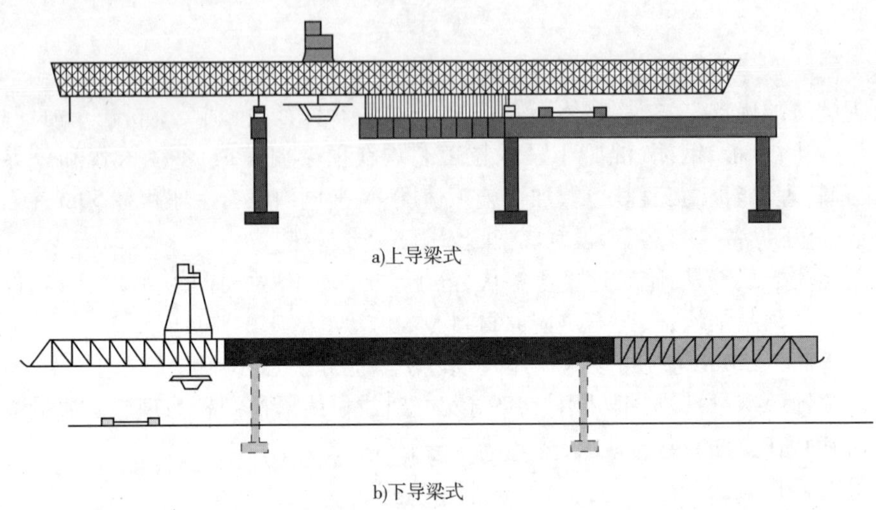

图3.3-4　整孔节段拼装法施工示意

节段拼装法的优点是：

(1)上部结构分为制造与架设，上部结构的架设工期可以大为缩短。另外上部结构的制造和架设可与下部结构的施工同时进行，从开工到竣工的总工期大为缩减。

(2)主梁节段制梁是在梁场工厂化作业，有优良的施工设备和良好的制造环境，大大减少了施工现场工作量，同时不受气候和外界因素干扰，使得预制节块的质量容易控制、得以保证。

(3)主梁的制造在工厂和场地上连续进行，可以充分利用机械化来提高施工效率。

(4)在多跨桥梁的截面形式相同时，模板的倒用次数增多可以提高经济效益。

(5)主梁节段的质量管理与试验可在进入架设作业之前来实施，如发现有不合格的节段可以提前处理，对工程的进展影响较少。

(6)预制节段拼装减少了工地现场的人员、设备及材料的投入，有利于施工通道的畅通，提高文明施工程度。

(7)预制节段在存梁场有足够的存放期，可减少架设后混凝土主梁的收缩徐变，有利于主梁线形控制。

(8)梁是分段预制的，对起重能力要求不高，能够高效率利用现代化机械设备。

(9)一方面因无模板工程，另一方面因部分采用体外预应力使得箱梁自重较轻，所以对支架系统的要求低于逐跨现浇施工方法。

节段拼装法的缺点是：

(1)结构整体性逊于逐跨现浇法。

(2)接缝较多，加之部分采用体外预应力，目前尚无十分有效的手段确保大桥的使用寿命；设备尚需对逐跨现浇法的设备进行改装后，方可投入使用。

(3)虽然预制节段拼装施工能达到经济和提高效率的目的，但往往需要一定的桥梁长度规模来保证。桥梁越长，经济效果越显著。一般意义来说，桥梁节段数达到600～800时，方能显示出规模经济的效果。

3)整孔架桥机架设

预制整孔架桥机架设，是将先在工厂或现场预制的整孔梁体，从纵向沿已建成的桥跨轨道运输至桥位，采用能够承受全跨重量的架桥机，将整孔放置就位。最后浇筑墩顶湿接缝，后进行墩顶负弯矩束张拉，实现简支变连续体系转换，如图3.3-5所示。

图3.3-5 整孔架桥机架设法施工现场照片

采用架桥机架设，把控制全桥施工速度和施工质量的重点由现场转移到预制场，大大减少了现场混凝土施工量以及现场施工中的不确定因素，避免了由于体内预应力管道密集造成混凝土浇筑困难，减少了现场穿束和灌浆工序数量，使现场施工质量有较充分的保证。

架桥机架设的优点与节段拼装所不同的是，由于需要整孔起吊，对起重设备以及运梁设备的要求较高，目前国内较多设备的允许梁片重量为9000kN。对于匝道桥，由于曲线半径较小，不适宜此法。

梁上运梁是预制梁段施工的一种运输方法，在安装预制箱梁时经常采用，其主要是把预制完成的梁段通过运梁车行驶在已经安装好的桥梁上，利用架桥机架设，如图3.3-6所示。我国已建的杭州湾大桥50m跨径引桥采用此法施工，其单侧架设长度约10km，经济性很高。

因项目所处位置为海域漫滩，水深不足以支持船舶运输，采用架桥机预制整孔架设或节段拼装时，都需采用梁上运梁施工。

当跨径超过一定限制后，整孔梁运输时，其裸梁重加上运梁车重量逐渐成为设计控制荷载，增加了工程造价。本工程跨径设计为50m，不适宜此法。此外，一般情况下桥梁长度若在2300m之内，增加一种施工设备投入略显不经济。综上本项目不适宜此法。

图 3. 3-6　梁上运梁施工现场照片

3. 3. 4. 4　墩型选择

推荐方案:由于花瓶墩造型使非通航孔桥桥下空间得到最大限度的解放,使桥墩间的通透性大大提高,避免了因桥墩过于粗壮带来繁杂与臃肿感。因此,考虑到花瓶墩造型简洁、大方,阻水面积小,因此作为墩身的推荐方案。

国内外桥墩的施工方法主要有现浇和预制拼装两种。墩身现浇施工是国内最为常用的一种方法,该施工方法质量可靠,施工机具少,工艺简单,但在胶州湾海域作业条件差,环境恶劣,给现浇施工带来一定困难。墩身预制拼装施工是充分利用海上大吨位起重设备,加快施工进度,缩短海上作业时间,减少海上作业量的有效办法,但预制拼装施工工艺要求高,尤其是在墩身接缝处,必须采用严密的封闭措施,确保接缝处结构的耐久性,同时预制拼装对桥区施工场地要求较高。两种施工方案的技术经济比较见表 3. 3-5。

墩身施工方案比较　　表 3. 3-5

项目	现浇墩身	预制墩身
经济性	经济	经济
施工周期	较长	较短
自然条件影响	受自然影响较大	受自然影响较小
机具设备	一般施工单位都具备	需设陆上预制厂、码头、水上起吊船、运输驳船,且需具备水深、航道等条件
质量保证	工艺成熟,质量有保证,结构耐久性较好	构件工厂预制,质量有保证,但墩身、承台结合部应采取措施,防止产生裂缝
推荐意见	推荐	不推荐

从表 3. 3-5 可知,两种施工方法均可行,各有利弊。墩身预制方案的优势主要体现在可减少海上混凝土现浇和养护工作量,改善工人作业条件,加快工程进度,但在胶州湾特定环境条件下,如何确保预制墩身的耐久性尚需要进一步论证,同时胶州湾沿岸可利用的大块预制场地较少,且本项目大部分区域水深较浅,因此从施工成熟、安全、可靠的角度出发,考虑

到本桥的具体情况和有利于施工单位参与建设，推荐采用现浇施工方案。图3.3-7为海湾桥主线桥标准横断面。

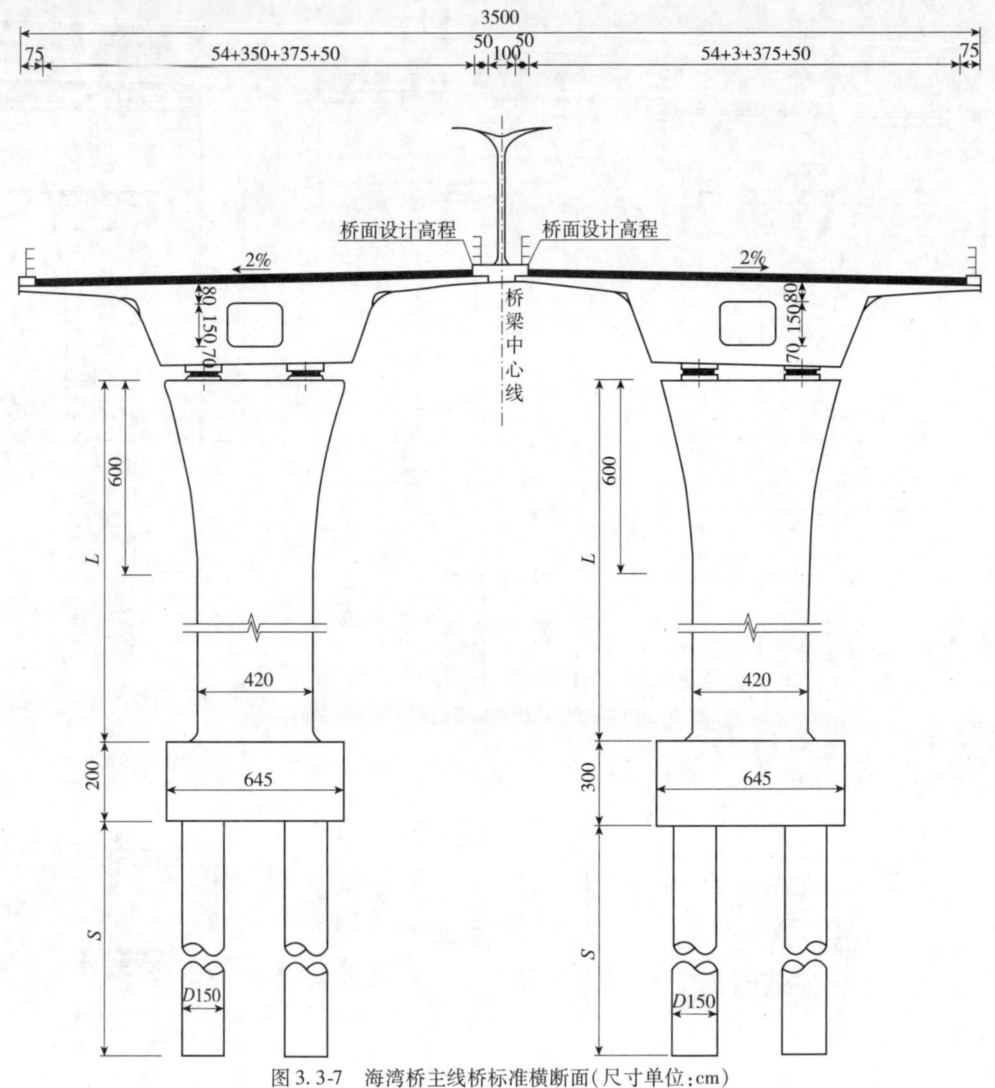

图3.3-7　海湾桥主线桥标准横断面(尺寸单位:cm)

3.3.4.5　基础方案比选

红岛互通桥址处覆盖层变化很不均匀，区域内第四纪松散层自北向南由0~20m范围变化。基础形式全部为桩基，桩基均采用钻孔灌注桩。钻孔灌注桩是目前国内使用最为广泛的桩基础形式，在水上施工技术成熟，它具有地层适应力强，桩长、桩径可按照实际要求进行调整、费用较低、环境影响小的特点，国内已有了比较成熟的施工工艺，检测手段齐全，质量有保证，是本项目首选的基础形式。但同时，由于工程区域位于宽阔的海域，受环境条件的限制，钻孔灌注桩也具有以下缺点：施工速度慢，工期较长，需大量的海上钻孔平台、钻孔机械和作业船舶，供水、供电、钻渣和泥浆外运难度较大，施工条件恶劣，施工安全性差等。综合考虑到钻孔灌注桩基础承载能力高，对本工程区域复杂地质条件的适应性较好，能够满足设计要求,最终选择钻孔灌注桩。

将钻孔桩采用大直径桩(图 3.3-8)和群桩(图 3.3-9)进行方案比选,方案比较见表 3.3-6。

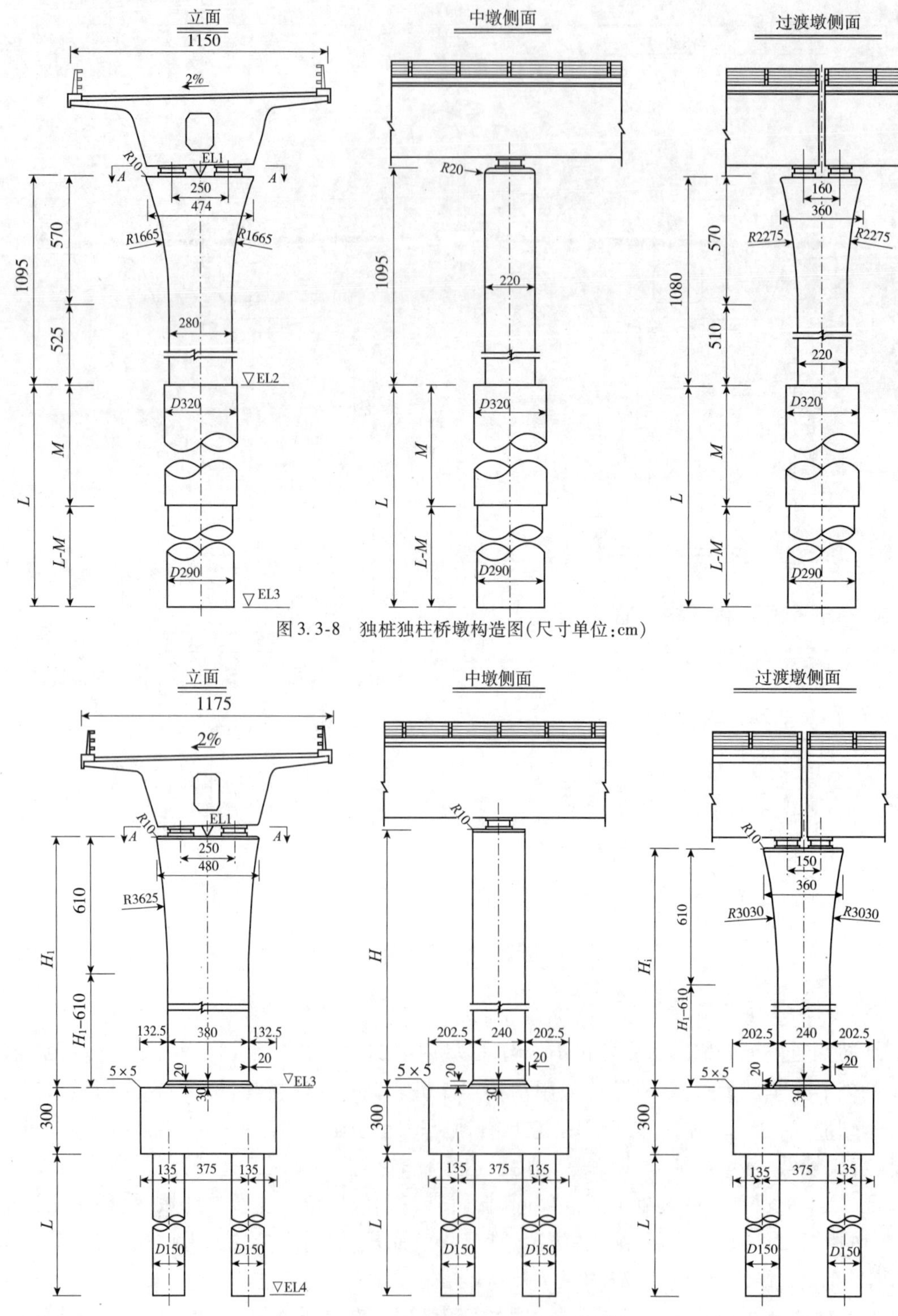

图 3.3-8　独桩独柱桥墩构造图(尺寸单位:cm)

图 3.3-9　群桩基础桥墩构造图(尺寸单位:cm)

桩基础方案比较　表3.3-6

项目	群桩基础	单桩独柱
基础规模	4*D*1.5m	1*D*3.2m
施工特点	承台施工需套箱,桩多,周期长,技术成熟,安全,经济性好	钢护筒可作墩柱施工围水结构,桩少,需特种机械,施工成本高
阻水面积系数	0.03	0.02
比较意见	推荐	比较

大直径桩的施工需特种钻井机械,桩基数量大,所需机械多,但国内现有数量较少,短时间内难以满足工程需要。小直径群桩,虽然桩基数量多,但国内施工机械的数量很大,短时间内能够调配到满足工期要求的数量。因此经综合比选,群桩基比大直径桩更适合本工程。

基础最终采用钻孔桩群桩基础形式。对于采用群桩方案的基础形式,采用分离式承台,承台顶高程与海湾大桥主线一致,设置高程为0.3m,减小承台施工难度及费用。

3.3.4.6 桥型方案

根据桥位处的地形、地质、水文条件,综合考虑跨径、断面形式、施工方案及下部结构方案后,最终确定上部结构采用50m跨径的预应力混凝土连续箱梁,下部结构采用花瓶墩、群桩基础,施工方案采用移动滑模逐跨现浇施工,部分变宽箱梁采用满堂支架逐孔现浇施工。

互通匝道的桥跨总体布置见表3.3-7。

互通匝道的桥跨总体布置　表3.3-7

名称	跨径布置(m)	断面宽度(m)	上部结构形式	下部结构形式
A匝道	4×(4×50)=800.0	10.0	预应力混凝土连续箱梁	花瓶墩、群桩基础
B匝道	2×(3×50)+(47+44.7)+(49+2×49.75+49)+(4×50)+(50+60+50)+(4×49)+(4×48)+(48.35+2×49+48.35)=1531.9	10.0~20.4	预应力混凝土连续箱梁	花瓶墩、群桩基础
C匝道	(49+50+49)+(3×49)+2×(4×49)+(50+60+50)+2×(3×48)+(2×49.1+48)+(49.76+50)+(2×50)+(3×50)-1630.96	10.0~20.4	预应力混凝土连续箱梁	花瓶墩、群桩基础
D匝道	(48+49.6+48)+(3×49)+2×(4×49)=684.6	10.0	预应力混凝土连续箱梁	花瓶墩、群桩基础
主线变宽桥	左幅3×60+2×60=300接B匝道 左幅2×(2×60)=240接C匝道 右幅2×(2×60)=240接A匝道 右幅2×60+3×60=300接D匝道	17~29.2	预应力混凝土连续箱梁	花瓶墩、群桩基础

3.3.5 结构设计

3.3.5.1 匝道桥上部结构设计

1)桥跨布置

本合同互通匝道桥包括A、B、C、D四条匝道桥,标准横断面如图3.3-10所示。

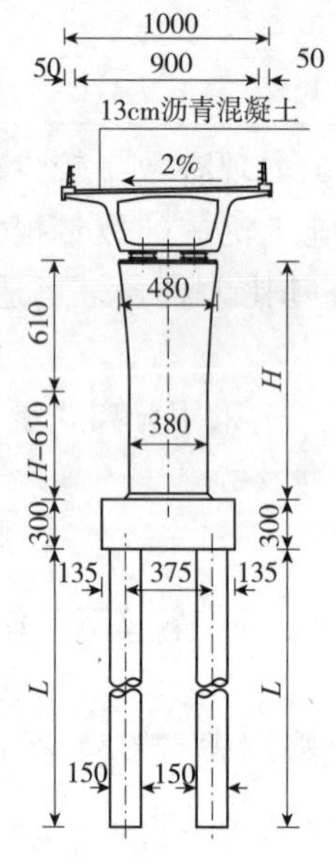

图3.3-10 匝道桥标准横断面(尺寸单位:cm)

各匝道桥桥跨布置分述如下:

A匝道桥工程范围为AK0+149.85~AK0+949.85,长度为800m,起点接海湾大桥主线桥,终点处接红岛互通立交C匝道桥;A匝道桥桥梁部分共设4联,第一联为4×50m等截面预应力混凝土连续箱梁结构,第二~四联为4×50m等截面预应力混凝土刚构—连续箱梁结构(中间墩固接),桥梁总长度800m。采用移动滑模施工,设计施工方向为自小桩号向大桩号方向施工。桥型简图如图3.3-11所示。

B匝道桥工程范围为BK0+000~BK1+531.9,长度为1531.9m,起点接红岛连接线桥,终点处接海湾大桥主线桥。B匝道桥桥梁部分共设九联:第一联为3×50m等截面预应力混凝土连续箱梁结构(变宽段),第二联为3×50m等截面预应力混凝土连续箱梁结构(变宽段),第三联为(47+44.7)m等截面预应力混凝土连续箱梁结构(变宽段),第四联为(49+2×49.75+49)m等截面预应力混凝土刚构—连续箱梁结构(中间墩固结),第五联为4×50m等截面预应力混凝土刚构—连续箱梁结构(中间墩固结),第六联为(50+60+50)m等截面预应力混凝土刚构—连续箱梁结构(第三墩固结),第七联为4×49m等截面预应力混凝土刚构—连续箱梁结构(中间墩固结),第八联为4×48m等截面预应力混凝土刚构—连续箱梁结构(中间墩固结),第九联为(48.35+2×49+48.35)m等截面预应力混凝土刚构—连续箱梁结构,桥梁总长度1531.9m,设计施工方向为自小桩号向大桩号方向施工。其中一~三联变宽箱梁采用支架现浇施工,其余等宽箱梁自小桩号向大桩号方向滑模施工。桥型简图如图3.3-12所示。

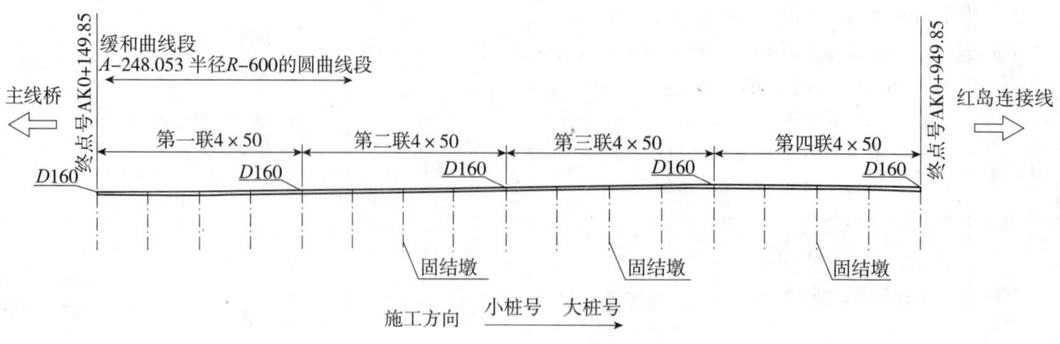

图3.3-11 A匝道桥桥型简图(尺寸单位:m)

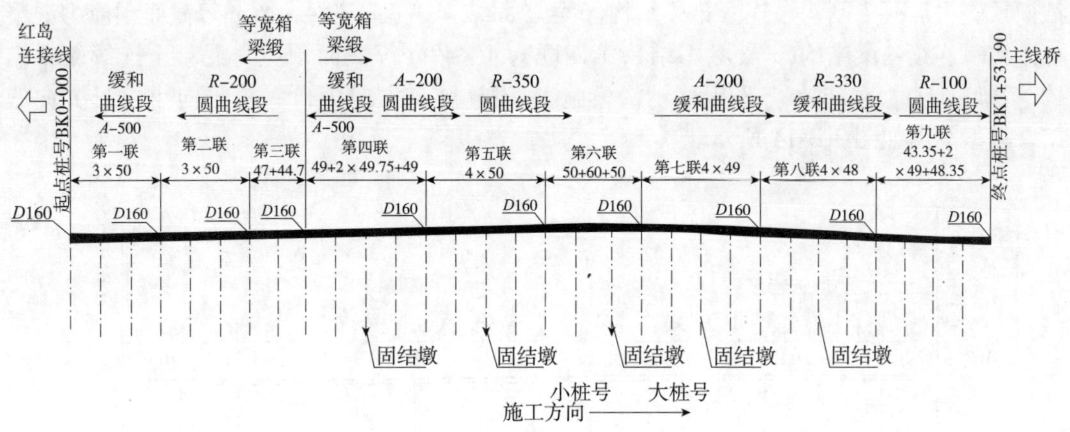

图 3.3-12　B 匝道桥桥型简图(尺寸单位:m)

C 匝道桥工程范围为 CK0 + 149.9 ~ CK1 + 780.86,长度为 1630.96m,起点接海湾大桥主线桥,终点处接红岛连接线桥;C 匝道桥桥梁部分共设 11 联:第一联为(49 + 50 + 49)m 等截面预应力混凝土连续箱梁结构,第二联为 3 × 49m 等截面预应力混凝土刚构—连续箱梁结构(第一墩固结),第三联为 4 × 49m 等截面预应力混凝土刚构—连续箱梁结构(中间墩固结),第四联为 4 × 49m 等截面预应力混凝土刚构—连续箱梁结构(中间墩固结),第五联为(50 + 60 + 50)m 等截面预应力混凝土刚构—连续箱梁结构(第一墩固结),第六联为 3 × 48m 等截面预应力混凝土刚构—连续箱梁结构(第一墩固结),第七联为 3 × 48m 等截面预应力混凝土刚构—连续箱梁结构(第一墩固结),第八联为(49.1 + 49.1 + 48)m 等截面预应力混凝土连续箱梁结构,第九联为(49.76 + 50)m 等截面预应力混凝土连续箱梁结构(变宽段),第十联为(50 + 50)m 等截面预应力混凝土连续箱梁结构(变宽段),第十一联为 3 × 50m 等截面预应力混凝土连续箱梁结构(变宽段),桥梁总长度 1630.96m,设计施工方向为自大桩号向小桩号方向施工,其中九 ~ 十一联变宽箱梁采用支架现浇施工,其余等宽箱梁自大桩号向小桩号方向滑模施工。桥型简图如图 3.3-13 所示。

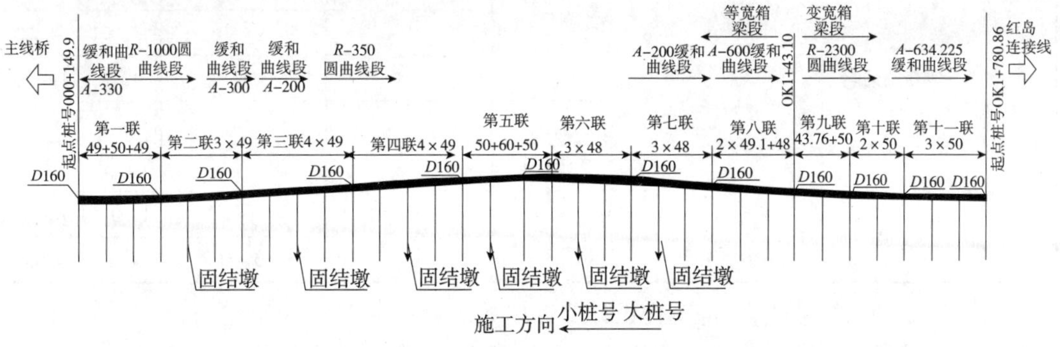

图 3.3-13　C 匝道桥桥型简图(尺寸单位:m)

D 匝道桥工程范围为 DK0 + 390.900 ~ DK1 + 075.50,长度为 684.60m,起点接红岛互通立交 B 匝道桥,终点处接海湾大桥主线桥。D 匝道桥桥梁部分共设 4 联:第一联为(48 + 49.6 + 48)m 等截面预应力混凝土刚构—连续箱梁结构(3 号墩固结),第二联为 3 × 49m 等截面预应力混凝土刚构—连续箱梁结构(6 号墩固结),第三联为 4 ×49m 等截面预应力混凝土刚构—连续箱梁结构(9 号墩固结),第四联为 4 ×49m 等截面预应力混凝土连续箱梁结构,桥梁总长度 684.60m。采用移动滑模施工,设计施工方向为自大桩号向小桩号方向施工。桥型简图如图 3.3-14 所示。

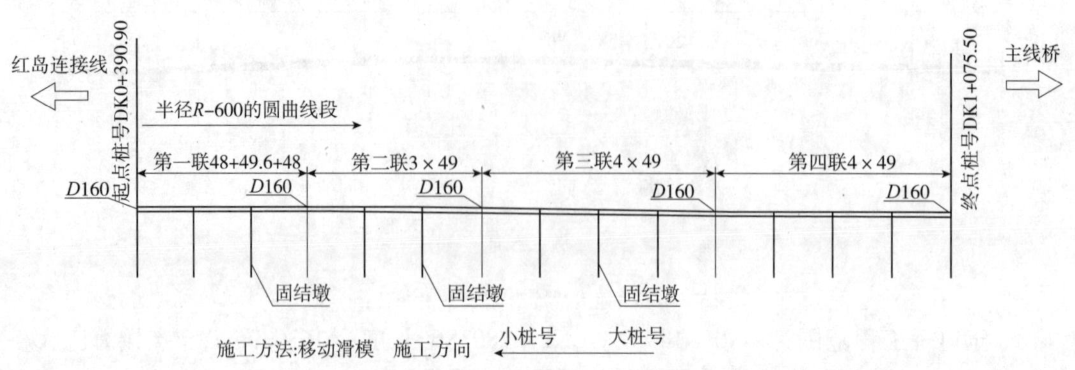

图 3.3-14 D 匝道桥桥型简图(尺寸单位:m)

2)结构构造

根据桥面宽度及跨径布置等情况,可将匝道桥梁上部构造大致分成以下四种形式,如表 3.3-8所示。

主线及匝道桥梁上部构造分类 表 3.3-8

分类	类别名	箱形	施工方式	代表梁段	对应跨径(m)	对应桥宽(m)
一	50m 跨等宽梁段	单箱单室	逐孔浇筑 分段张拉	A、D 匝道;B、C 匝道其余梁段	48 ~ 50 3 跨、4 跨或 5 跨	10 或 11.5
二	(50 +60 +50)m 跨线桥	单箱单室	逐孔浇筑 分段张拉	B6、C5	50 +60 +50	10
三	一般变宽梁段	单箱双室	逐孔浇筑 分段张拉	B1	3 ×50	11.5 ~ 12.871
				B2	3 ×50	12.871 ~ 14.031
				C11	3 ×50	13.25 ~ 11.75
			整体浇筑 一次张拉	C10	2 ×50	14.031 ~ 13.25
四	分叉处变宽梁段	单箱双室 ~ 单箱三室	整体浇筑 一次张拉	B3	47 +44.7	14.031 ~ 10.477
				C9	50 +50	10.15 ~ 14.031

针对这四种结构形式,上部结构设计要点如下:

第一类箱梁:包括 A、B、C、D 匝道桥的等宽箱梁段,箱梁顶板宽 10.0m,底板宽 4.8m,腹板倾斜 0.7m,两侧悬臂长 1.90m,梁高 3.0m。箱梁顶板厚 0.28m,腹板厚度由跨中 0.5m 渐变为 0.9m,渐变段长度为 5m,箱梁底板厚 0.28m,端横隔板厚 1.5m,中横隔板厚 2.0m(桥墩连续处)和 3.0m(墩梁固结处)。结构体系为连续梁体系或刚构—连续体系,采用移动滑模施工方法进行设计。

第二类箱梁:包括 B 匝道桥第六联和 C 匝道桥第五联,跨径组合为(50+60+50)m。与第一类箱梁相比,横断面是一致的。但由于中孔跨径为60m,在纵向预应力设计上有所不同,中孔增加了底板钢束。结构体系为刚构—连续体系,采用移动滑模或支架逐跨浇筑的施工方法进行设计。

第三类箱梁:包括 B 匝道桥第一、二联和 C 匝道桥第十、十一联。该类箱梁的特点是变宽箱梁,顶板宽度变化较平缓。设计中,可以采用变宽度单箱双室截面,保持悬臂与前后联箱梁一致,为1.90m,通过改变两内箱室宽度实现顶板变宽,其余细部构造与等宽箱梁一致。结构体系为连续梁系,采用支架逐跨浇筑的施工方法进行设计。

B 匝道桥第一联跨径组合为3×50m,箱梁顶板宽11.5~12.871m,底板宽6.3~7.671m,第二联跨径组合为3×50m,箱梁顶板宽12.871~14.031m,底板宽7.671~8.831m。C 匝道第十联跨径组合为2×50m,箱梁顶板宽13.252~14.029m,底板宽8.052~8.829m,第十一联跨径组合为3×50m,箱梁顶板宽11.5~13.25m,底板宽6.3~8.05m。

箱梁外缘线根据路线设计放样,外腹板保持悬臂长度1.9m,根据其与外缘线的相对位置确定;中腹板中心线为直线连成的折线,设计中已给出中腹板中心线定位点的坐标,转点连线即为中腹板的中心线,腹板预应力束的平面位置应根据其与所在腹板的相对关系确定,如图3.3-15所示,*A*、*B*、*C*、*D* 即为中腹板定位转点。

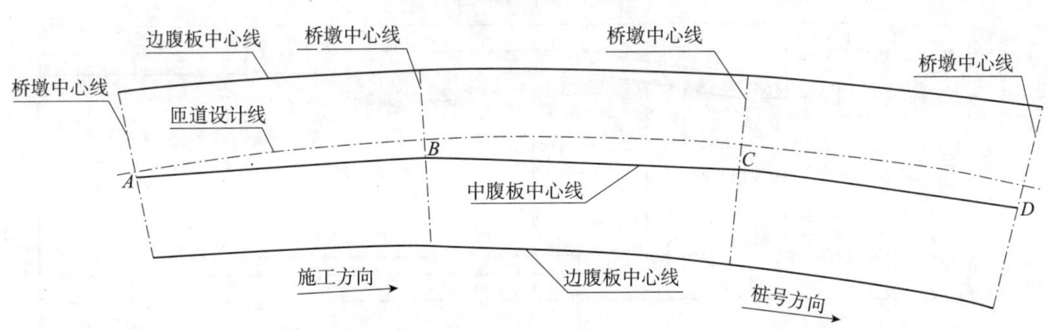

图3.3-15 中腹板定位示意图

B 匝道桥第一联及 C 匝道第十一联箱梁端部为实现与连接线箱梁端部人洞的对接,设计中将箱梁中腹板在端横梁附近的平面形状设计成 Y 形,并在腹板上开洞,如图3.3-16、图3.3-17所示。

第四类箱梁:包括 B 匝道桥第三联和 C 匝道桥第九联。该类箱梁的特点是位于匝道分叉处,属变宽箱梁,顶板宽度变化较剧烈,端部同时接两个等宽箱梁,该处端横梁平面形状为折线。B 匝道桥第三联箱梁与 D 匝道相接,C 匝道桥第九联箱梁与 A 匝道相接。结构体系均为两孔体系连续梁系,采用支架整联浇筑的施工方法进行设计。

设计中,由于变宽剧烈,箱梁在第一孔采用变宽单箱双室截面,在第二孔采用变宽单箱三室截面,保持悬臂1.90m不变,通过调节内箱室宽度实现变宽,其余细部构造同同宽箱梁。所有箱梁截面等梁高为3.0m,通过下部结构高程调节形成路面横坡。

箱梁外缘线根据路线设计放样,外腹板根据其与外缘线的相对位置确定;中腹板根据其与匝道设计线的相对位置确定。箱梁腹板预应力束的平面位置应根据其与所在腹板的相对关系确定。

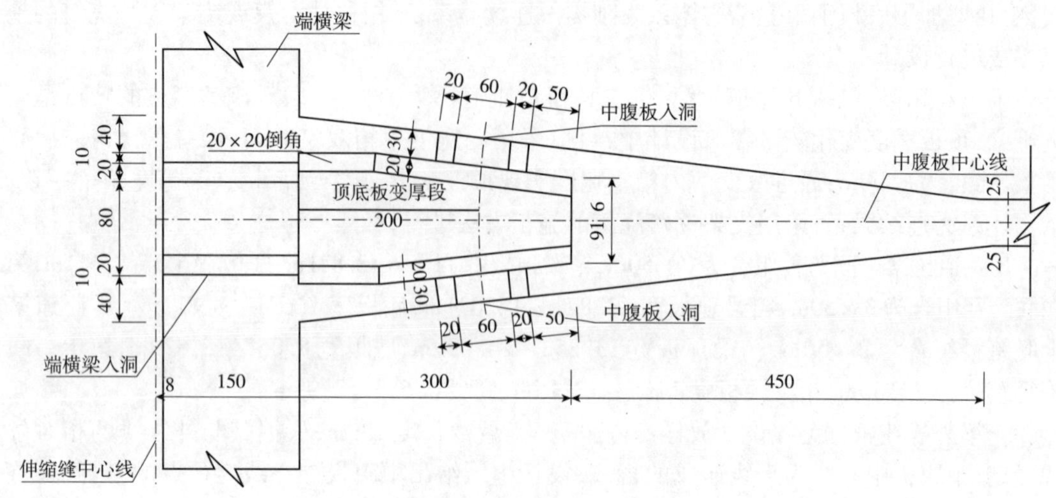

图 3. 3-16　Y 形腹板构造平面图(尺寸单位:cm)

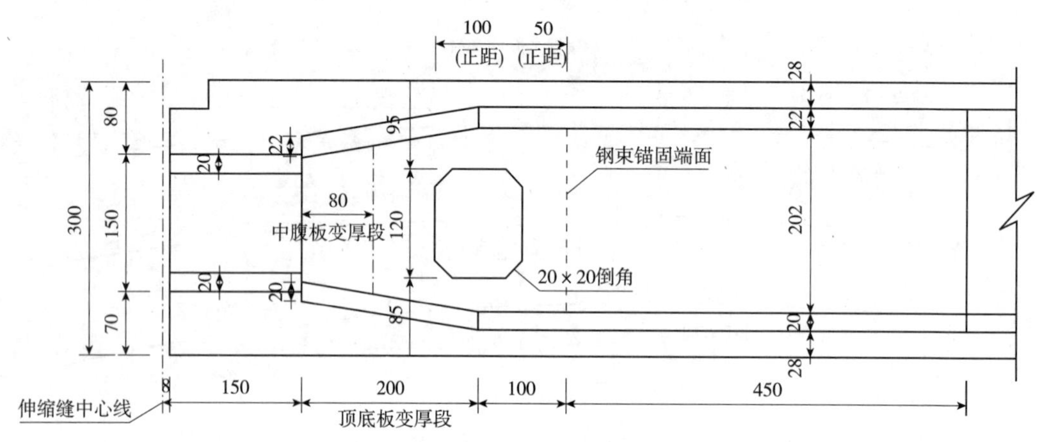

图 3. 3-17　Y 形腹板构造立面图(尺寸单位:cm)

3)预应力体系

第一类箱梁:各联箱梁均采用纵向预应力体系。腹板采用 15-19 钢束,顶板采用 15-15、15-12 钢束,底板采用 15-15 钢束,纵向钢束布置见图 3. 3-18、图 3. 3-19。

第二类箱梁:箱梁采用纵向预应力体系。腹板采用 15-21 钢束,顶板采用 15-15 钢束,底板采用 15-15 钢束,由于中孔跨径为 60m,在纵向预应力设计上有所不同,中孔增加了底板钢束。纵向钢束布置见图 3. 3-20、图 3. 3-21。

第三类箱梁:箱梁采用纵向预应力体系,设计思路同第一类箱梁。腹板采用 15-19(或 15-17)钢束,顶板采用 15-12 钢束,无底板束。与 Y 形腹板构造对应,在预应力设计中,中腹板预应力在此处的设计如图 3. 3-22a)所示,其中 F1′钢束锚固于分叉处,F2′、F3′及 F4′钢束分别通过 Y 形分支锚固于端部,如图 3. 3-22b)所示。

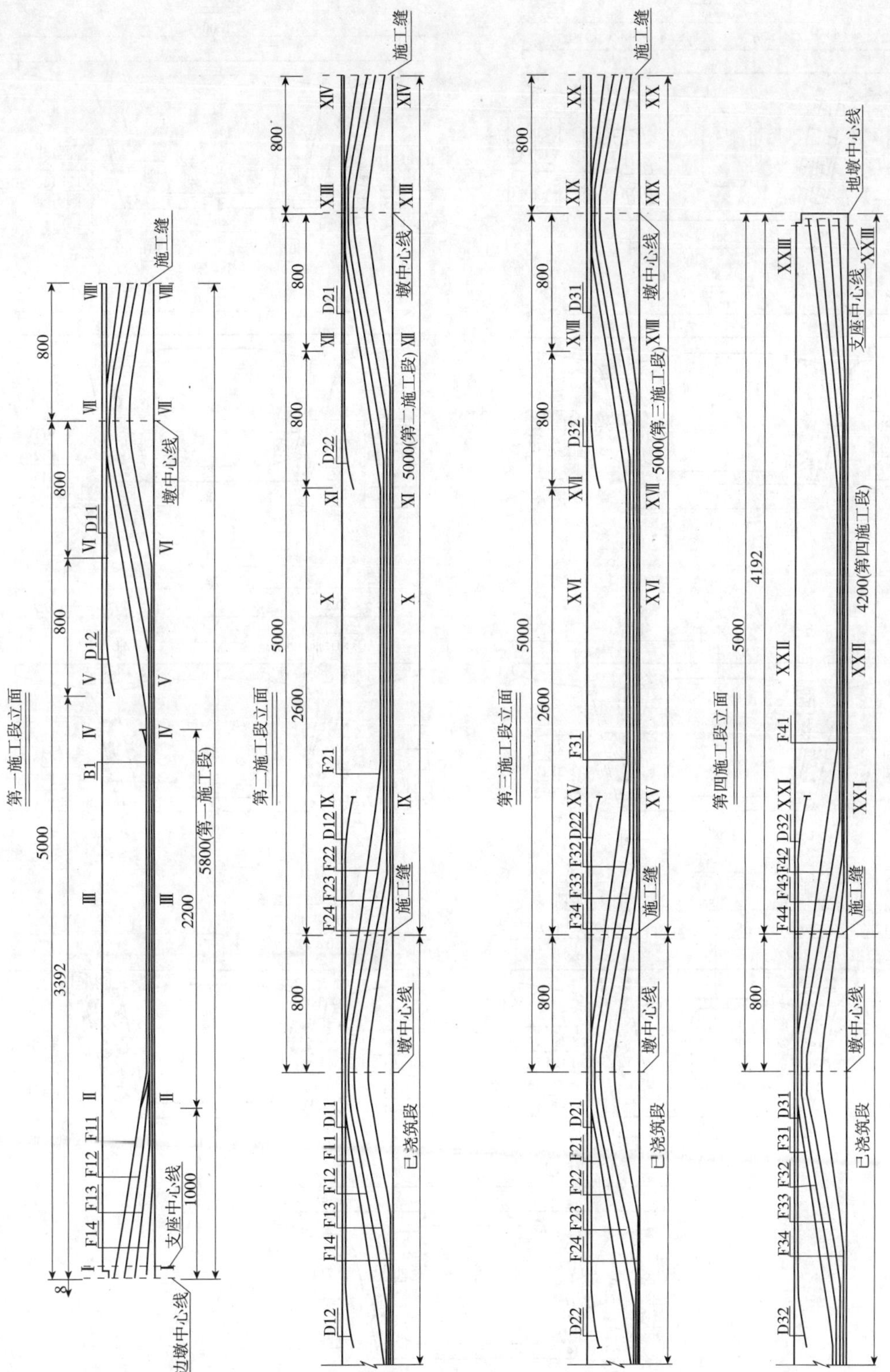

图3.3-18 第一类箱梁纵向钢束立面图(尺寸单位:cm)

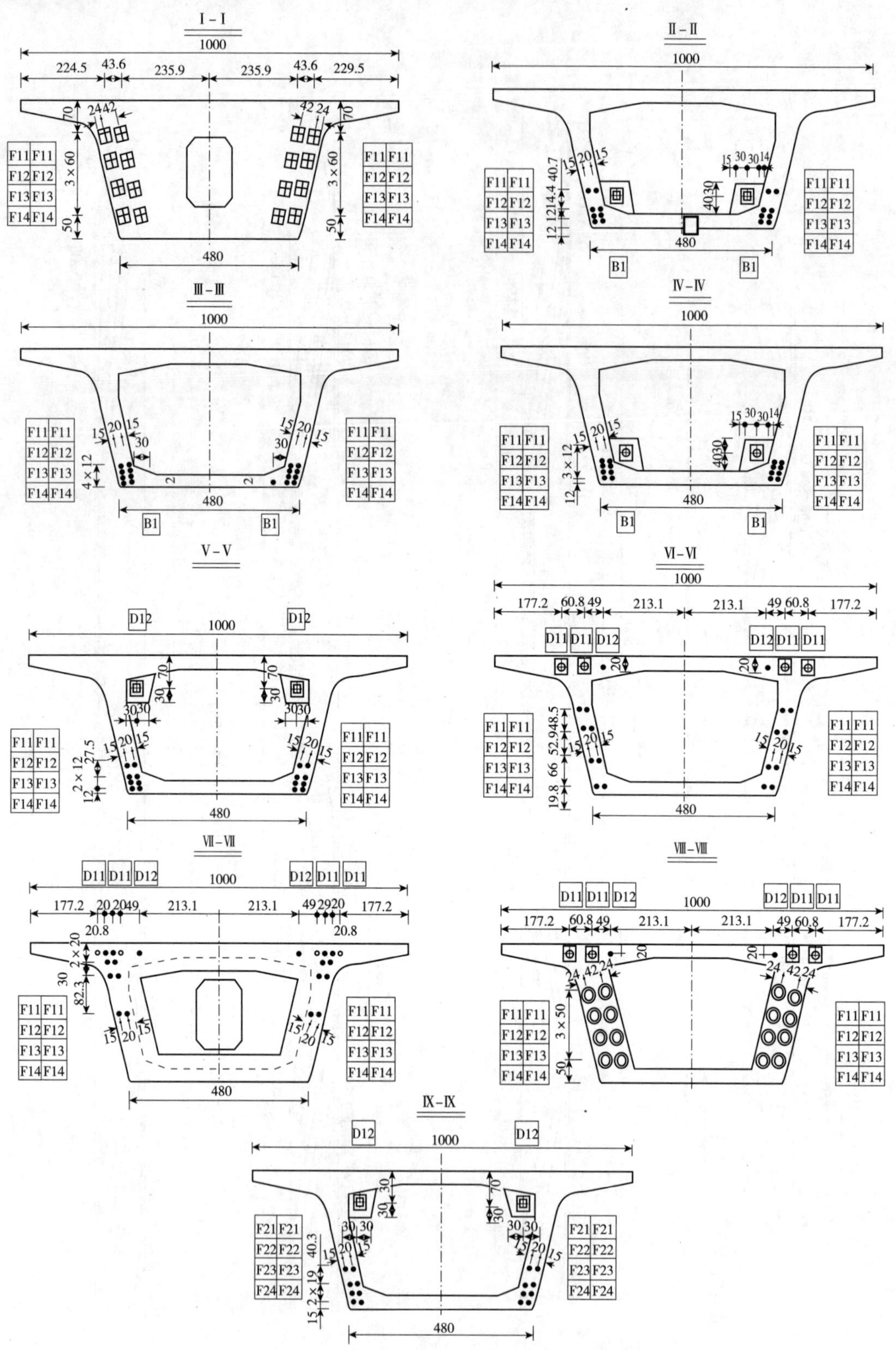

图 3.3-19　第一类箱梁纵向钢束横断面图(尺寸单位:cm)

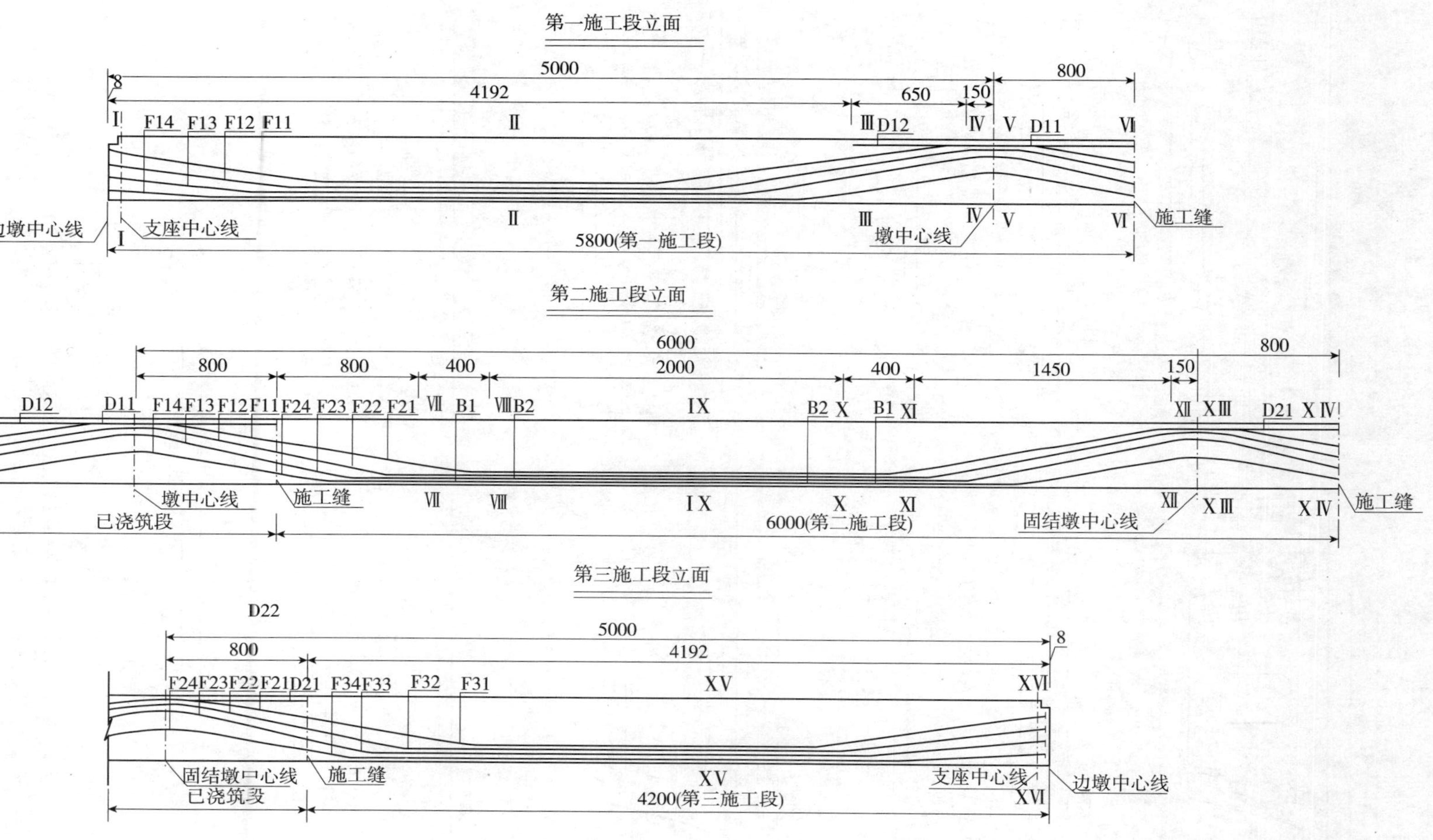

图3.3-20 第二类箱梁纵向钢束立面图(尺寸单位:cm)

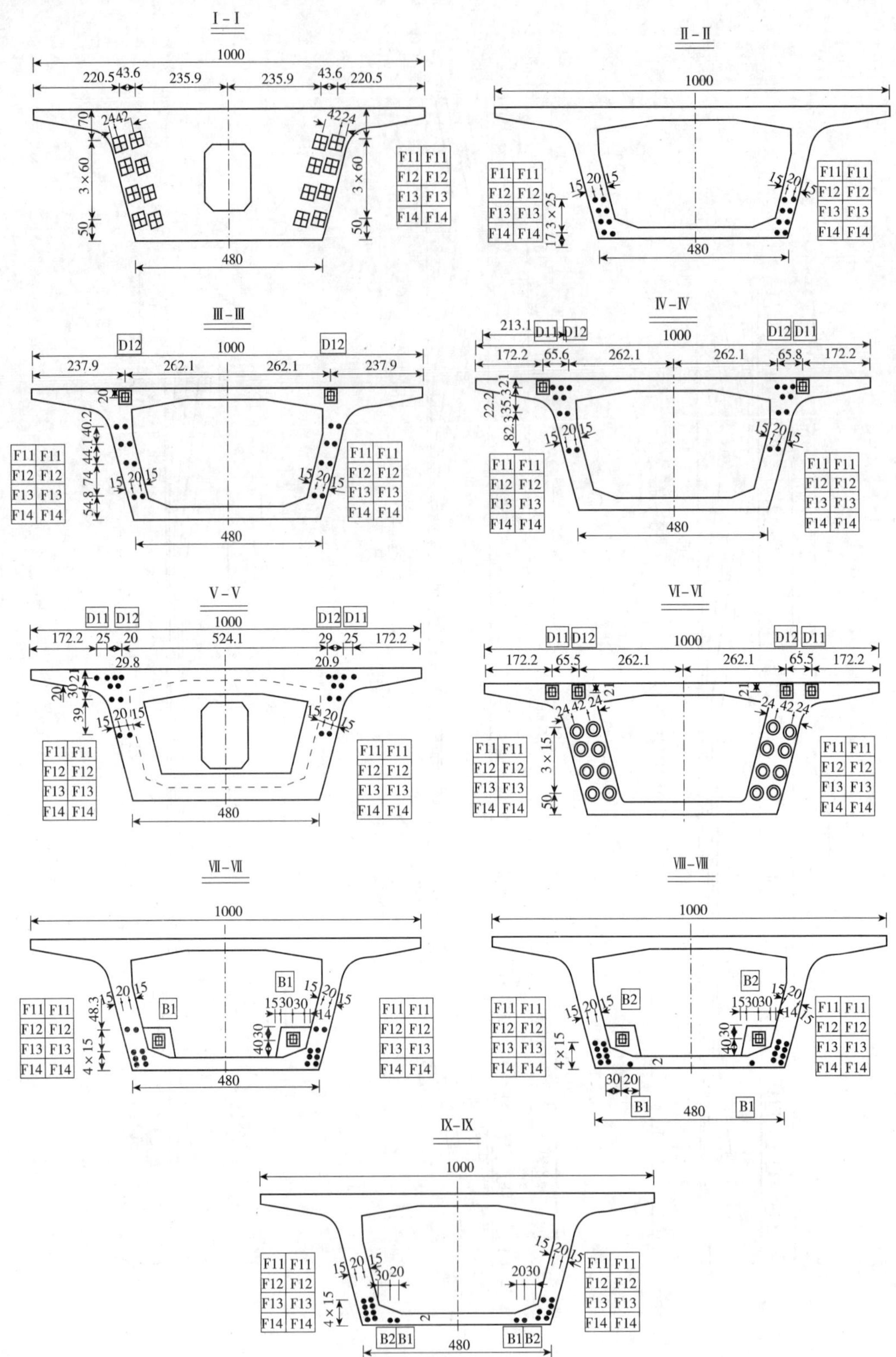

图 3.3-21　第二类箱梁纵向钢束横断面图（尺寸单位：cm）

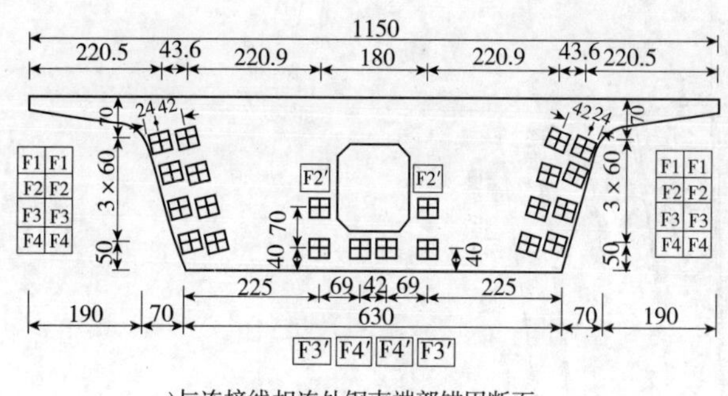

a)与连接线相连处钢束端部锚固断面

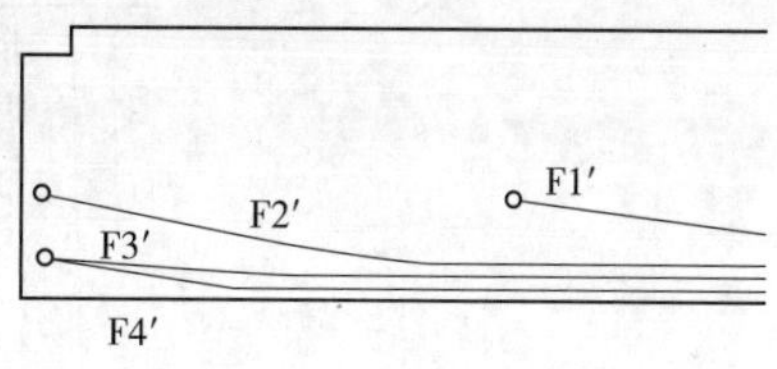

b)中腹板束断面立面图

图 3. 3-22 Y 形腹板处钢束锚固图(尺寸单位:cm)

第四类箱梁:箱梁采用纵向预应力体系,仅采用 15-19 腹板钢束。由于该类箱梁在第一孔采用变宽单箱双室截面,在第二孔采用变宽单箱三室截面,因此部分中腹板束在中横梁处锚固,如图 3. 3-23 ~ 图 3. 3-26 所示。

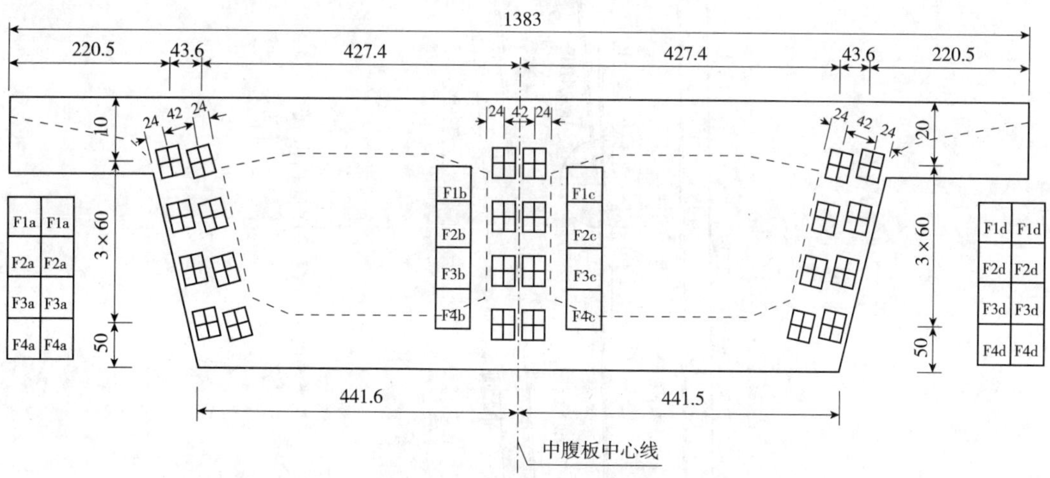

图 3. 3-23 窄端横梁处钢束横断面图(尺寸单位:cm)

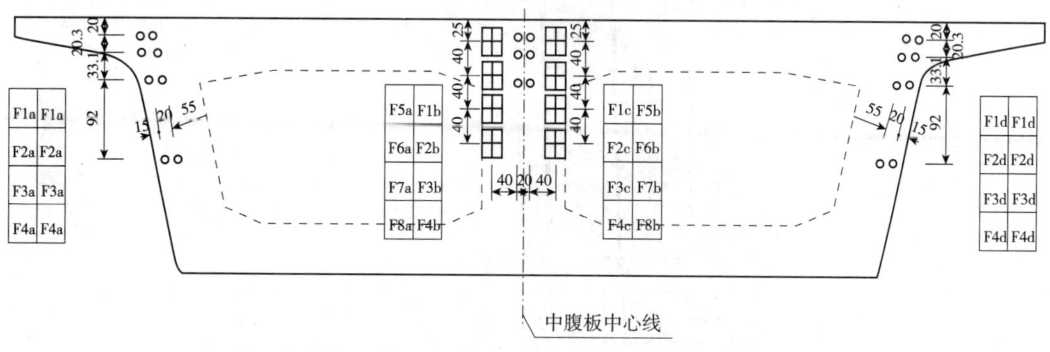

图 3. 3-24 中横梁处钢束横断面图(尺寸单位:cm)

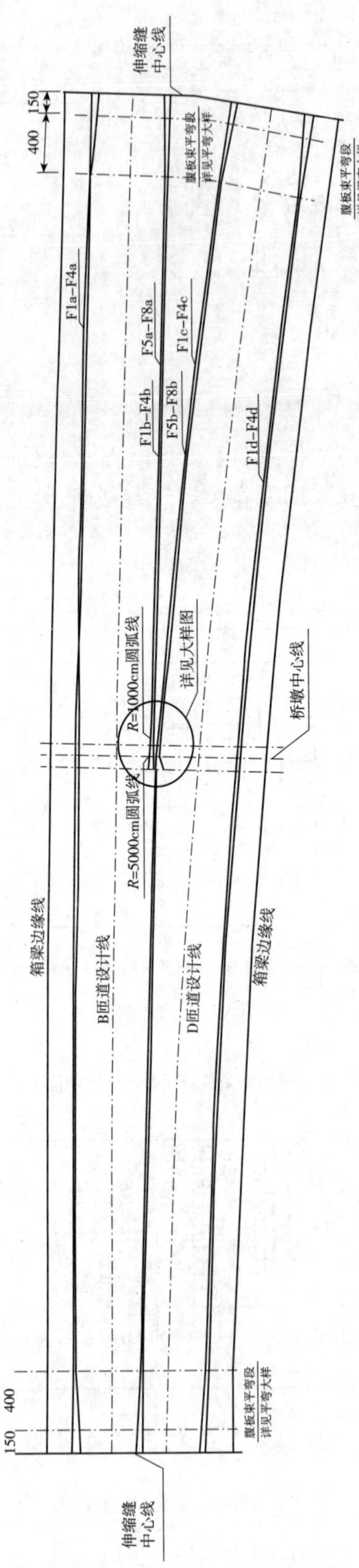

图 3.3-25　第四类箱梁纵向钢束平面布置图(尺寸单位:cm)

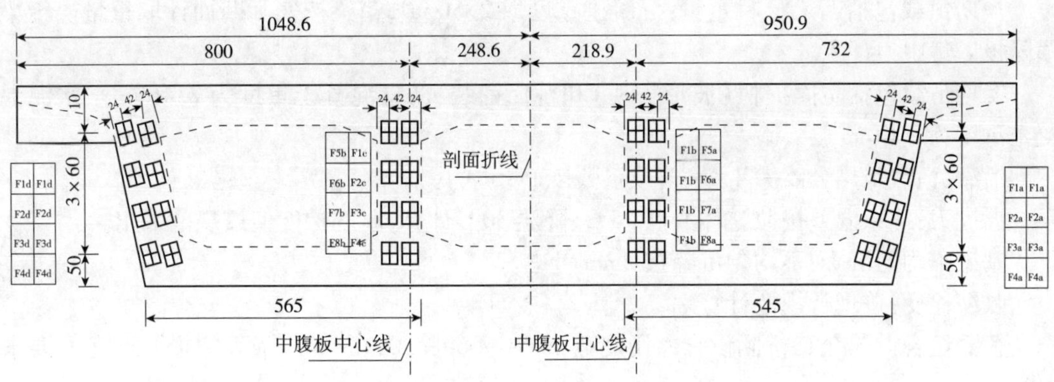

图 3.3-26　宽端横梁处钢束横断面图(尺寸单位:cm)

所采用预应力钢绞线技术标准均符合《预应力混凝土用钢绞线》(GB/T 5224—2014),公称直径为 15.2mm,抗拉强度标准值 f_{pk} = 1860MPa,计算弹性模量为 1.95×105MPa。纵向预应力钢束均采用塑料波纹管,塑料波纹管技术标准应符合《预应力混凝土桥梁用塑料波纹管》(JT/T 529—2016)的规定。锚具采用 OVM 群锚,在施工梁段处采用连接器接长。

预应力钢束设计张拉控制应力采用 0.75R_{yb} = 1395MPa。预应力钢束张拉顺序:纵向预应力钢束张拉顺序先腹板后顶底板,先长束后短束,按顺序对称张拉;最后张拉横向预应力钢束。

所有预应力设计,均参照 OVM 锚具体系,锚下螺旋筋在购买该锚具时,由厂家供应;施工单位自行制作时,应严格按照 OVM 锚具标准,不得变更螺旋筋直径、间距等技术要求。

4)设计计算

本桥预应力结构纵向均按全预应力构件设计。在进行上部结构纵向计算时,无论是极限承载能力还是正截面应力验算,均不考虑结构以上桥面铺装参与受力。直线箱梁纵向均按平面杆系理论计算,按全预应力混凝土构件验算。根据桥梁的实际施工过程和施工方案划分施工阶段;荷载组合均按照规范要求执行。

5)计算参数

混凝土、钢筋和钢绞线等材料的弹性模量、设计抗压(拉)强度等基本参数均按规范取值。

箱梁混凝土强度等级采用 C50。低松弛钢绞线各项性能指标如下:

直径:15.2mm;

弹性模量:195000MPa;

标准强度:1860MPa;

热膨胀系数:0.000012;

松弛率:<2.5%;

管道摩阻系数 u:0.15;

管道偏差系数 k:0.0015;

一端锚具变形及钢束回缩 6mm。

计算中考虑了以下荷载内力效应:

一期恒载包括箱梁材料重量:混凝土重度取 2.6t/m³,箱梁按实际断面计取重量。箱梁横隔板以集中力计入。

二期恒载包括防撞护栏(波形护栏)和桥面铺装:沥青混凝土重度为 2.4t/m³。水泥混凝土重度为 2.6t/m³。

活载:活载采用公路—Ⅰ级,偏载系数按 1.15 考虑。

温度力:体系温差按照整体升温 25℃、降温 30℃计算,温度梯度值按规范采用。

基础不均匀沉降:不均匀沉降按 2mm 考虑。

收缩徐变:按现行规范计算。

荷载组合:按《公路桥涵设计通用规范》(JTG D60—2015)(以下简称《通用规范》)要求进行组合。

6)计算结果

限于篇幅,本章节仅选取 A 匝道桥 4×50m 等宽箱梁及 B 匝道桥第三联(47+44.7)m 变宽箱梁为例。

(1)A 匝道桥 4×50m 箱梁:采用移动滑模上现浇,梁段接缝位置距支座中心线 8.0m,采用逐孔浇筑,梁内腹板通长束在梁段接缝处以连接器连接。结构离散图如图 3.3-27 所示。

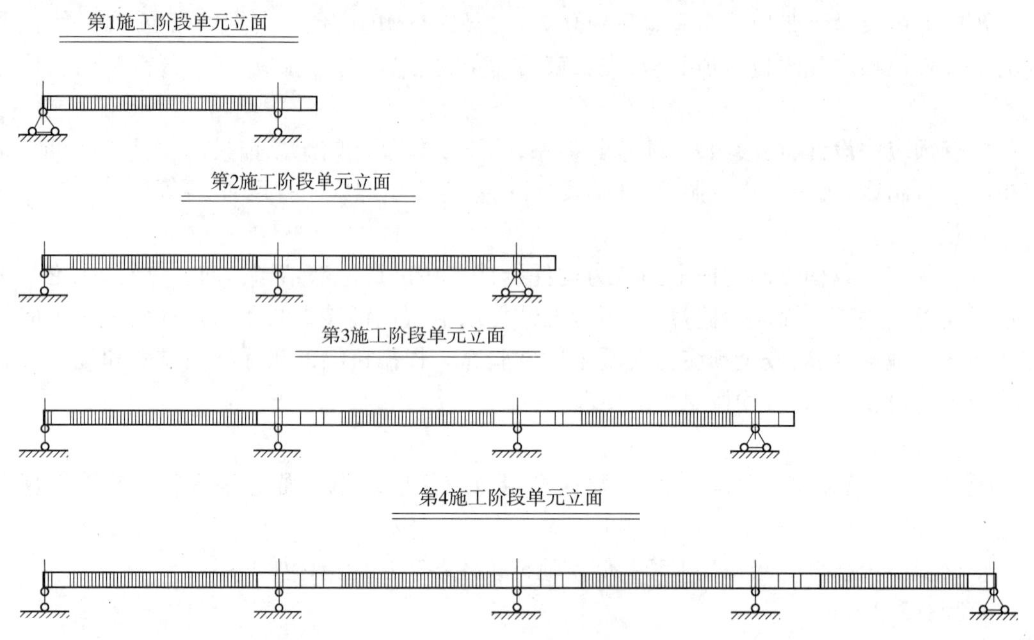

图 3.3-27　结构离散图

由平面杆系计算程序“桥梁博士”求得结构极限抗弯承载力和使用阶段各组合下的最不利弯矩(荷载效应的组合设计值是按规范组合,见《通用规范》第 4.1.6 条基本组合)。箱梁抗弯承载力见图 3.3-28、图 3.3-29。其中最外缘线条表示结构的极限抗弯承载能力曲线,内侧线条为箱梁在使用阶段各组合下的弯矩包络曲线。从图中可以看出,各组合下的弯矩均未超出外缘线条,极限抗弯承载力满足规范要求。

正常使用极限状态箱梁各截面上下缘弯曲应力包络图如图 3.3-30、图 3.3-31 所示。

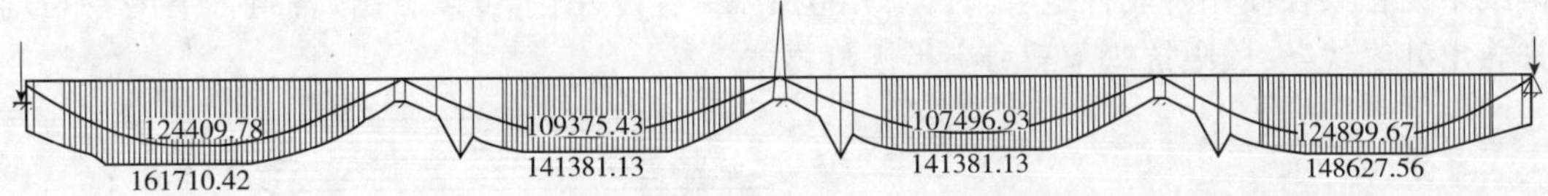

图 3. 3-28　最大弯矩抗力及对应弯矩内力

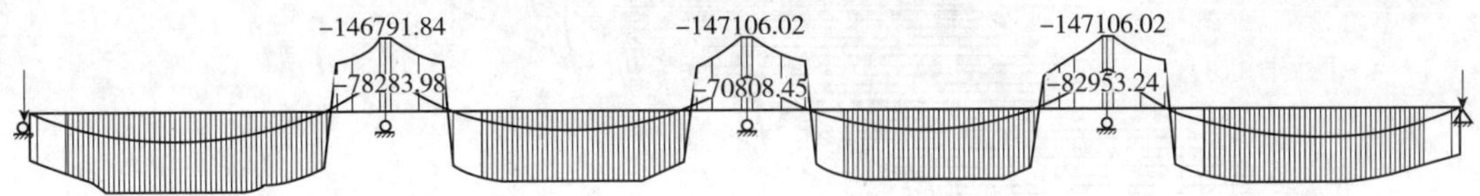

图 3. 3-29　最小弯矩抗力及对应弯矩内力

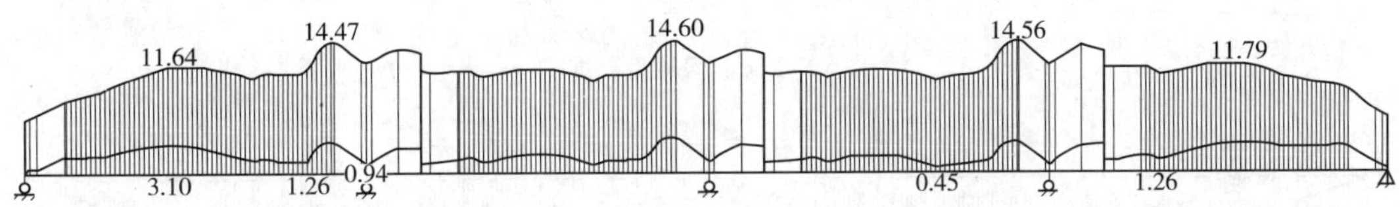

图 3. 3-30　正常使用极限状态箱梁上缘弯曲应力包络图

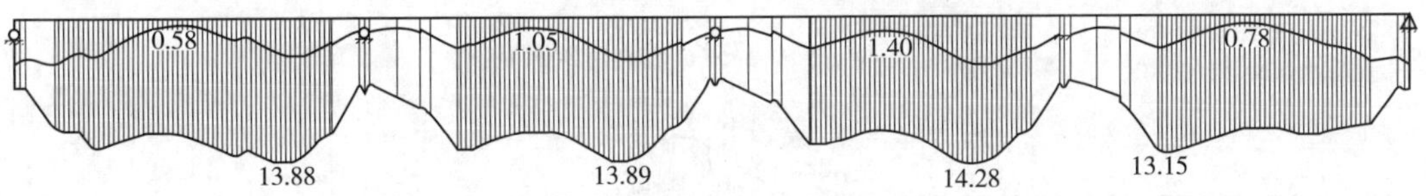

图 3. 3-31　正常使用极限状态箱梁下缘弯曲应力包络图

正常使用极限状态箱梁各截面主应力包络图如图 3. 3-32 所示。

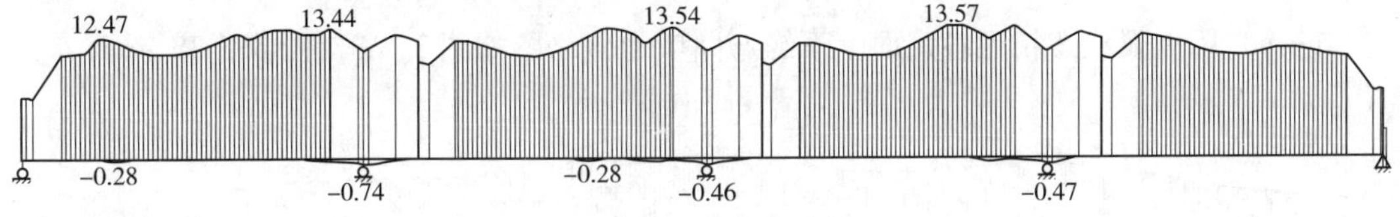

图 3. 3-32　正常使用极限状态箱梁各截面主应力包络图

(2) B 匝道桥第三联(47 + 44. 7) m 变宽箱梁：采用支架整体一次现浇，结构离散图及计算模型如图 3. 3-33、图 3. 3-34 所示。

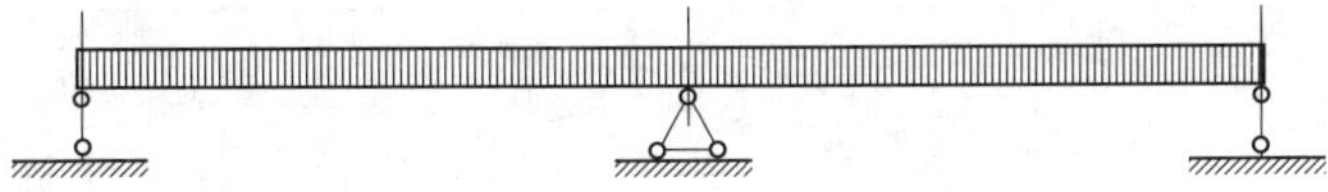

图 3. 3-33　结构离散图

由平面杆系计算程序"桥梁博士"求得结构极限抗弯承载力和使用阶段各组合下的最不利弯矩（荷载效应的组合设计值是按规范组合，见《通用规范》第 4. 1. 6 条基本组合）。箱梁抗弯承载力见图 3. 3-35、图 3. 3-36。其中最外缘线条表示结构的极限抗弯承载能力曲线，内侧线条为箱梁在使用阶段各组合下的弯矩包络曲线。从图中可以看出,各组合下的弯矩均未超出外缘线条,极限抗弯承载力满足规范要求。

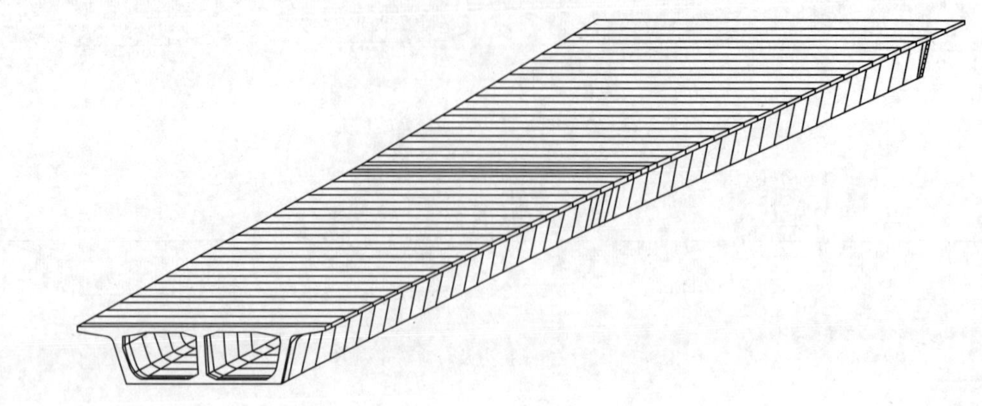

图 3.3-34 计算模型三维图

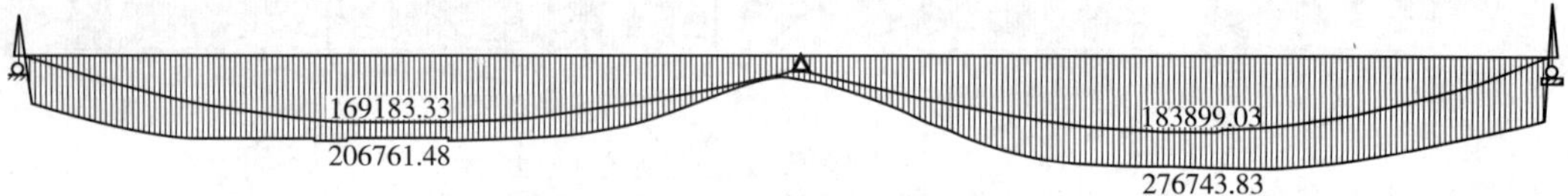

图 3.3-35 最大弯矩抗力及对应弯矩内力

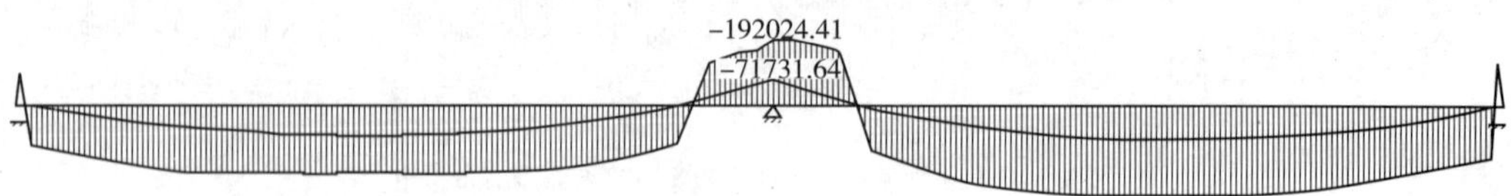

图 3.3-36 最小弯矩抗力及对应弯矩内力

正常使用极限状态箱梁各截面上下缘弯曲应力包络图如图 3.3-37、图 3.3-38 所示。

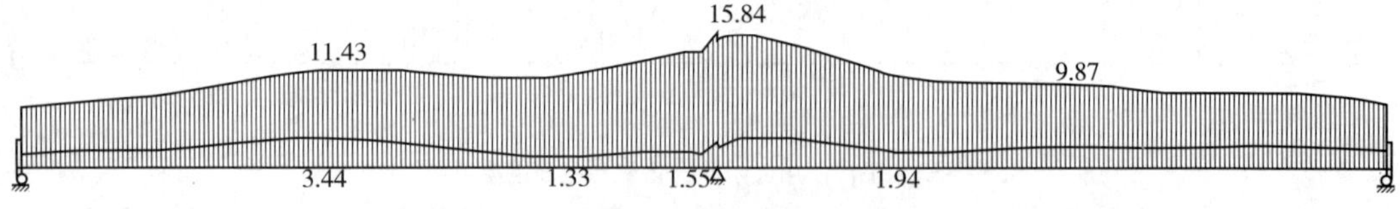

图 3.3-37 正常使用极限状态箱梁上缘弯曲应力包络图

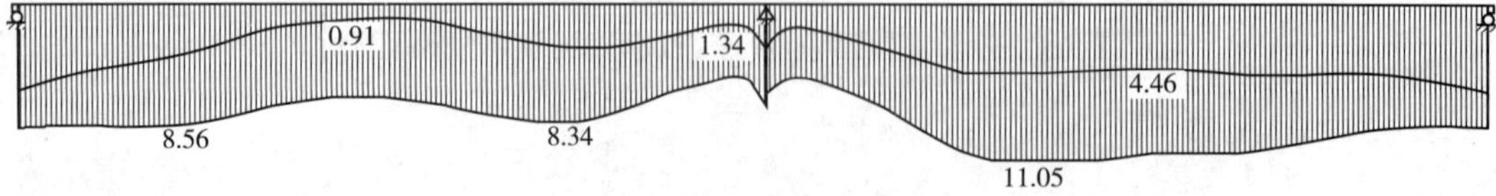

图 3.3-38 正常使用极限状态箱梁下缘弯曲应力包络图

正常使用极限状态箱梁各截面主应力包络图如图 3.3-39 所示。

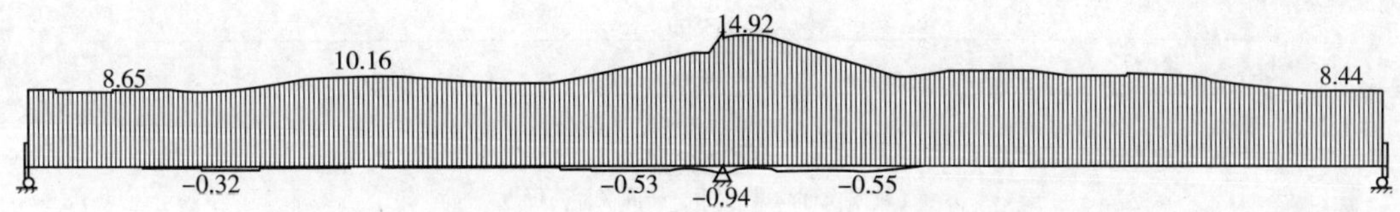

图 3. 3-39　正常使用极限状态箱梁各截面主应力包络图

3. 3. 5. 2　主线变宽桥上部结构设计

1）桥跨布置

红岛互通主线桥工程范围：左幅 K14 + 030 ~ K16 + 010、右幅 K14 + 150 ~ K15 + 830。本节论述主线桥变宽桥梁部分，位于互通 A、B、C、D 匝道与主线桥相连部位，即主线左幅第一、二、九、十联，主线右幅第一、二、七、八联，平面位置图如图 3. 3-40 所示，分别位于变宽段一处与变宽段二处。其前后联均为等宽段箱梁，均为 60m 预制箱梁，采用整孔吊装方案，标准横断面如图 3. 3-41 所示。

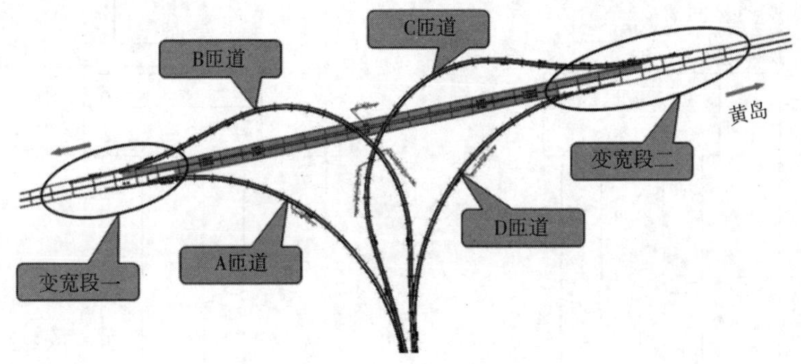

图 3. 3-40　主线变宽桥平面位置图

主线左幅第一联和右幅第八联为 3 × 60m 变宽预应力混凝土连续箱梁结构，其余各联为 2 × 60m变宽预应力混凝土连续箱梁结构，均采用支架分段现浇施工。箱梁总长度为 1080m，各联的平面形状图 3. 3-42 所示，其中左幅第一、九联和右幅第一、七联设计施工方向为小桩号到大桩号方向，左幅第二、十联和右幅第二、八联设计施工方向为大桩号到小桩号方向。

2）结构构造

上部结构设计要点如下：

左幅第一、十联和右幅第一、八联均采用变宽度单箱双室截面，截面等梁高为 3. 5m，通过下部结构高程调节形成路面横坡，如图 3. 3-43 所示。两侧悬臂长 4. 1m，外腹板斜率及腋下圆倒角均与主线预制段箱梁保持外形一致；腹板厚度由跨中 0. 5m 渐变为 0. 9m，渐变段长度为 5m；顶板厚 0. 3m，底板厚 0. 25m；端横隔板在腹板束张拉端处厚度设为 2m，在固定锚固端处厚度设为 1. 5m，所有中横隔板厚度为 2. 0m。

由于交通工程管道走线的要求，等宽预制段与变宽段桥相连需人洞对齐，但由于等宽段桥为单箱单室，而变宽桥此处为单箱双室，为实现与预制梁段端部人洞的对接，因此设计中将箱梁中腹板在端横梁附近的平面形状设计成 Y 形，并在腹板上开洞，从而解决了这一问题，如图 3. 3-44 所示。

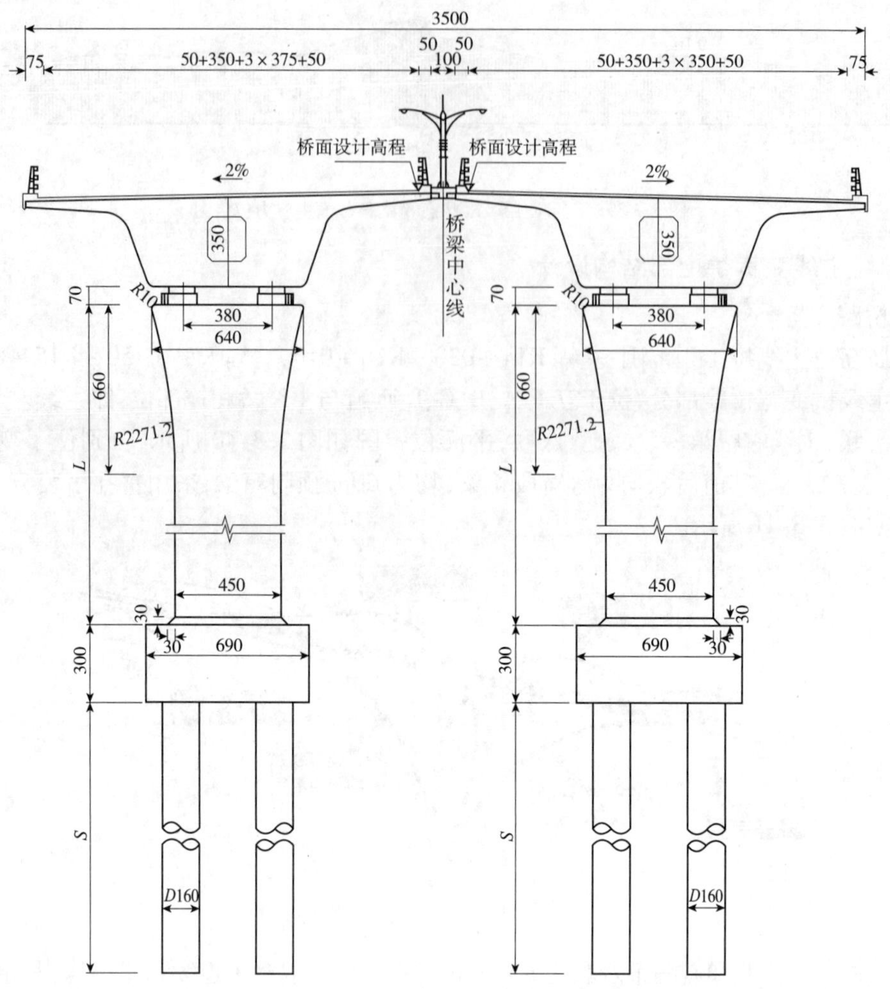

图 3.3-41　主线桥标准横断面(尺寸单位:cm)

左幅第二、九联和右幅第二、七联为主线与匝道相接处箱梁,箱梁在第一孔采用变宽单箱双室截面,在第二孔采用变宽单箱三室截面,截面等梁高为 3.5m,通过下部结构高程调节形成路面横坡,如图 3.3-45 所示。内悬臂长 4.1m,外悬臂由 4.1m 渐变到 1.9m,外腹板斜率及腋下圆倒角均与主线预制段箱梁保持外形一致;腹板厚度由跨中 0.5m 渐变为 0.9m,渐变段长度为5m;顶板厚 0.3m,底板厚 0.25m;端横隔板在腹板束张拉端处厚度设为 2m,在固定锚固端处厚度设为 1.5m,所有中横隔板厚度为 2.0m。

3)预应力体系

各联箱梁采用纵、横向双向预应力体系。在纵向预应力体系的设计上,左幅第一、十联箱梁和右幅第一、八联箱梁与上章节的第三类箱梁的特点一致,而左幅第二、九联箱梁和右幅第二、七联箱梁则与上章节的第四类箱梁一致,因此预应力设计思路基本相同,束形基本一致。因为本桥为60m 跨径,纵向钢束在竖向上设计有 5 根钢束,比 50m 跨径箱梁多一根,如图 3.3-46 所示。其他设计本章节不再赘述。在钢束型号的选择上,腹板采用 15-19、15-21 钢束,底板采用 15-15、15-10 钢束。横向预应力采用 15-4 钢束,横向间距根据受力需要确定为 60cm。

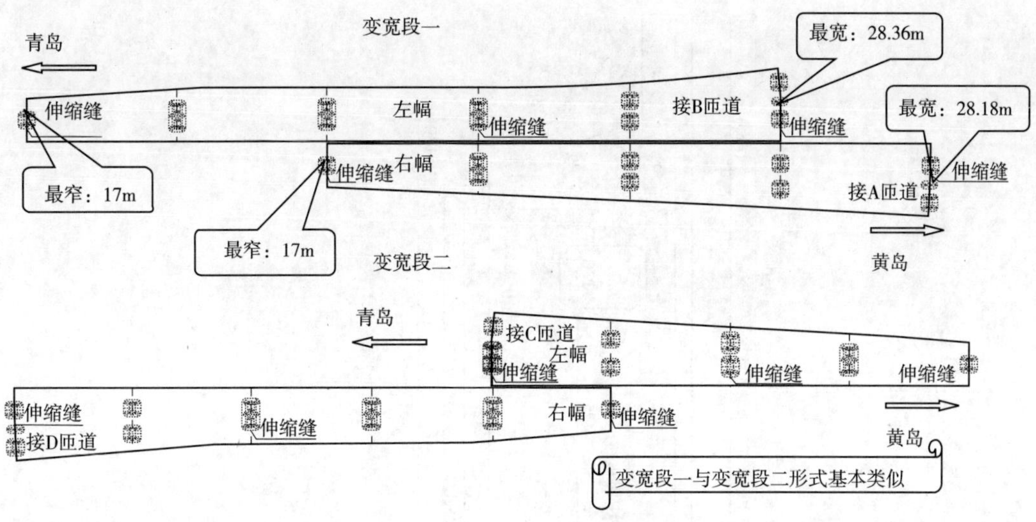

图 3. 3-42　主线变宽桥平面布置图

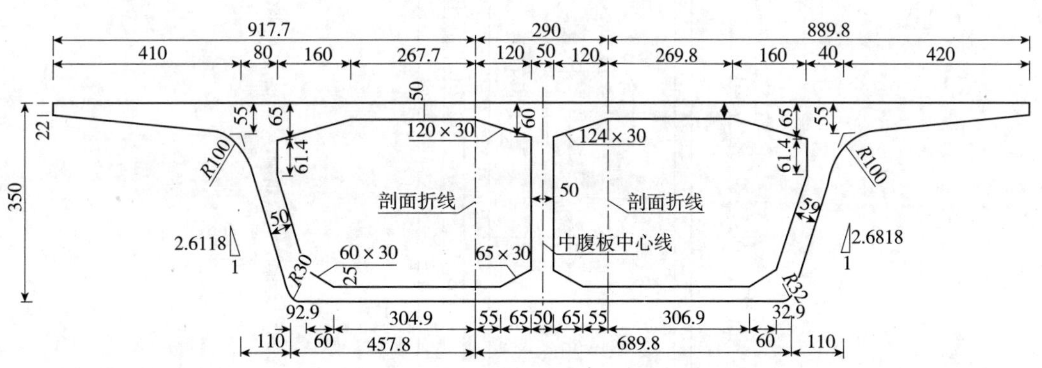

图 3. 3-43　单箱双室典型横断面(尺寸单位:cm)

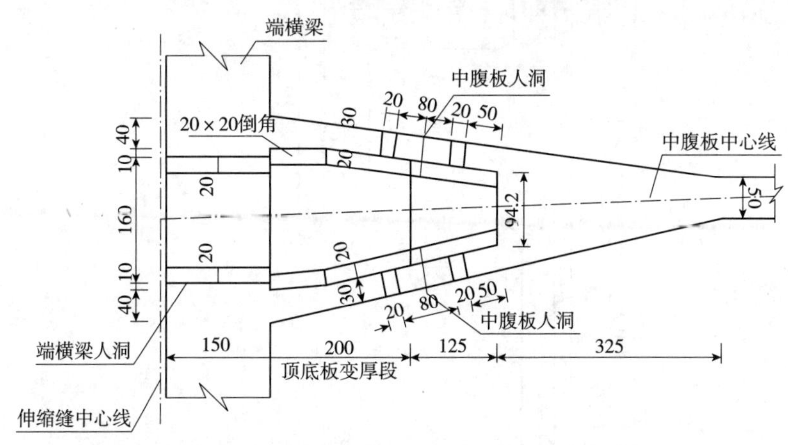

图 3. 3-44　Y 形腹板构造平面图(尺寸单位:cm)

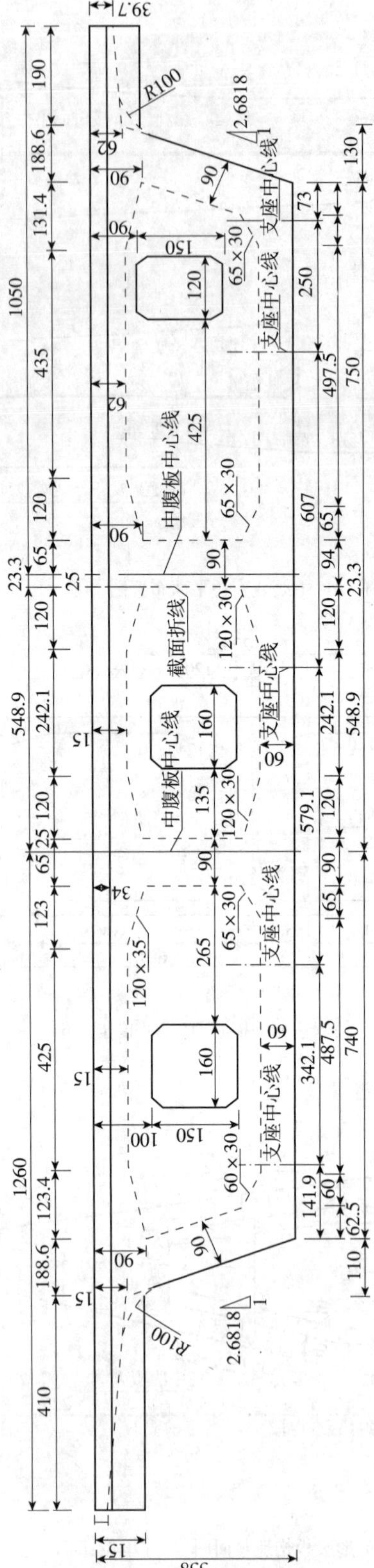

图 3.3-45　左幅第二联箱梁端横梁横断面图(尺寸单位:cm)

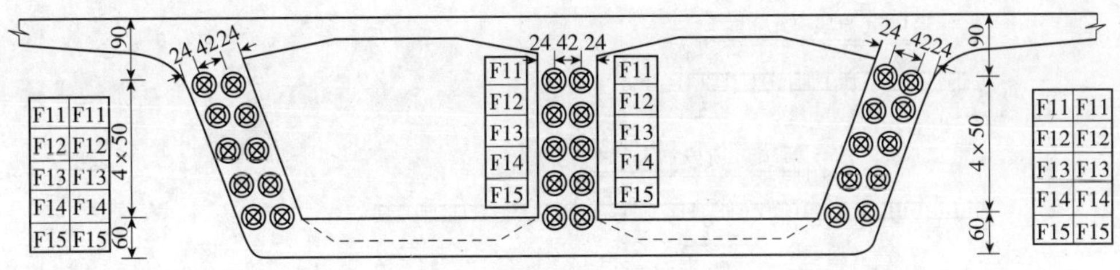

图 3.3-46　施工缝处锚固断面(尺寸单位:cm)

所有纵、横向预应力管道均采用塑料波纹管,并采用真空辅助压浆施工工艺。所采用预应力钢绞线技术标准均符合《预应力混凝土用钢绞线》(GB/T 5224—2014),公称直径为15.2mm,抗拉强度标准值$f_{pk}=1860$MPa,计算弹性模量为1.95×105MPa。塑料波纹管技术标准应符合《预应力混凝土桥梁用塑料波纹管》(JT/T 529—2016)的规定。

预应力钢束设计张拉控制应力采用$0.75R_{yb}=1395$MPa。预应力钢束张拉顺序为:纵向预应力钢束张拉顺序先腹板后顶底板,先长束后短束,按顺序对称张拉;最后张拉横向预应力钢束。

纵向预应力钢束均采用塑料波纹管。塑料波纹管技术标准应符合《预应力混凝土桥梁用塑料波纹管》(JT/T 529—2016)的规定。

所有预应力设计,均参照OVM锚具体系,锚下螺旋筋在购买该锚具时,由厂家供应;施工单位自行制作时,应严格按照OVM锚具标准,不得变更螺旋筋直径、间距等技术要求。

4)设计计算

本桥预应力结构纵、横向均按全预应力构件设计。在进行上部结构纵向计算时,无论是极限承载能力还是正截面应力验算,均不考虑结构以上桥面铺装参与受力。直线箱梁纵向均按平面杆系理论计算,按全预应力混凝土构件验算。根据桥梁的实际施工过程和施工方案划分施工阶段;荷载组合均按照规范要求执行。

5)计算参数

计算参数的取值参考前章节论述。

6)计算结果

限于篇幅,本章节仅选取左幅第一联3×60m变宽箱梁及右幅第二联2×60m变宽箱梁为例。

(1)左幅第一联3×60m变宽箱梁:采用支架逐孔现浇,梁段接缝位置距支座中心线10.0m,梁内腹板通长束在梁段接缝处以连接器连接。结构离散图及计算模型如图3.3-47、图3.3-48所示。

由平面杆系计算程序"桥梁博士"求得结构极限抗弯承载力和使用阶段各组合下的最不利弯矩(荷载效应的组合设计值是按规范组合,见《通用规范》第4.1.6条基本组合)。箱梁抗弯承载力见图3.3-49、图3.3-50。其中最外缘线条表示结构的极限抗弯承载能力曲线,内侧线条为箱梁在使用阶段各组合下的弯矩包络曲线。从图中可以看出,各组合下的弯矩均未超出外缘线条,极限抗弯承载力满足规范要求。

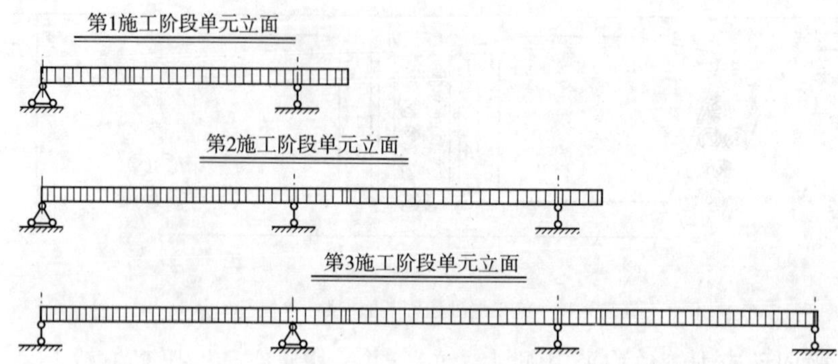

图 3. 3-47　结构离散图

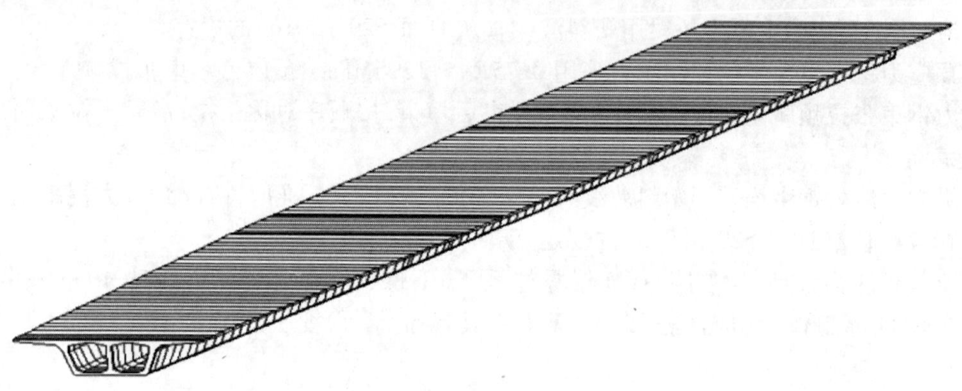

图 3. 3-48　计算模型三维图

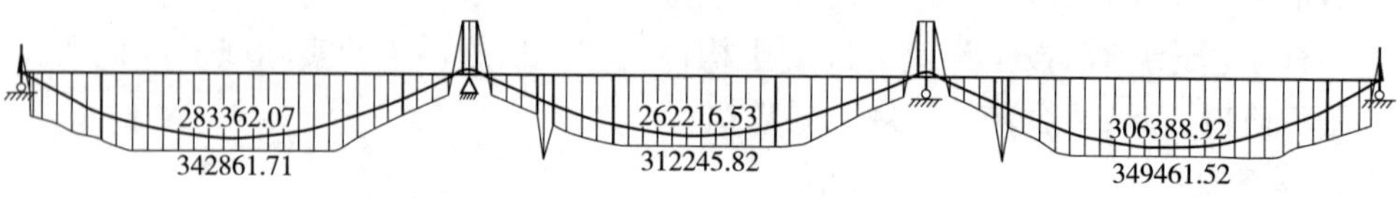

图 3. 3-49　最大弯矩抗力及对应弯矩内力

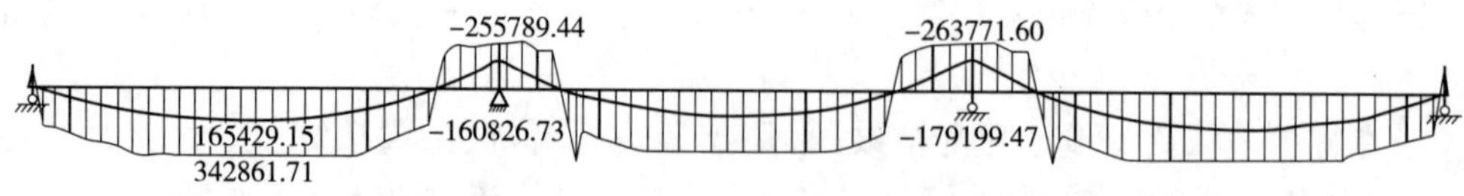

图 3. 3-50　最小弯矩抗力及对应弯矩内力

正常使用极限状态箱梁各截面上下缘弯曲应力包络图如图 3. 3-51、图 3. 3-52 所示。

正常使用极限状态箱梁各截面主应力包络图如图 3. 3-53 所示。

(2)右幅第二联 2 × 60m 变宽箱梁：采用支架逐孔现浇，结构离散图及计算模型如图 3. 3-54、图 3. 3-55 所示。

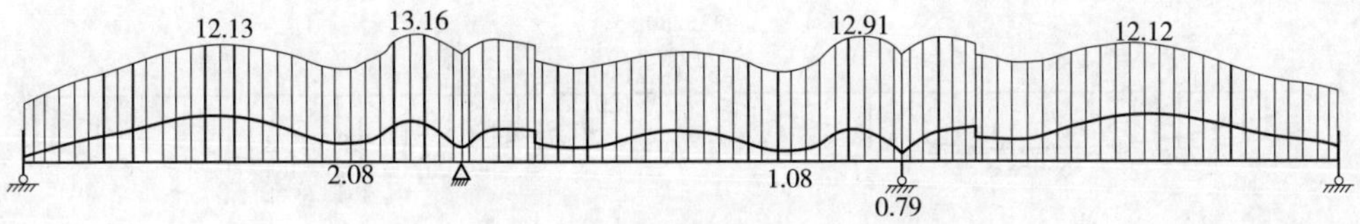

图 3. 3-51　正常使用极限状态箱梁上缘弯曲应力包络图

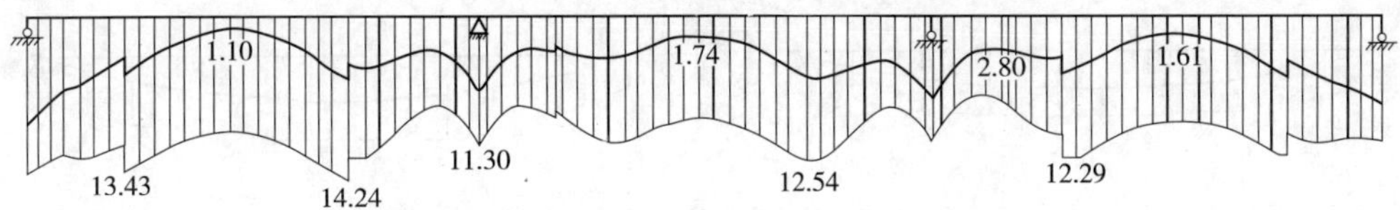

图 3. 3-52　正常使用极限状态箱梁下缘弯曲应力包络图

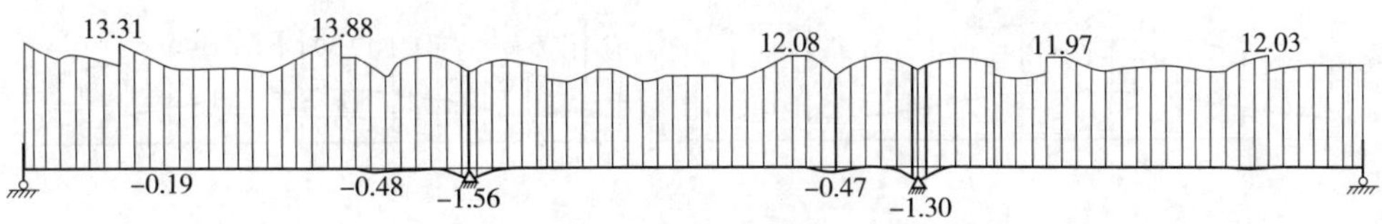

图 3. 3-53　正常使用极限状态箱梁各截面主应力包络图

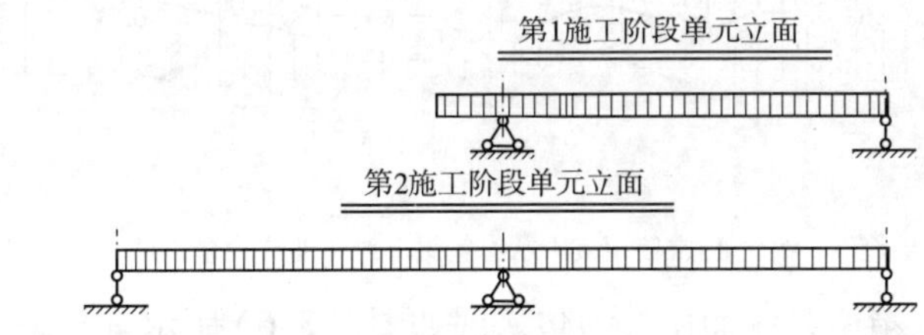

图 3. 3-54　结构离散图

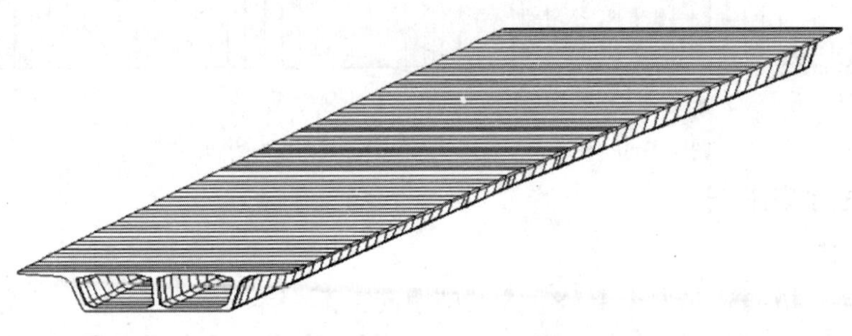

图 3. 3-55　计算模型三维图

由平面杆系计算程序“桥梁博士”求得结构极限抗弯承载力和使用阶段各组合下的最不利弯矩(荷载效应的组合设计值是按规范组合,见《通用规范》第 4. 1. 6 条基本组合)。箱梁抗弯承载力见图 3. 3-56、图 3. 3-57。其中最外缘线条表示结构的极限抗弯承载能力曲线,内侧线条为箱梁在使用阶段各组合下的弯矩包络曲线。从图中可以看出,各组合下的弯矩均未超出外缘线条,极限抗弯承载力满足规范要求。

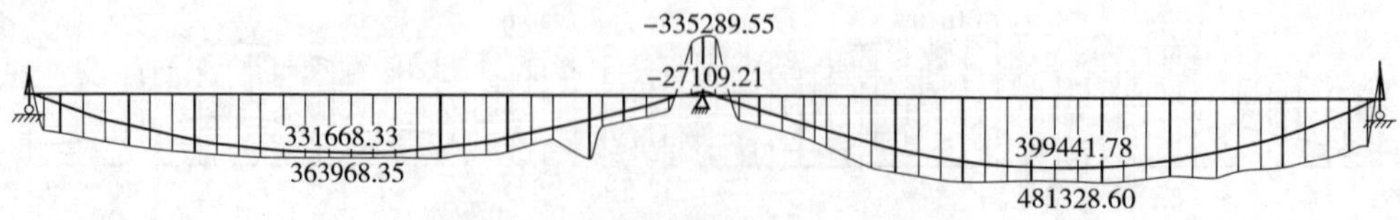

图 3.3-56 最大弯矩抗力及对应弯矩内力

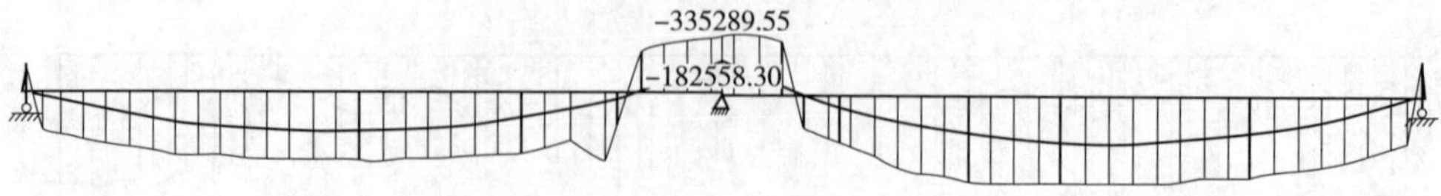

图 3.3-57 最小弯矩抗力及对应弯矩内力

正常使用极限状态箱梁各截面上下缘弯曲应力包络图如图 3.3-58、图 3.3-59 所示。

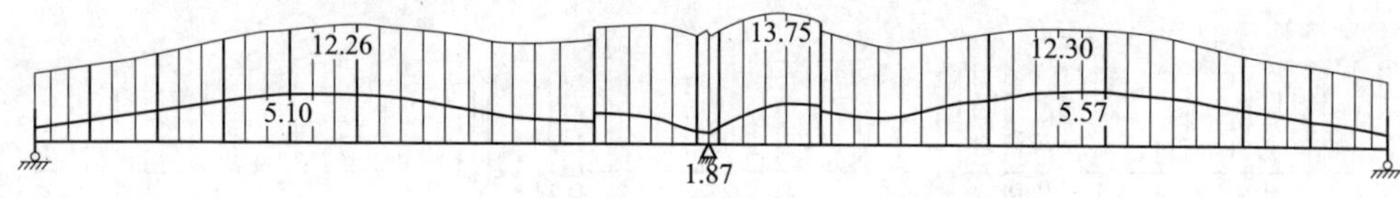

图 3.3-58 正常使用极限状态箱梁上缘弯曲应力包络图

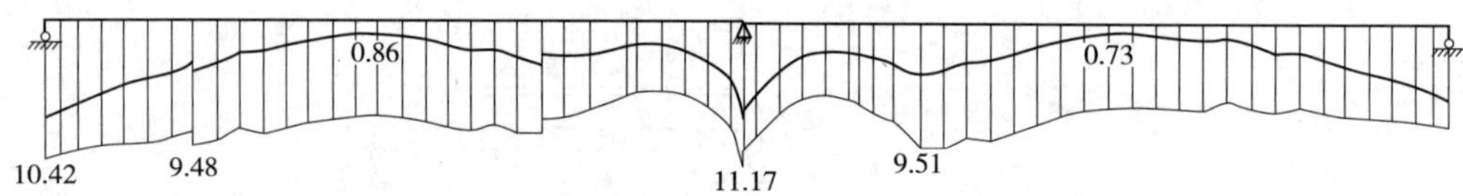

图 3.3-59 正常使用极限状态箱梁下缘弯曲应力包络图

正常使用极限状态箱梁各截面主应力包络图如图 3.3-60 所示。

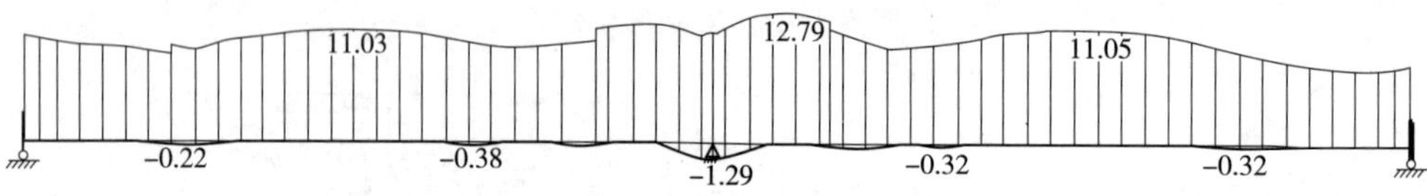

图 3.3-60 正常使用极限状态箱梁各截面主应力包络图

3.3.5.3 下部结构设计

1)结构构造

匝道桥:墩柱墩底尺寸为 2.4m×3.8m,中墩向上渐变至 2.4m×4.8m,过渡墩向上渐变至 3.6m×4.8m;承台平面尺寸为 6.45m×6.45m,承台高 3m,承台顶高程定为 0.3m,基础大部分采用 4 根桩径 1.5m 的群桩基础。需要注意的是,由于匝道桥为曲线桥,为改善弯桥受力性能,部分高墩设计为固结墩,再根据受力分析,将部分基础桩径设计为 1.6m(承台平面尺寸随之为 6.8m×6.8m),如 C 匝道桥 13、16、19 号墩等。

对于部分变宽箱梁的下部构造,在总体保持花瓶墩的基础上,根据特殊情况特殊设计的原则,通过加大墩柱平面尺寸来调整支座个数及位置,个别墩采用了门式花瓶的方案,如图 3.3-61所示。

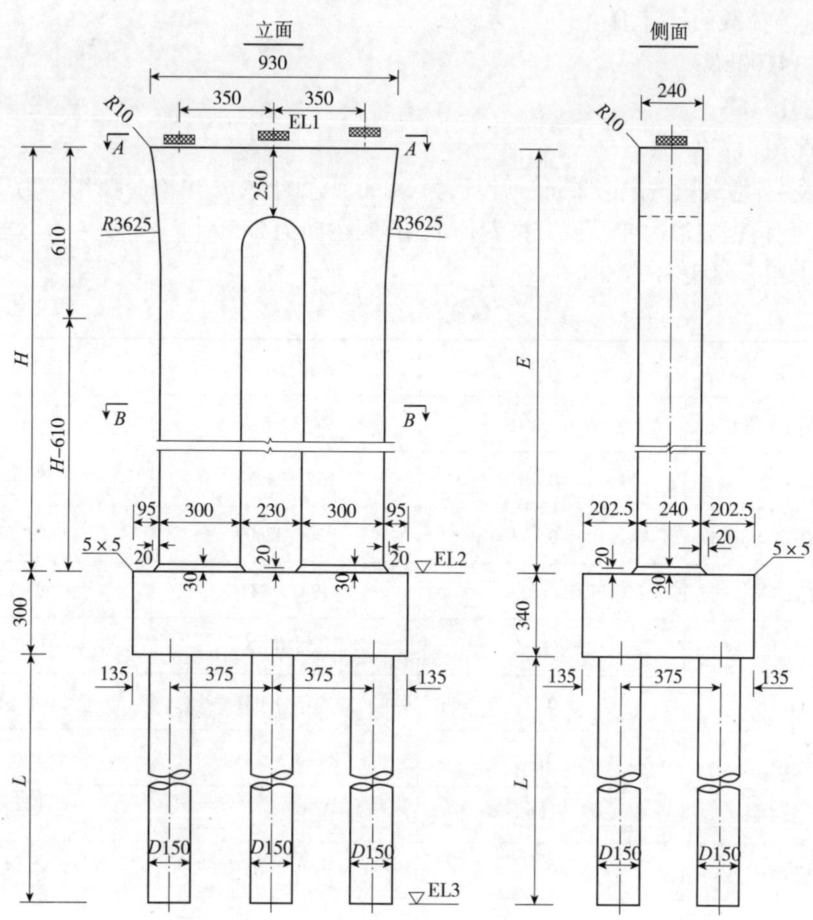

图 3.3-61　门式桥墩一般构造图(尺寸单位:cm)

主线变宽段:该处的下部构造设计与匝道桥变宽段箱梁下部构造的设计原则及方法一致,即在总体保持花瓶墩的基础上,根据特殊情况特殊设计的原则,通过加大墩柱平面尺寸来调整支座个数及位置,以处不再赘述。

2)设计计算

本工程桥墩采用花瓶墩、群桩基础,针对不同的上部结构、墩身高度的不同,结构尺寸略有不同,对各墩均进行详细的受力分析和配筋验算、抗裂验算和稳定性验算。

3)墩身计算

(1)荷载组合

墩身计算荷载组合见表 3.3-9。

墩身计算荷载组合　　表 3.3-9

组合	墩身计算荷载组合
组合Ⅰ	恒+活
组合Ⅱ	恒+活+有活载风(顺向)+支座摩阻+波浪力(顺向活载风)
组合Ⅲ	恒+百年风(顺向)+支座摩阻+波浪力(顺向百年风)

(2)各分项荷载的计算取值

①恒载:14100kN;

②活载:3165kN;

③支座摩阻力:705kN;

④风荷载:有活载风按风速25m/s计算,为31.3kN;百年风按39.6m/s计算,为78.5kN;

⑤波浪力:根据波浪力专题研究推荐值取用,顺桥向为285kN。

墩底内力组合见表3.3-10。

墩底内力组合 表3.3-10

组　合	组合Ⅰ	组合Ⅱ	组合Ⅲ
基本组合 N_{max}(kN)	26679.191	24339.623	20830.271
基本组合 H(kN)	0	1371.74977	1459.4068
基本组合 M(kN·m)	0	9566.22809	9903.6891
基本组合 N_{min}(kN)	19870.235	19870.235	20830.271
短期组合 N(kN)	15340.15	15340.15	15703.8
短期组合 H(kN)	0	1013.46051	1048.8637
短期组合 M(kN·m)	0	6668.49204	6810.1049
长期组合 N(kN)	15496	15496	15703.8
长期组合 H(kN)	0	1013.46051	1048.8637
长期组合 M(kN·m)	0	6668.49204	6810.1049

组合Ⅲ控制墩身设计。

(3)墩身底截面配筋验算

全截面配筋:88ϕ28,主筋配筋率为5.3‰。

设计轴向力 $N_U = 87912.62$kN≥计算轴向力 $\gamma_o \times N_J = 21857.27$kN,满足设计要求。

设计弯矩 $M_U = 146022.1$kN·m≥计算轴向力 $\gamma_o \times N_J \times e = 35003.96$kN·m,满足设计要求。

裂缝验算:

作用长期效应组合 $M_L = 6810.105$kN·m,作用长期效应组合 $N_L = 15703.8$kN;

作用短期效应组合 $M_S = 6810.105$kN·m,作用短期效应组合 $N_S = 15703.8$kN;

采用配筋率 $\rho = 0.006$;

截面受拉区最外缘钢筋应力 $\sigma_{ss} = 108.8284$;

裂缝宽度 $W_{fk} = 0.1253127$mm < 0.15mm,满足规范要求。

4)基础计算

(1)荷载组合

桩基计算荷载组合见表3.3-11。

桩基计算荷载组合 表3.3-11

组合名称		桩基计算荷载组合
组合Ⅰ		恒+活
组合Ⅱ	2.1	恒+活+有活载风(顺向)+支座摩阻+波浪力(顺向活载风)
	2.2	恒+活+有活载风(横向)+支座摩阻+波浪力(横向活载风)
组合Ⅲ	3.1	恒+活+有活载风(顺向)+支座摩阻+冰压力(横纵100年)
	3.2	恒+活+有活载风(横向)+支座摩阻+冰压力(横纵100年)
	3.3	恒+活+有活载风(顺向)+支座摩阻+冰压力(横向100年)
	3.4	恒+活+有活载风(横向)+支座摩阻+冰压力(横向100年)
组合Ⅳ	4.1	恒+活+船撞(顺向)
	4.2	恒+活+船撞(横向)
组合Ⅴ	5.1	恒+地震(顺向)
	5.2	恒+地震(横向)
组合Ⅵ	6.1	恒+百年风(顺向)+支座摩阻+波浪力(顺向百年风)
	6.2	恒+百年风(横向)+支座摩阻+波浪力(横向百年风)
组合Ⅶ	7.1	恒+百年风(顺向)+支座摩阻+冰压力(横纵20年)
	7.2	恒+百年风(横向)+支座摩阻+冰压力(横纵20年)

注:表中“恒”代表“恒载”,“活”代表“活载”,下同。

(2)各分项荷载的计算取值

①恒载:14100kN。

②活载:3165kN。

③风荷载:有活载风按风速25m/s计算,百年风按39.6m/s计算。

④波浪力:根据波浪力专题研究推荐值取用,顺桥向为750kN。

⑤冰压力:计算公式为:

$$F = CDh\sigma_c$$

式中:C——冰压系数,按规范取0.5;

D——水流在建筑物上的投影长度(m);

h——冰厚(m),20年一遇采用0.1219m,100年一遇采用0.2515m;

σ_c——冰体压缩强度(kPa),20年一遇采用1190.7kPa,100年一遇采用1873.0kPa。

⑥船撞力:顺桥向为600kN,横桥向为1200kN。

⑦地震力:竖向地震力620kN,顺桥向水平地震力140kN,弯矩1100kN·m,横桥向水平地震力330kN,弯矩4200kN·m。

承台底内力组合表见表3.3-12。

承台底内力组合 表 3.3-12

组合名称		组 合 项	N(kN)	Q(kN)	M(kN·m)
组合Ⅰ		恒+活	32293.94	0	0
组合Ⅱ	2.1	恒+活+有活载风(顺向)+支座摩阻+波浪力(顺向活载风)	29954.38	1801.41	13857.5
	2.2	恒+活+有活载风(横向)+支座摩阻+波浪力(横向活载风)	29954.38	1672.4	13458.6
组合Ⅲ	3.1	恒+活+有活载风(顺向)+支座摩阻+冰压力(横纵100年)	29954.38	2512.12	16128.23
	3.2	恒+活+有活载风(横向)+支座摩阻+冰压力(横纵100年)	29954.38	2503.183	16065.67
	3.3	恒+活+有活载风(顺向)+支座摩阻+冰压力(横向100年)	29954.38	2512.12	16128.23
	3.4	恒+活+有活载风(横向)+支座摩阻+冰压力(横向100年)	29954.38	2503.183	16065.67
组合Ⅳ	4.1	恒+活+船撞(顺向)	32293.94	660	4422
	4.2	恒+活+船撞(横向)	32293.94	1320	6402
组合Ⅴ	5.1	恒+地震(顺向)	27127.02	1239.7	11899.21
	5.2	恒+地震(横向)	27127.02	1448.7	15309.21
组合Ⅵ	6.1	恒+百年风(顺向)+支座摩阻+波浪力(顺向百年风)	26445.02	1960.7	14487.3
	6.2	恒+百年风(横向)+支座摩阻+波浪力(横向百年风)	26445.02	1794.4	13911.7
组合Ⅶ	7.1	恒+百年风(顺向)+支座摩阻+冰压力(横纵20年)	26445.02	1540.93	13214.7
	7.2	恒+百年风(横向)+支座摩阻+冰压力(横纵20年)	26445.02	1532	13152.1

单桩强度验算，组合Ⅲ(3.1)控制设计，用 m 法计算桩身内力得：$N = 9798.5\text{kN}$，$Q = 628.03\text{kN}$，$M = 2394.1\text{kN} \cdot \text{m}$。桩身内力包络图见图 3.3-62。

截面配筋率为 1.1%，裂缝验算宽度为 0.112mm <0.15mm，满足规范要求。

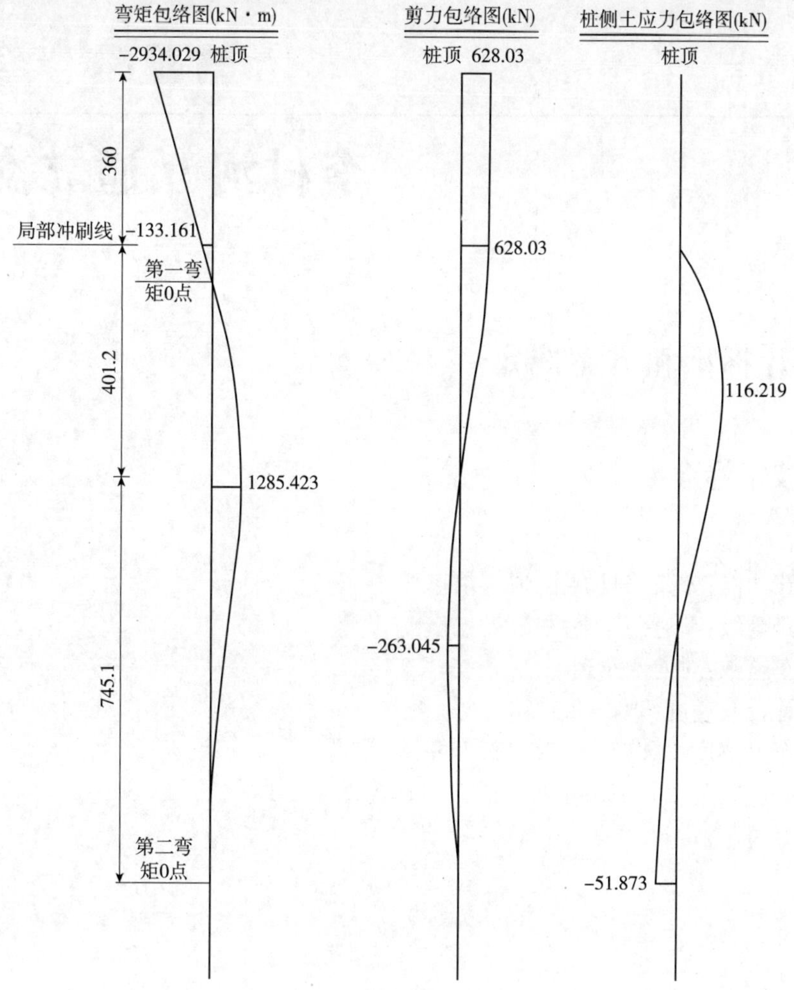

图 3.3-62 桩基内力包络图(尺寸单位:cm)

第4章

李村河互通立交设计

4.1 设计标准和方案选定

4.1.1 技术标准

主线：

(1)道路功能：公路兼具城市道路功能。

(2)道路等级：高速公路兼城市快速路。

(3)行车道数：对向八车道。

(4)设计行车速度：80km/h。

(5)行车道宽度：2×(3×3.75+3.5)m(八车道)。

(6)路基(桥梁)宽度：35m(八车道)，具体见图4.1-1。

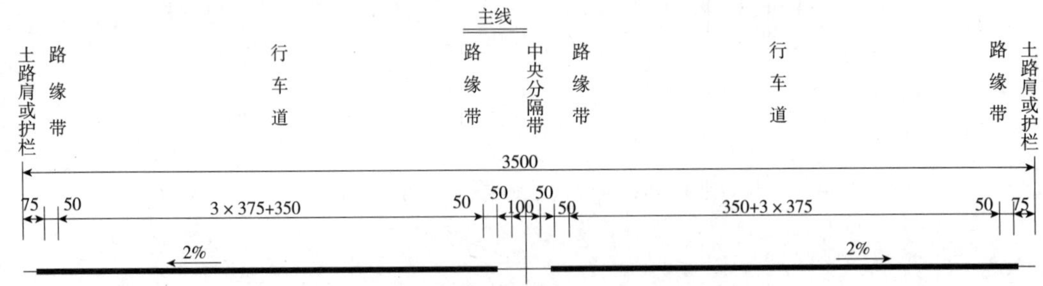

图4.1-1 路基(桥梁)宽度(尺寸单位：cm)

(7)最大纵坡：≤4%。

(8)桥面横坡：2%。

(9)平、纵曲线半径：平、纵曲线半径规定值及采用值具体见表4.1-1。

(10)设计荷载：公路—Ⅰ级，城—A级。

(11)根据《中国地震动参数区划图》(GB 18306—2015)，本项目所在地区地震动峰值加速度为0.05，相应的基本地震烈度为Ⅵ度。

平纵线形技术标准及运用情况

表 4. 1-1

项　　目		规定值	采用值
平曲线最小半径(m)	一般值	400	1100
	极限值	250	
不设超高最小平曲线半径(m)		2500	2600
凸型竖曲线最小半径(m)	一般值	4500	45000
	极限值	3000	
凹型竖曲线最小半径(m)	一般值	3000	15627. 91
	极限值	2000	

匝道:

(1)设计速度:匝道设计速度见表 4. 1-2。

匝道设计速度

表 4. 1-2

匝道编号	匝道类型	匝道设计速度(km/h)
A、B、C、I	环形	40
D、E、F、G、H	直连式、半直连式	60
J、K、L	直连式、半直连式	40

(2)匝道宽度:单向单车道 8. 5m,单向双车道 12m,对向双车道 15. 5m。

(3)平面线形指标:设计速度 60km/h,平曲线最小半径为 150m,回旋线参数不小于 70;设计速度 40km/h,平曲线最小半径 60m,回旋线参数不小于 35。

(4)纵断面线形指标:设计速度 60km/h,最大纵坡 4%,凸形竖曲线最小半径 2000m,凹形竖曲线最小半径为 1500m;设计速度 40km/h,最大纵坡 5%,凸形竖曲线最小半径 900m,凹形竖曲线最小半径为 900m。

4. 1. 2　交通量

青岛胶州湾大桥工程可行性研究报告对李村河互通立交各个方向的交通量做了预测,2009 年、2015 年、2020 年、2028 年四个年度的预测交通量见图 4. 1-2 ~ 图 4. 1-5。

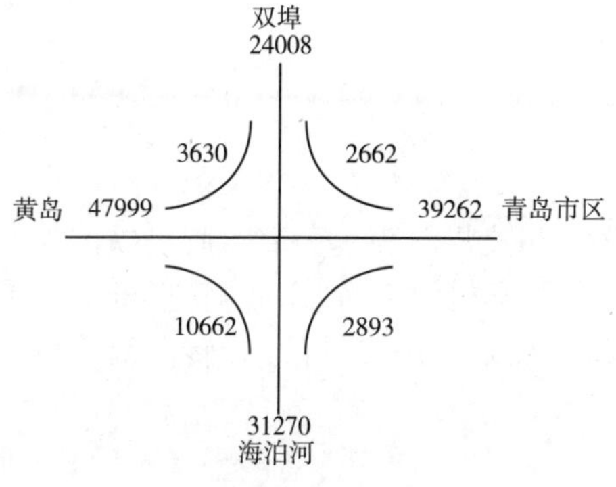

图 4. 1-2　2009 年预测转弯交通量(单位:pcu/d)

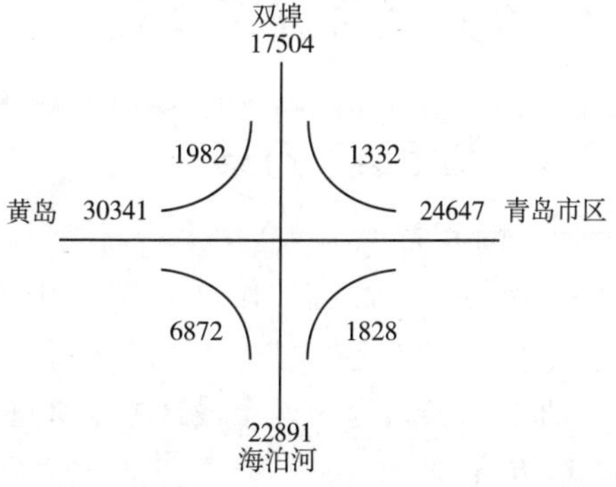

图 4. 1-3　2015 年预测转弯交通量(单位:pcu/d)

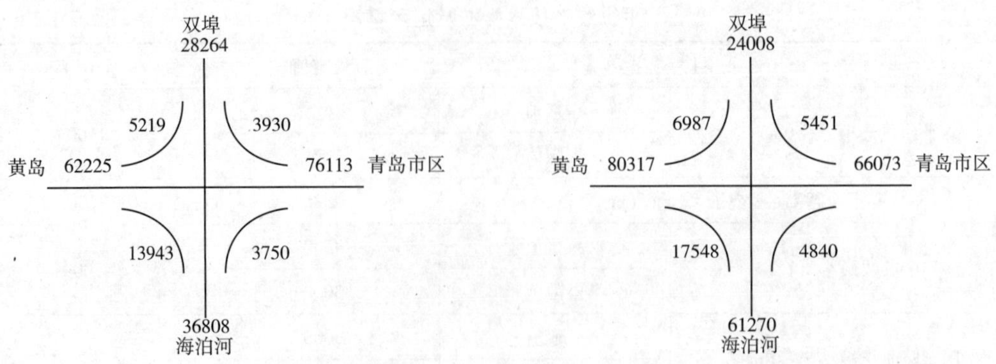

图 4.1-4 2020 年预测转弯交通量(单位:pcu/d)　　图 4.1-5 2028 年预测转弯交通量(单位:pcu/d)

本互通立交设计按照 2028 年远景交通量设计。在 2028 年交通量的基础上,对远景设计年限交通量进行分析,得出的交通分布如图 4.1-6 所示。

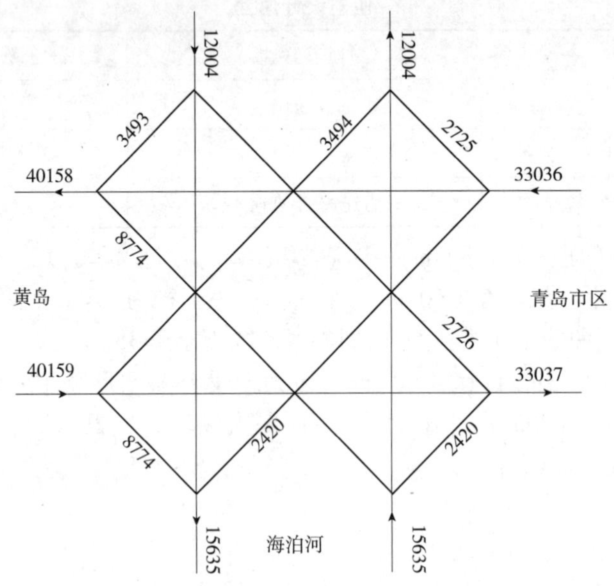

图 4.1-6 2028 年转弯交通量分布图(单位:pcu/d;注:方向不均匀系数 D 取 0.5)

4.2 互通立交方案设计

4.2.1 初步设计方案

李村河互通式立交位于李村河入海处,被交路为环胶州湾高速公路。胶济铁路位于互通东侧 1400m。本互通西南 200m 为现胶州湾高速公路李村河大桥,东北侧 700m 有太原路互通式立交,两者距离较近。综合地形、地物、青岛市规划等因素,并结合转向交通流主方向,初步设计阶段考虑两个设计方案来进行比选。

1)方案一

方案一(图 4.2-1)主线与环胶州湾高速交叉采用混合式互通立交,改造利用原太原路互通立交匝道与主线相连接。本方案中海泊河←→黄岛方向的左右转匝道，采用直连式匝道，为10.5m的单向双车道断面；双埠←→黄岛方向的左右转匝道，采用8.5m的单向单车道断面；海泊河←→青岛市区方向的左右转匝道，采用8.5m的单向单车道断面；双埠←→青岛市区方向的左右转匝道，采用8.5m的单向单车道断面；原环太原路互通立交的海泊河方向匝道改建为往黄岛方向匝道。

图4.2-1 李村河互通立交推荐方案

互通立交范围内主线最大纵坡为1.8%，匝道最小平曲线半径为70m，最大纵坡4.67%，匝道全长为9167.6m，互通占地662.3亩。

2）方案二

方案二（图4.2-2）中主线与环胶州湾高速交叉采用不完全混合式互通立交，实现环胶州湾高速公路与跨海桥（黄岛）方向的转弯交通，对于环胶州湾高速公路与青岛市区方向的转向交通则由原环太原路互通立交承担。海泊河←→黄岛方向的左右转匝道采用直连式匝道，为10.5m的单向双车道断面；双埠←→黄岛方向的左右转匝道采用8.5m的单向单车道断面；原环太原路互通立交的海泊河方向匝道改建为往黄岛方向匝道。

图4.2-2 李村河互通立交比较方案

互通立交范围内主线最大纵坡为 1.8%，匝道最小平曲线半径为 60m，最大纵坡 4.39%，匝道全长为 3252.4m，互通占地 394.4 亩。

经过经济、技术、互通功能、服务水平、景观效果、与周围设施协调性等多方面综合因素考虑，将方案一作为推荐方案（表 4.2-1）。

初步设计方案比较

表 4.2-1

项　目	方　案　一	方　案　二
互通形式	混合式全互通	混合式部分互通
与交通匹配性	解决了所有方向的转弯交通	仅解决环胶州湾高速公路与主线黄岛方向的主要转弯交通
与转向交通匹配性	主要交通方向指标高	主要交通方向指标高
匝道服务水平	主要交通方向设计标准高，服务水平较高	主要交通方向设计标准高，服务水平高
航空限高	结构高度较低，满足沧口机场航空飞行高度要求	结构高度较低，满足沧口机场航空飞行高度要求
青岛侧主线收费站布设	主线收费站布设在李村河河道，对河道泄洪影响大，收费站景观较差，且一次建成，造价较高	主线收费站可设在李村河北岸，可根据交通分期建设，造价低，收费站景观效果好
与路网结合性	合理考虑了原环太原路互通的改建，对未来转弯交通量及路网的变化适应性强	与青岛市区方向的转弯交通须由该路太原路等互通集散，对未来转弯交通量及路网的变化适应性稍差
投资	较高，在较小转弯交通量方向的投资效益较差	少
比选意见	推荐	比选

3）初步设计方案变更

2006 年 6 月，青岛市交委提出了将胶州湾高速公路扩建为双向八车道的方案。2006 年 11 月 21 日，青岛市规划局批准了青岛交委《关于确定青岛胶州湾大桥李村河互通立交设计标准的函》，确定了环胶州湾公路规划八车道断面（图 4.2-3）。

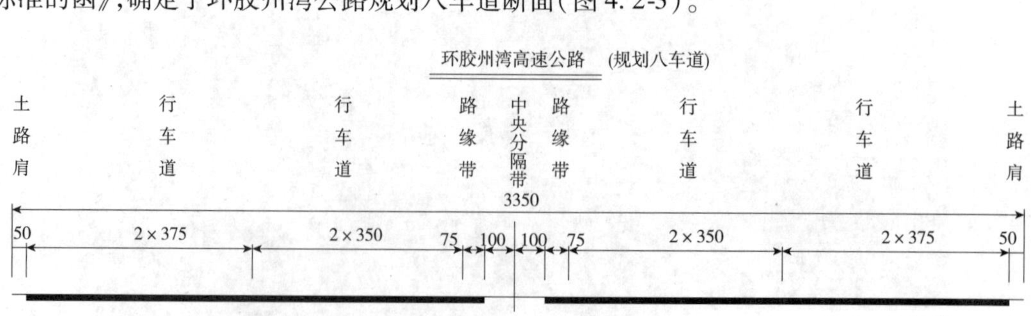

图 4.2-3　环胶州湾高速公路规划八车道断面（尺寸单位：cm）

根据确定的环胶州湾高速公路规划八车道断面，设计单位对初步设计方案进行了变更（图4.2-4），主线与环胶州湾高速相交叉仍然采用初步设计批复的混合式枢纽立交方案，将太原路互通立交拆除，由原有B型单喇叭形式改建为A型单喇叭形式。

图4.2-4　李村河互通立交初步设计变更方案

4.2.2　施工图变更设计

2008年下半年，青岛市提出"环湾保护，拥湾发展"的战略计划，环胶州湾高速公路海泊河至双埠段拓宽确定改造为城市主干道，取消收费功能，李村河互通立交的性质和功能发生了变化，互通转变为封闭收费的高速公路与开放交通的城市快速路相交叉的枢纽立交。

2009年1月17日，青岛市交通委员会组织召开了李村河互通立交设计变更方案研讨会，与会专家经过认真讨论，形成了以下具体意见：

（1）由于环胶州湾高速公路改为城市主干道，取消收费功能，李村河互通立交性质和功能发生变化，因此同意对李村河互通立交方案进行变更。

（2）为了便于管理和明确立交功能，建议该立交变更为组合式立交方案。

（3）建议取消李村河互通立交施工图设计中青岛与环胶州湾高速公路连接的四条匝道（A、B、F、G匝道），同时保留该四条匝道的远期实施空间，其交通功能通过太原路互通立交及附近路网结构来实现。

（4）增加C、D、E、H匝道收费站及相应的收费设施。

2009年9月10日，青岛市人民政府下发了《关于2009年重点城建项目调度会议纪要》，纪要中同意暂缓实施A、B、F匝道，预留远期建设条件，并将太原路立交、李村河互通立交范围内的地面道路、管线等工程及投资纳入环湾大道拓宽改造工程。根据专家意见及青岛市人民政府纪要，设计单位对李村河互通立交方案进行调整，并在C、D、E、JS1（即H）匝道设置收费站及相应收费设施。

2009年12月19日，青岛市交通委员会对李村河互通立交变更设计进行了批复，同意暂缓实施李村河互通立交中A、B、F匝道，并按规划批准方案预留远期建设条件，同时同意李村河互通立交采用匝道收费的方案，在C、D、E、JS1（即H）匝道设置收费站及相应收费设施。

4.3 路线设计

4.3.1 平面线形设计

李村河互通为直连式匝道+部分苜蓿叶形的混合式互通立交叉，根据交通量预测结果，双埠→青岛、青岛→海泊河、黄岛→双埠三个方向左转匝道（即A、B、C匝道）采用环形匝道外，海泊河→黄岛左转匝道采用半直连式匝道，其余右转匝道均采用直连式匝道，充分保障了海泊河⟷黄岛方向转向主交通流的行车舒顺。根据路线设计规范要求，为解决相邻两个环形匝道之间的车辆交织问题，在A、C匝道一侧（即主线南侧）设置集散车道JS2，与主线间分隔带宽度为0.5m，在A、B匝道一侧（即环胶州湾西侧）设置分离的集散车道JS1，分隔带宽度5m。

李村河互通立交匝道最小平曲线半径$R=67$m，一期实施匝道最小平曲线半径$R=75$m，一期实施匝道全长6442.97m。

4.3.2 纵断面线形设计

在匝道的纵断面设计中，充分满足匝道各跨越点净高、各连接部高程及纵坡、临界设计高程，适当结合线形的平、纵、横组合，在规范要求的范围内追求路线的最佳建筑高度，以节约工程量。本互通纵断设计中主线上跨被交路，海泊河→黄岛方向的左转匝道（E）下穿主线，上跨被交路。匝道最大纵坡为3.551%，最小凸形竖曲线半径2000m，最小凹形竖曲线半径1550m。

4.3.3 横断面设计

除D、E、JS1、JS2匝道采用12m单向双车道断面外，其余匝道均采用8.5m单向单车道断面。如图4.3-1、图4.3-2所示。

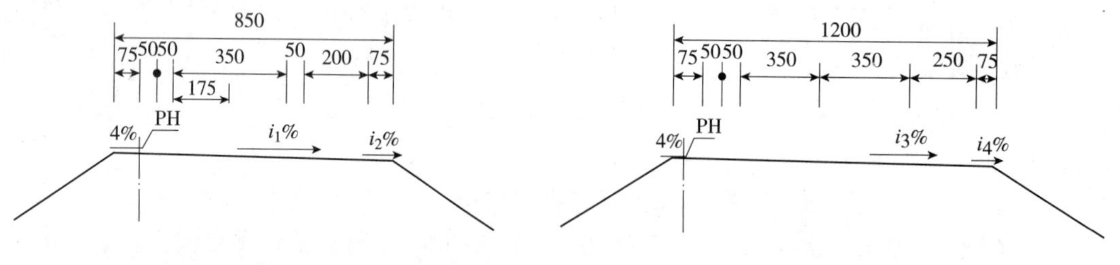

图4.3-1 单向单车道断面（尺寸单位：cm）

图4.3-2 单向双车道断面（尺寸单位：cm）

4.3.4 超高设计

考虑到本互通立交匝道主要为桥梁，而且桥上纵坡较大，综合考虑了匝道车速、合成坡度等因素，本互通立交超高取值如下：匝道圆曲线半径$R \geq 360$m时，匝道超高采用2%；$230\text{m} \leq R < 360\text{m}$时，匝道超高采用3%；$145\text{m} \leq R < 230\text{m}$时，匝道超高采用4%；$90\text{m} \leq R < 145\text{m}$时，匝道超高采用5%；$60\text{m} \leq R < 90\text{m}$时，匝道超高采用6%。图4.3-3为李村河互通立交施工图线位图。

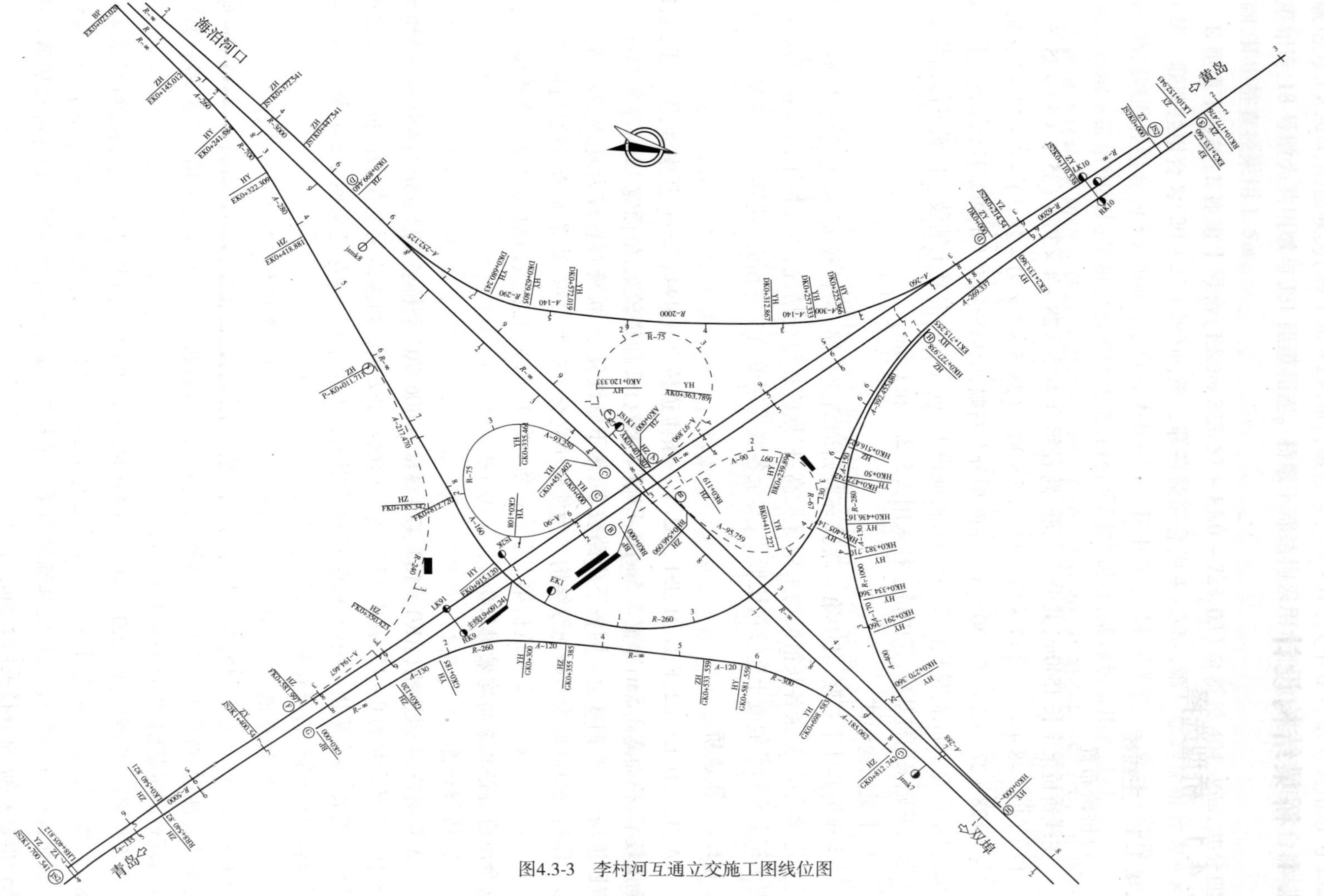

图4.3-3 李村河互通立交施工图线位图

箱梁形式，单孔跨径均大于等于 20m 的桥跨组合均采用单箱多室预应力混凝土连续箱梁形式。

4.4.2 结构设计

4.4.2.1 主线桥上部结构设计

1）结构构造

主线桥除第四联和第六联为钢筋混凝土连续箱梁外，其余均为预应力混凝土连续箱梁，采用移动模架或满堂支架现浇施工。

上部结构设计要点如下：

（1）主线桥第一～三联和第七～十联的标准横截面为单箱三室箱梁，梁高 2.0m，箱梁顶板宽 17.0m，底板宽 12.8m，两侧悬臂长 1.8m，箱梁顶板厚 0.28m，腹板厚 0.5m，箱梁底板厚 0.28m。除第一、二、七、十联右幅为变宽箱梁外，其余各孔均为 17m 等宽箱梁。等宽段箱梁标准横断面见图 4.4-1。

主线桥第十一～十三联均为变宽箱梁，断面采用单箱多室箱梁形式，梁高 2.0m，两侧悬臂长 1.8m，箱梁顶板厚 0.28m，箱梁底板厚 0.28m，腹板厚 0.5m。均采用斜腹板形式，腹板水平倾斜 0.3m。主线桥第十一联左幅 24、29 号墩、右幅 29 号墩，十二联左右幅 29 号墩和十三联左右幅 39 号墩顶端横梁采用 2.0m 厚，其余端横梁均采用 1.5m 厚，中横梁均采用 2.0m。

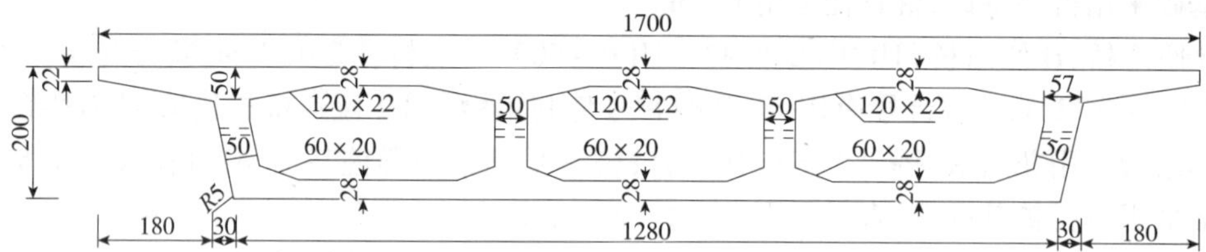

图 4.4-1　等宽段箱梁标准横断面（尺寸单位：cm）

（2）主线桥第五联为预应力混凝土连续箱梁，跨径为（40+48+40）m，梁高采用变截面梁高，由中支点梁高 3.2m 按二次抛物线曲线变化到中跨跨中梁高 2.0m，变化段长度 23m，边跨直径段长 16m，两侧悬臂长 1.8m，箱梁顶板厚 0.28m，箱梁底板厚 0.28m，腹板厚 0.5m，采用直腹板形式。端横梁均采用 1.5m 厚，中横梁均采用 2.0m 厚。第五联左右幅均与设计中心线斜交 80°，左幅为变宽箱梁，桥面宽 17m，箱梁断面采用单箱三室；右幅为变宽箱梁，桥面宽由 22.14m 变为 28.14m，箱梁断面为单箱六室，腹板中心线采用发散形分布，最大副板间距为 4.03m，最小为 3m。第五联梁体构造见图 4.4-2。

（3）主线桥第四联和第六联为钢筋混凝土连续箱梁跨径分别为 5×17m、（17+19+17）m，梁高 2.0m，两侧悬臂长 1.8m，箱梁顶板厚 0.28m，箱梁底板厚 0.28m，腹板厚 0.3m。均采用斜腹板形式，腹板水平倾斜 0.3m。端横梁除第六联右幅 8 号墩处为 2m 厚外，其余均采用 1.5m 厚，中横梁均采用 2.0m 厚。第四联左右幅箱梁在第一孔由正交 90°变为斜交 80°，其余各孔均为斜交 80°。该联左幅为等宽箱梁，桥面宽 17m，箱梁断面采用单箱四室；右幅为变宽箱梁，桥面宽由 17m 变为 22.13m，箱梁断面由单箱五室变为单箱六室，腹板中心线采用发

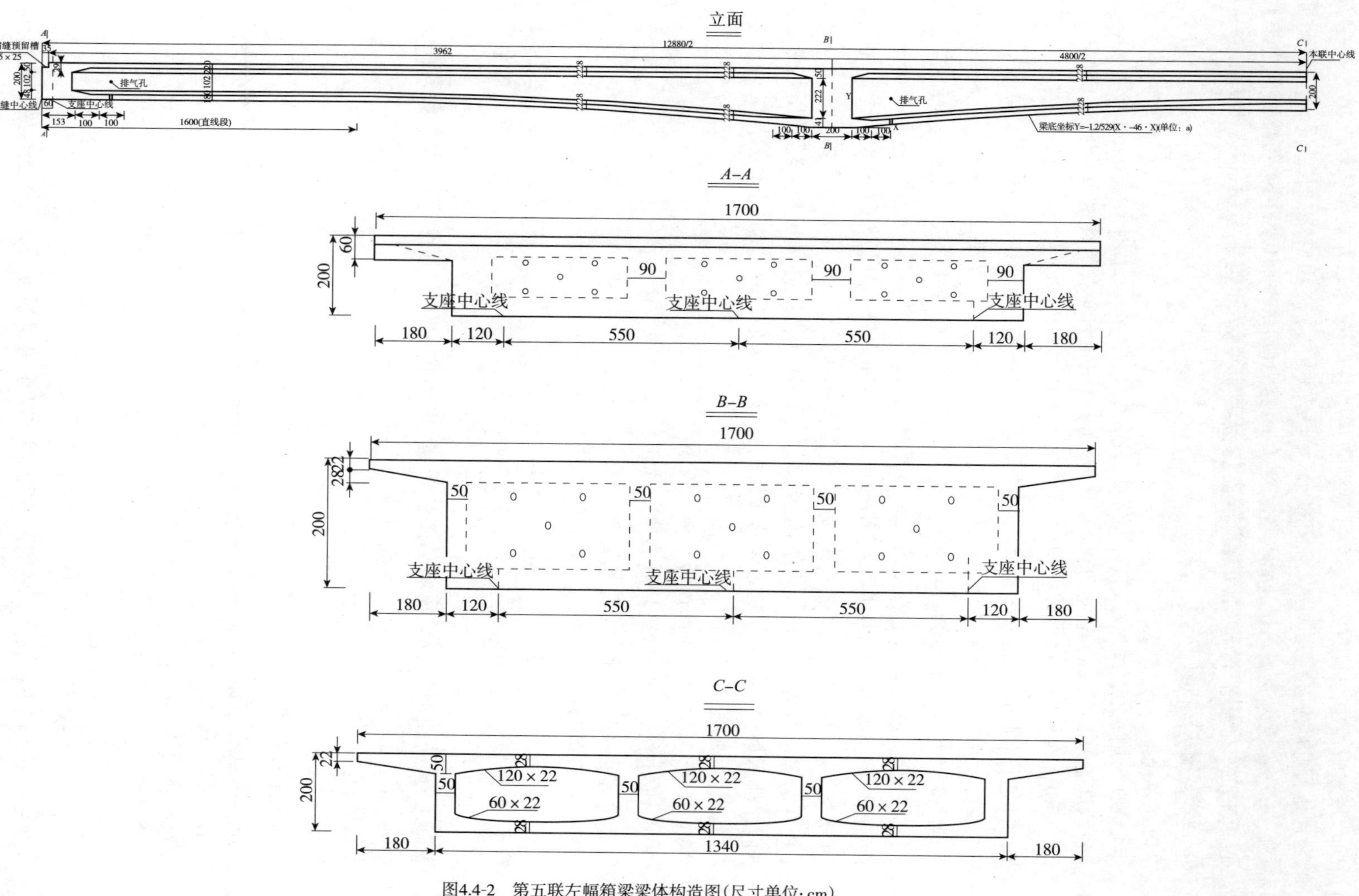

图4.4-2　第五联左幅箱梁梁体构造图(尺寸单位: cm)

散行分布，最大腹板中心间距为3.347m，最小为0.991m。第六联左右幅箱梁在第三孔由斜交80°变为正交90°，其余各孔均为斜交80°。该联左幅为等宽箱梁，桥面宽17m，箱梁断面采用单箱三室；右幅为变宽箱梁，桥面宽由28.15m变为(21.05+10.87)m，箱梁断面为单箱八室，腹板中心线采用平行箱梁边缘线布置，最大腹板中心间距为5.01m，最小为1.17m。第六联左幅梁体构造见图4.4-3。

2)预应力体系

主线桥所采用预应力钢绞线技术标准均符合《预应力混凝土用钢绞线》(GB/T 5224—2014)，公称直径为15.2mm，抗拉强度标准值$f_{pk}=1860$MPa，计算弹性模量为1.95×105MPa。

主线桥纵向预应力锚具分别采用规格15-22、15-17、15-15夹片锚及15-15P型锚和15-15连接器；横梁横向预应力锚具采用15-5夹片扁锚。纵向预应力钢束采用塑料波纹管，15-22钢束波纹管外径113mm，壁厚2.5mm，15-17和15-15钢束波纹管外径106mm，壁厚2.5mm，横梁横向预应力钢束采用塑料扁波纹管，壁厚2.5mm。塑料波纹管技术标准应符合《预应力混凝土桥梁用塑料波纹管》(JT/T 529—2016)的规定。

主线桥均采用纵向预应力体系，个别横梁位置墩间距较大处设置横梁预应力。主线桥第三、五联均为双向整体对称张拉，其余各联为逐孔单向张拉。预应力钢束设计张拉控制应力均采用$0.75R_{yb}=1395$MPa，预应力管道均采用塑料波纹管，并采用真空辅助压浆施工工艺。纵向预应力钢束张拉顺序均为先腹板后顶板，先长束后短束，按顺序对称张拉。

3)设计计算原则

(1)预应力结构纵向、横向均按全预应力构件设计；

(2)普通钢筋混凝土结构，控制裂缝宽度0.15mm。

4)计算方法及计算所采用的各项指标

在进行上部结构纵向计算时，无论是极限承载能力还是正截面应力验算，均不考虑结构以上桥面铺装参与受力。直线箱梁纵向均按平面杆系理论计算，按全预应力混凝土构件验算。根据桥梁的实际施工过程和施工方案划分施工阶段；荷载组合均按照规范要求执行。

混凝土、钢筋和钢绞线等材料的弹性模量、设计抗压(拉)强度等基本参数均按规范取值。

低松弛钢绞线各项性能指标如下：

直径：15.2mm；

弹性模量：195000MPa；

标准强度：1860MPa；

热膨胀系数：0.000012；

松弛率：<2.5%；

管道摩阻系数u：0.15；

管道偏差系数k：0.0015；

一端锚具变形及钢束回缩6mm。

计算中考虑了以下荷载内力效应：一期恒载包括箱梁材料重量。混凝土重度取2.6t/m^3，箱梁按实际断面计取重量。箱梁横隔板以集中力计入。

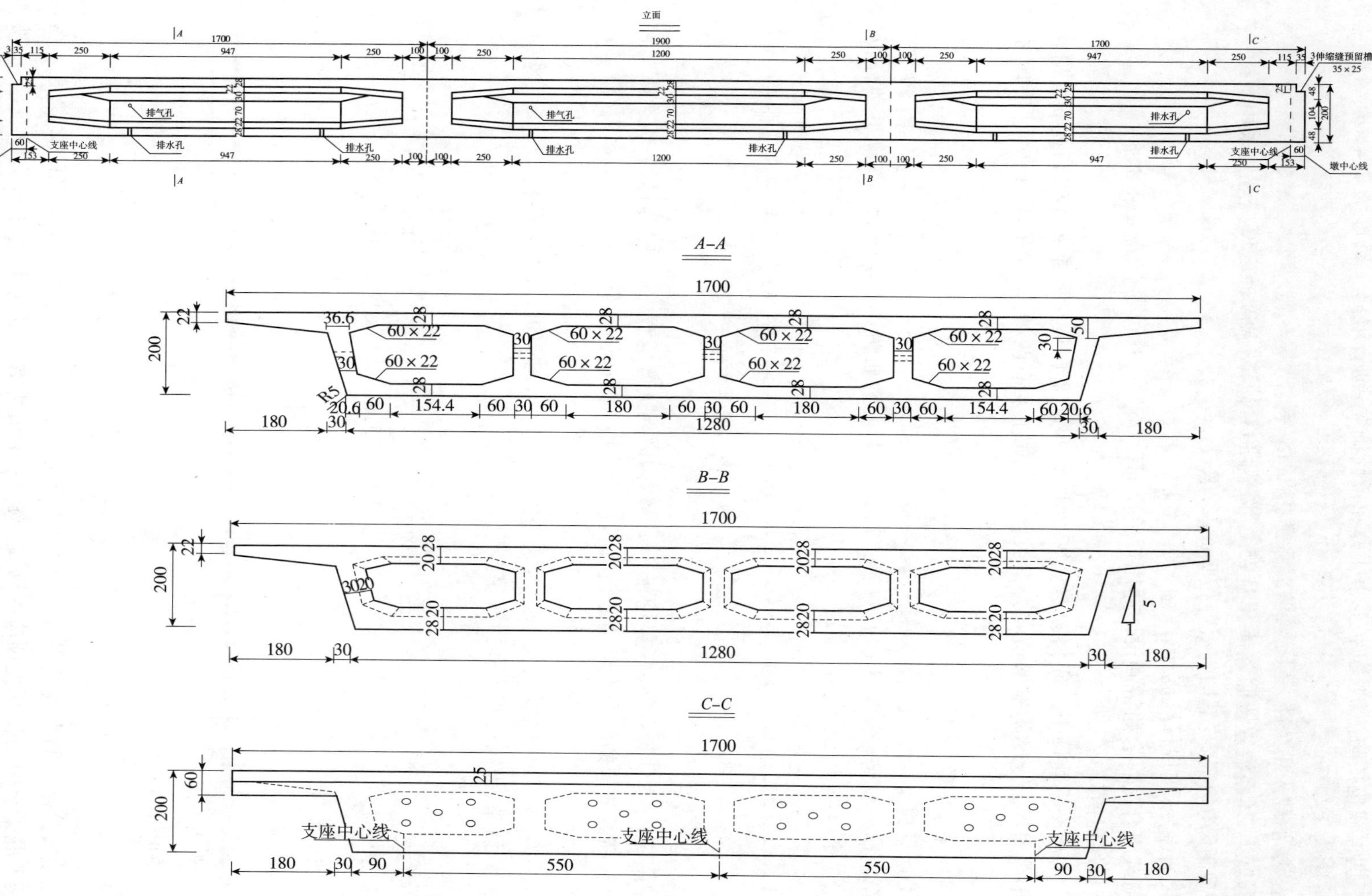

图4.4-3 第六联左幅箱梁梁体构造图(尺寸单位:cm)

二期恒载包括防撞护栏(波形护栏)和桥面铺装:沥青混凝土重度为 2.4t/m³。水泥混凝土重度为 2.6t/m³。

活载:活载采用公路—Ⅰ级,偏载系数按 1.15 考虑。

温度力:体系温差按照整体升温 25℃、降温 30℃计算,温度梯度值按规范采用。

基础不均匀沉降:不均匀沉降按 2mm 考虑。

收缩徐变:按现行规范计算。

荷载组合:按《公路桥涵设计通用规范》(JTG D60—2015)要求进行组合。

5)设计计算

主线桥全桥共计十三联,根据结构类型,主要分为预应力混凝土结构和钢筋混凝土结构。预应力混凝土结构根据预应力钢束张拉方式主要有两种:双向整体对称张拉和逐孔单向张拉。

(1)钢筋混凝土结构

①计算模型

第六联左幅跨径组合为(17 +19 +17)m,计算模型如图 4.4-4 所示。全联共划分 54 个节点,53 个梁单元,全联整体浇筑。

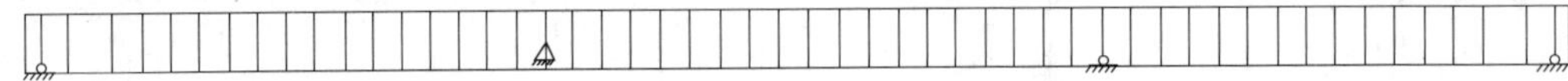

图 4.4-4 左幅第六联计算模型

②计算结果

由平面杆系计算程序“桥梁博士”求得结构极限抗弯承载力和使用阶段各组合下的最不利弯矩(荷载效应的组合设计值是按规范组合,见《通用规范》第 4.1.6 条基本组合)。箱梁抗弯承载力见图 4.4-5、图 4.4-6。其中最外缘线条表示结构的极限抗弯承载能力曲线,内侧线条为箱梁在使用阶段各组合下的弯矩包络曲线。从图中可以看出,各组合下的弯矩均未超出外缘线条,极限抗弯承载力满足规范要求。

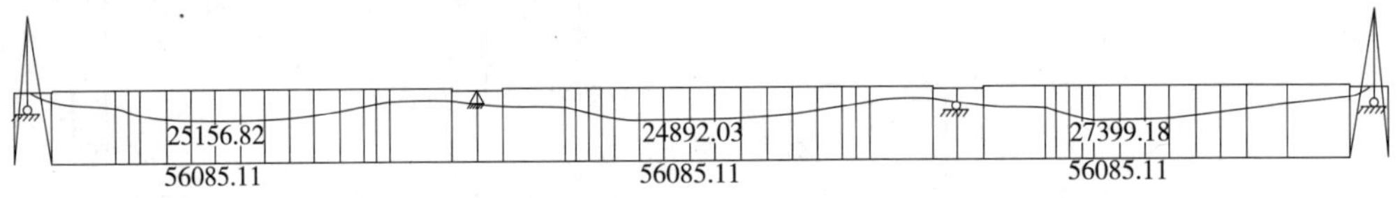

图 4.4-5 最大弯矩抗力及对应弯矩内力

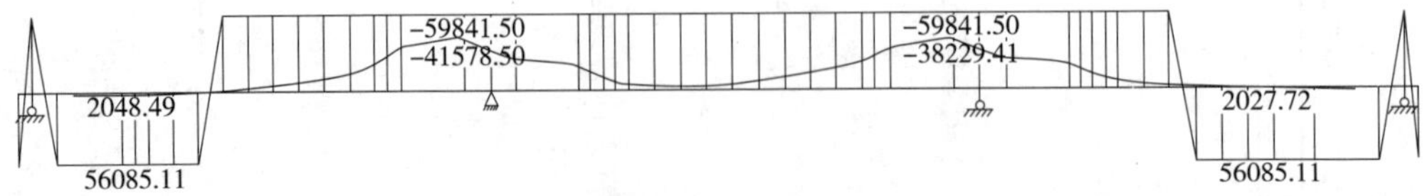

图 4.4-6 最小弯矩抗力及对应弯矩内力

根据《公路钢筋混凝土及预应力混凝土桥涵设计规范》(JTG D62—2004)第 6.4 条规定:钢筋混凝土构件和 B 类预应力混凝土构件,在正常使用极限状态下的裂缝宽度,应按作用(或荷载)短期效应组合并考虑长期效应影响进行验算。如图 4.4-7 所示。

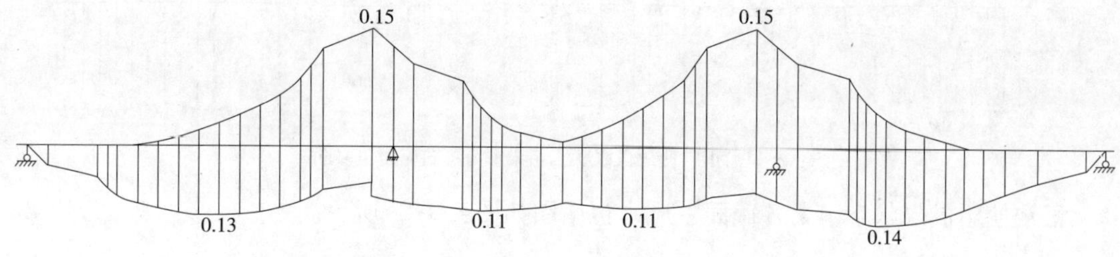

图 4.4-7　短期效应组合主梁裂缝(尺寸单位:mm)

(2)双向整体张拉预应力混凝土结构

①计算模型

第五联左幅跨径组合为(40 +48 +40)m,计算模型如图 4.4-8 所示。全联共划分 71 个节点,70 个梁单元,全联整体浇筑。

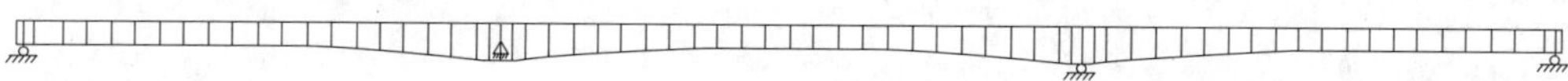

图 4.4-8　左幅第五联计算模型

②计算结果

由平面杆系计算程序“桥梁博士”求得结构极限抗弯承载力和使用阶段各组合下的最不利弯矩(荷载效应的组合设计值是按规范组合,见《通用规范》第 4.1.6 条基本组合)。箱梁抗弯承载力见图 4.4-9、图 4.4-10。其中最外缘线条表示结构的极限抗弯承载能力曲线,内侧线条为箱梁在使用阶段各组合下的弯矩包络曲线。从图中可以看出,各组合下的弯矩均未超出外缘线条,极限抗弯承载力满规范要求。

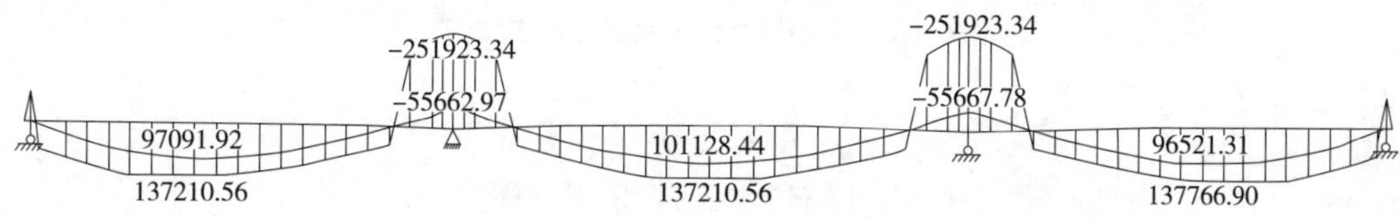

图 4.4-9　最大弯矩抗力及对应弯矩内力

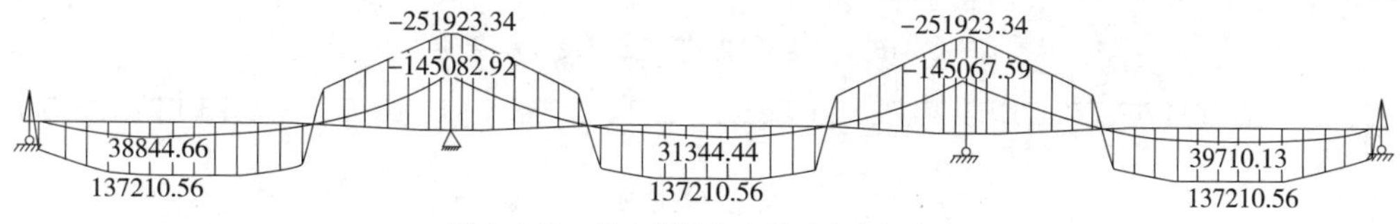

图 4.4-10　最小弯矩抗力及对应弯矩内力

正常使用极限状态箱梁各截面上下缘弯曲应力包络图如图 4.4-11、图 4.4-12 所示。

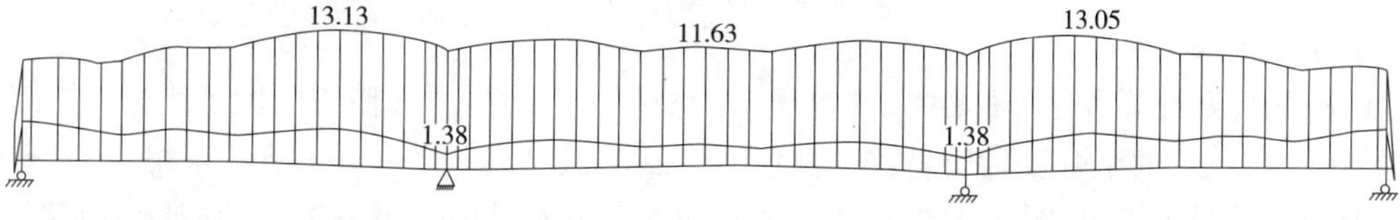

图 4.4-11　正常使用极限状态箱梁上缘弯曲应力包络图

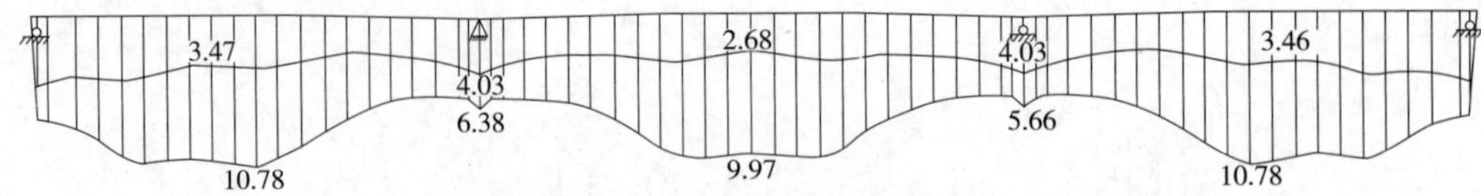

图 4.4-12　正常使用极限状态箱梁下缘弯曲应力包络图

正常使用极限状态箱梁各截面主应力包络图如图 4.4-13 所示。

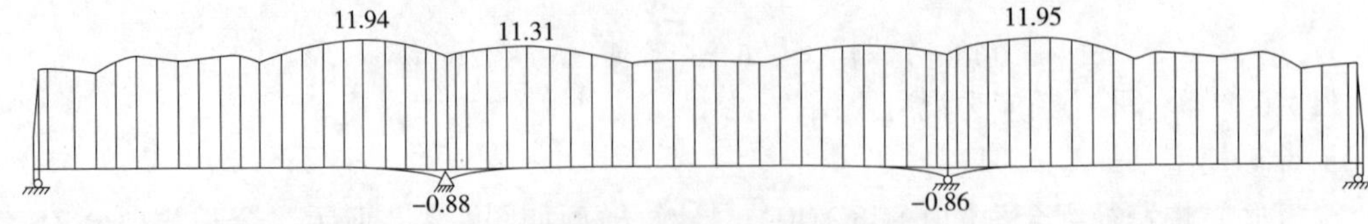

图 4.4-13　正常使用极限状态箱梁各截面主应力包络图

(3)逐孔单向张拉预应力混凝土结构

①计算模型

箱梁混凝土在支架上或移动滑模上现浇,梁段接缝位置距支座中心线 6.0m,采用逐孔浇筑,逐孔张拉预应力束的方法,梁内通长束在梁段接缝处以连接器连接。

第七联左幅跨径组合为(5×30)m,计算模型如图 4.4-14～图 4.4-18 所示。全联共划分 86 个节点,85 个梁单元,全联逐孔浇筑。第一施工段和第二施工段预应力钢束典型布置图如图 4.4-19、图 4.4-20 所示。

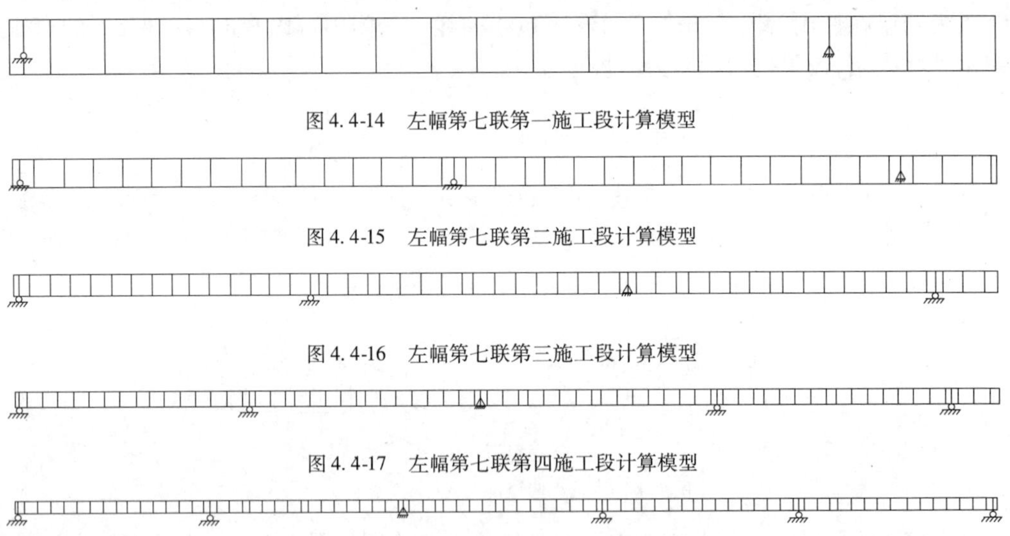
图 4.4-14　左幅第七联第一施工段计算模型

图 4.4-15　左幅第七联第二施工段计算模型

图 4.4-16　左幅第七联第三施工段计算模型

图 4.4-17　左幅第七联第四施工段计算模型

图 4.4-18　左幅第七联第五施工段计算模型

②计算结果

由平面杆系计算程序“桥梁博士”求得结构极限抗弯承载力和使用阶段各组合下的最不利弯矩(荷载效应的组合设计值是按规范组合,见《通用规范》第 4.1.6 条基本组合)。箱梁抗弯承载力见图 4.4-21、图 4.4-22。其中最外缘线条表示结构的极限抗弯承载能力曲线,内侧线条为箱梁在使用阶段各组合下的弯矩包络曲线。从图中可以看出,各组合下的弯矩均未超出外缘线条,极限抗弯承载力满足规范要求。

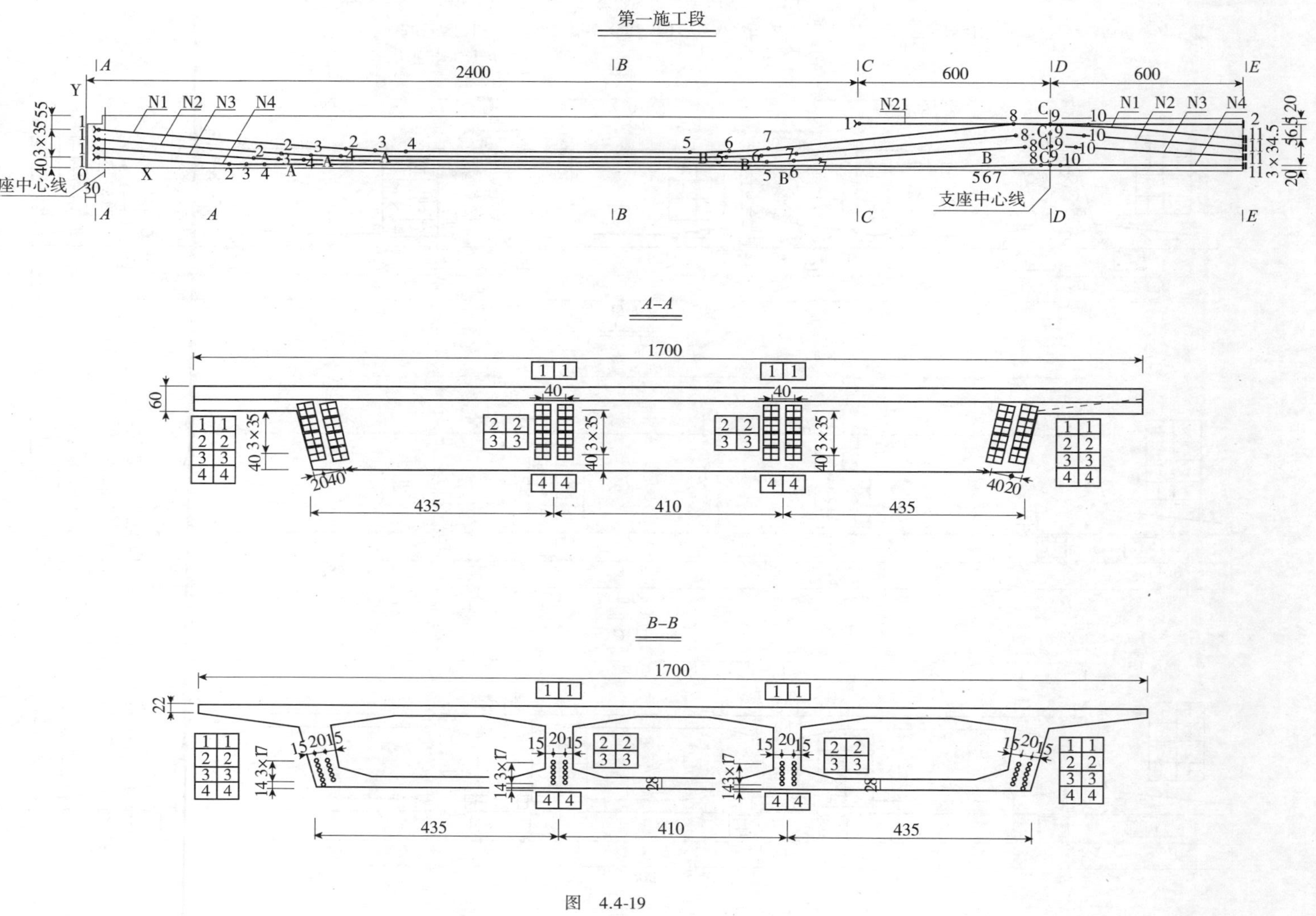

图 4.4-19

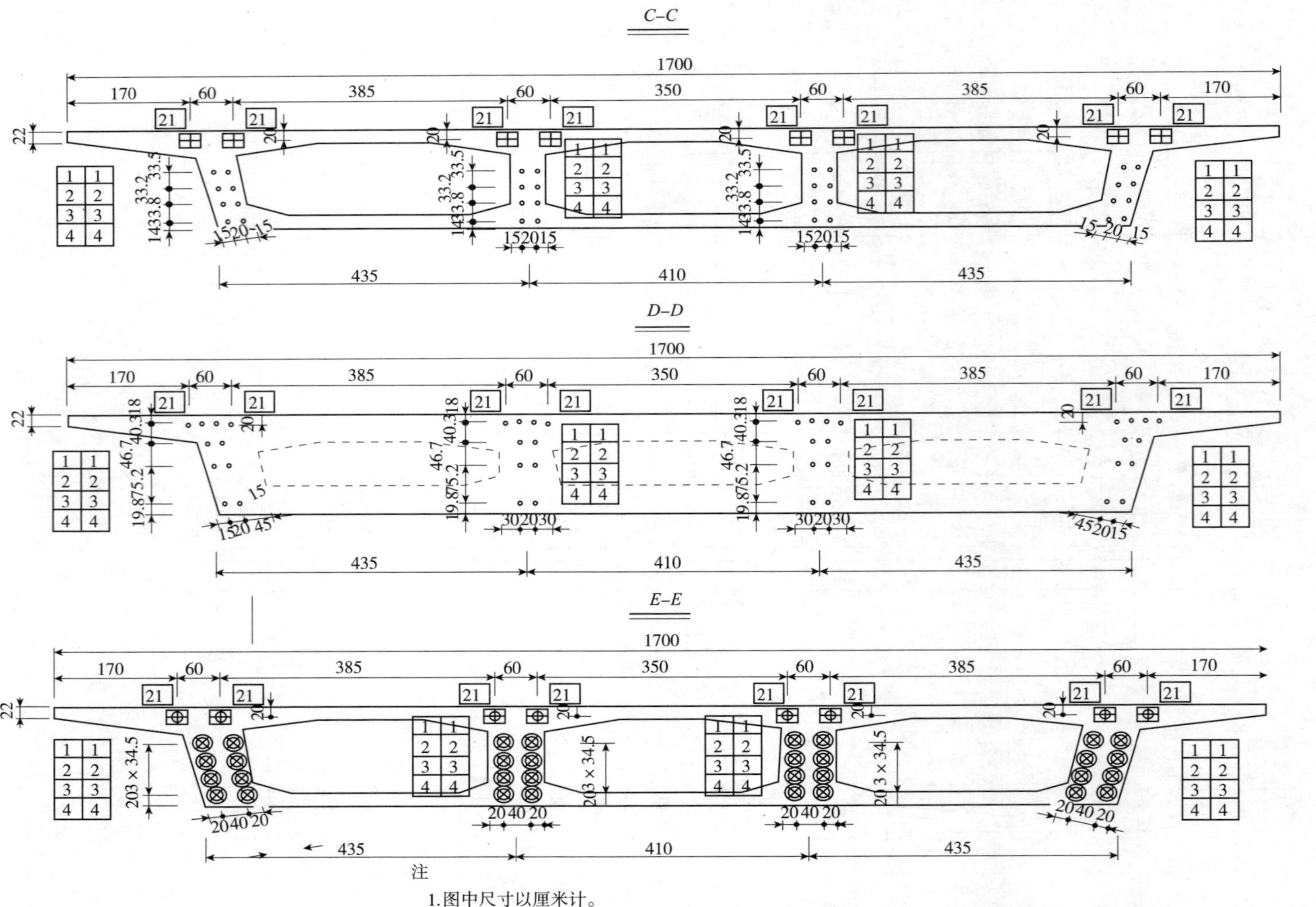

注

1.图中尺寸以厘米计。

2.田表示15-15型固定端锚。⊕表示15-15型张拉端锚，⊗表示15-15型连接器锚。∘表示15-15型预应力管道。

图 4.4-19 左幅第七联第一施工段箱梁预应力钢束图(尺寸单位:cm)

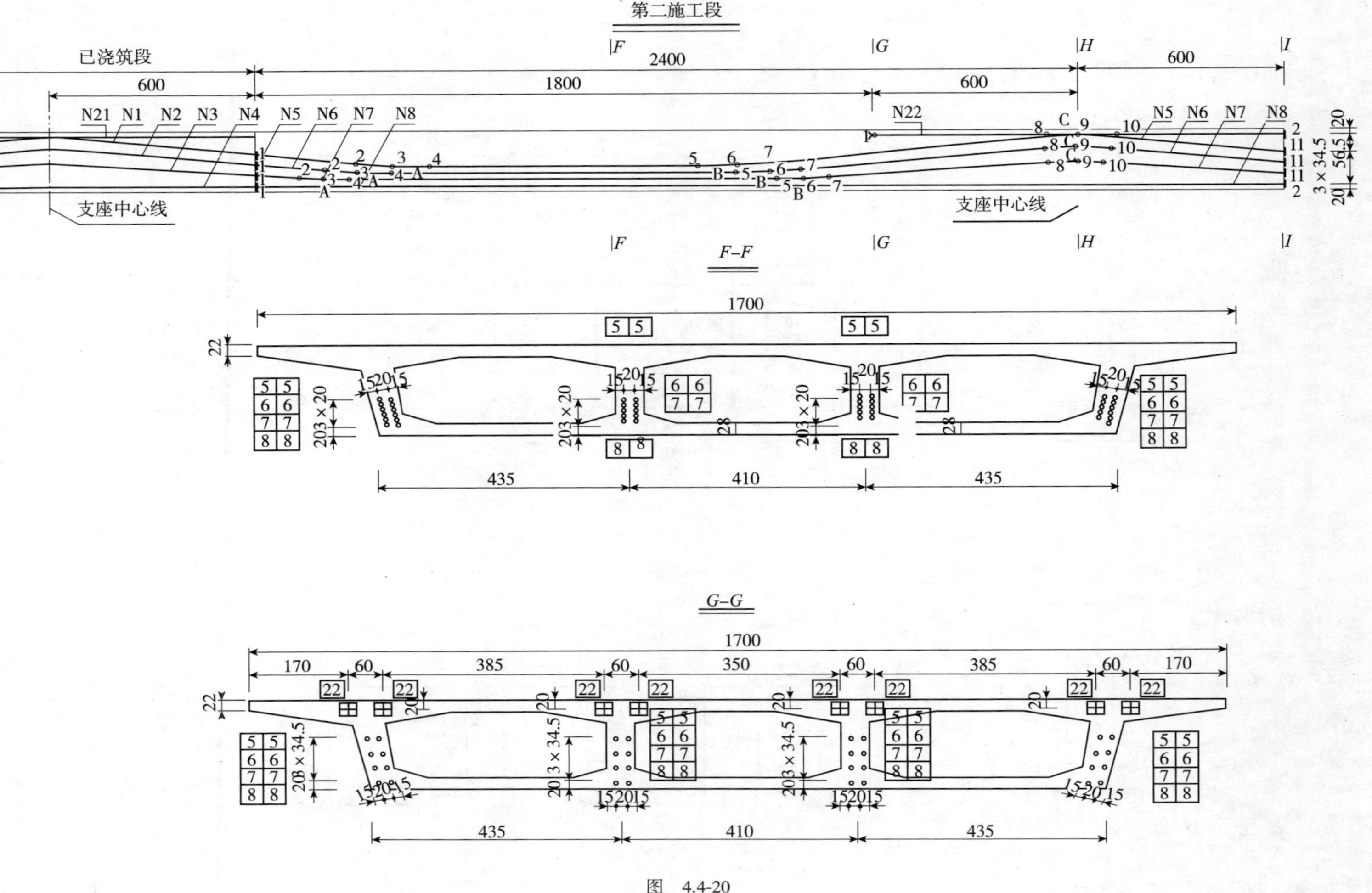

图 4.4-20

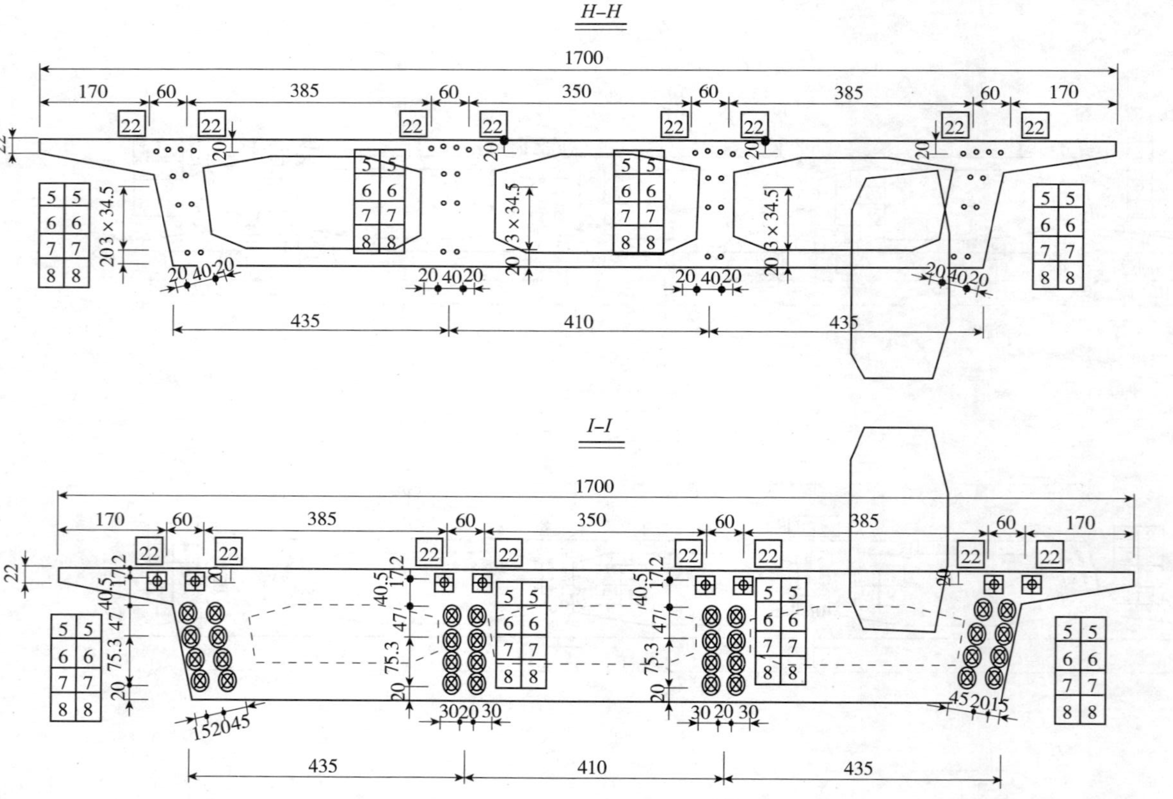

注

1.图中尺寸以厘米计。

2.⊞表示15–15型固定端锚。⊕表示15–15型张拉端锚，⊗表示15–15型连接器锚。∘表示15–15型预应力管道。

图4.4-20　左幅第七联第二施工段箱梁预应力钢束图（尺寸单位：cm）

图 4. 4-21　最大弯矩抗力及对应弯矩内力

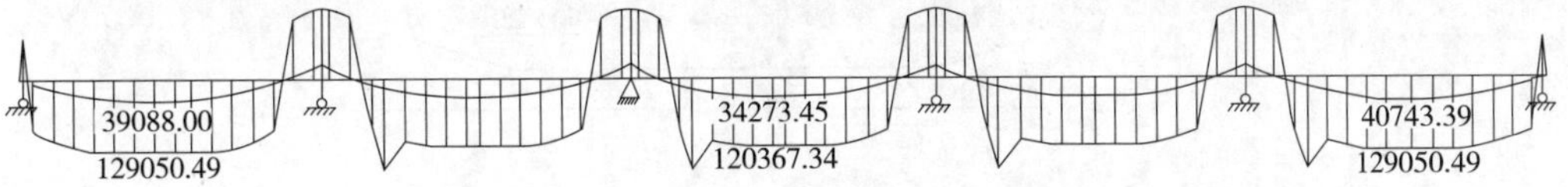

图 4. 4-22　最小弯矩抗力及对应弯矩内力

正常使用极限状态箱梁各截面上下缘弯曲应力包络图如图 4. 4-23、图 4. 4-24 所示。

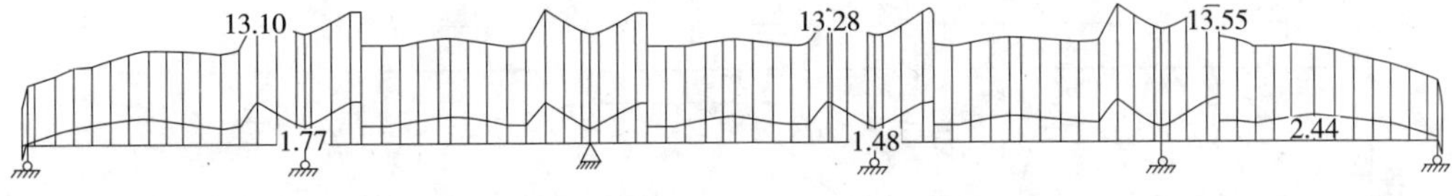

图 4. 4-23　正常使用极限状态箱梁上缘弯曲应力包络图

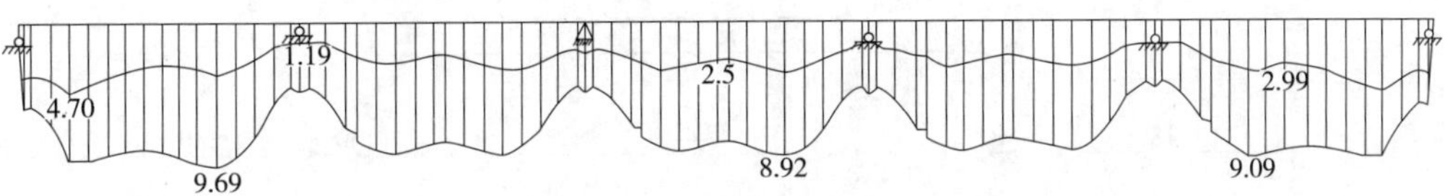

图 4. 4-24　正常使用极限状态箱梁下缘弯曲应力包络图

正常使用极限状态箱梁各截面主应力包络图如图 4. 4-25 所示。

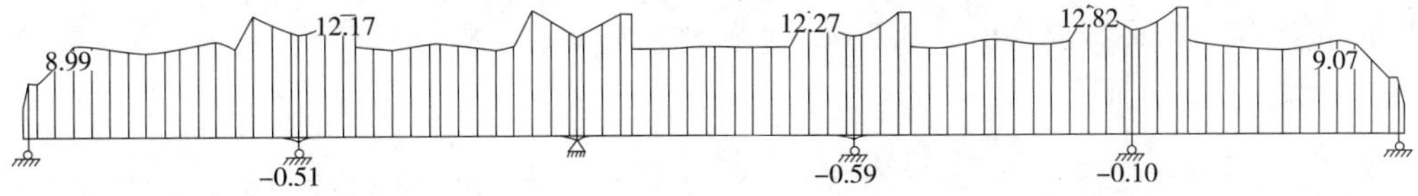

图 4. 4-25　正常使用极限状态箱梁各截面主应力包络图

4. 4. 2. 2　匝道桥上部结构设计

1)结构构造

匝道桥桥面宽度主要有 8. 5m 和 12m 两种。A、B、C、F、G、H 匝道桥为标准断面 8. 5m 宽的匝道,A、B、C 匝道结构形式以钢筋混凝土结构为主,F、G、H 匝道结构形式以预应力混凝土结构为主,其余匝道标准断面宽度均为 12m,结构形式以预应力混凝土结构为主,钢筋混凝土结构为辅。施工方法主要采用移动模架或满堂支架现浇施工。

上部结构设计要点如下:

(1)A、B、C 匝道桥的标准横截面均采用单箱单室断面。上部箱梁梁高 2. 0m,两侧悬臂长 1. 8m,腹板倾斜 0. 3m。箱梁顶板厚 0. 28m,腹板厚 0. 35m,箱梁底板厚 0. 28m,边横梁厚 1. 5m,中横梁厚 2m,跨中处设 0. 4m 横隔板。箱梁标准横断面见图 4. 4-26。

(2)F、G、H 匝道桥的标准横截面均采用单箱单室断面。上部箱梁梁高 2. 0m,两侧悬臂长 1. 8m,腹板倾斜 0. 3m。箱梁顶板厚 0. 28m,腹板厚 0. 5m,箱梁底板厚 0. 28m,边横梁厚 1. 5m,中横梁厚 2m。箱梁标准横断面见图 4. 4-27。

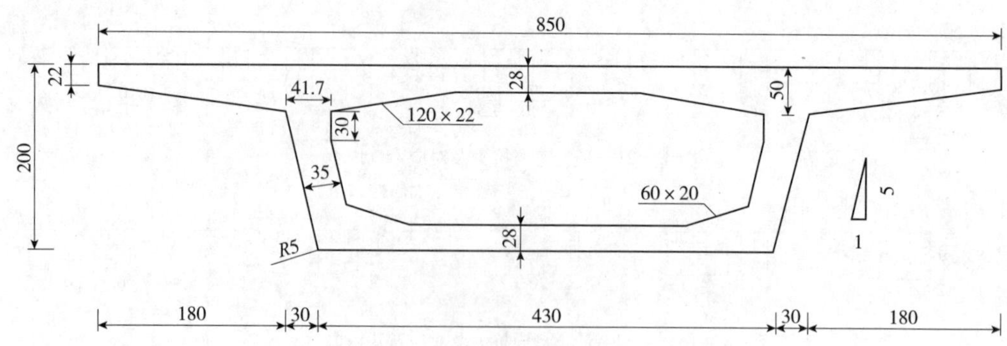

图 4.4-26　8.5m 宽钢筋混凝土箱梁标准横断面(尺寸单位:cm)

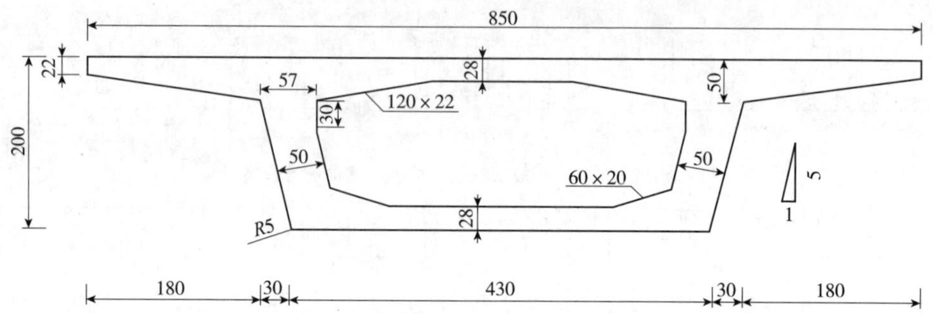

图 4.4-27　8.5m 宽预应力混凝土箱梁标准横断面(尺寸单位:cm)

(3)D、E、JS1、JS2 匝道桥为预应力混凝土连续箱梁,标准横截面均采用单箱双室断面,箱梁顶板宽 12m,底板宽 4.8m,腹板倾斜 0.3m,两侧悬臂长 1.8m,梁高 2.0m。箱梁顶板厚 0.28m,腹板厚 0.5m,箱梁底板厚 0.28m,边横梁厚 1.5m,中横梁厚 2m,结构体系为连续梁体系,箱梁标准横断面见图 4.4-28。

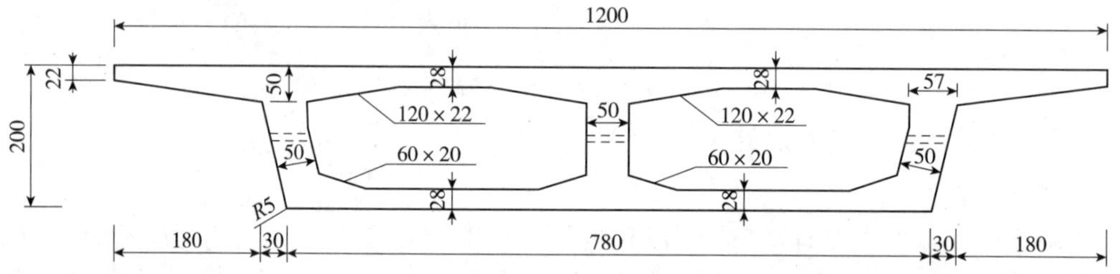

图 4.4-28　12m 宽预应力混凝土箱梁标准横断面(尺寸单位:cm)

2)预应力体系

匝道桥所采用预应力钢绞线技术标准均符合《预应力混凝土用钢绞线》(GB/T 5224—2014),公称直径为 15.2mm,抗拉强度标准值 f_{pk} = 1860MPa,计算弹性模量为 1.95 × 105MPa。

匝道桥均采用纵向预应力体系,个别横梁位置设置横梁预应力。预应力钢束设计张拉控制应力均采用 $0.75R_{yb}$ = 1395MPa,预应力管道均采用塑料波纹管,并采用真空辅助压浆施工工艺。纵向预应力钢束张拉顺序均为先腹板后顶板,先长束后短束,按顺序对称张拉。

3)设计计算原则

(1)预应力结构纵向、横向均按全预应力构件设计;

(2)普通钢筋混凝土结构,控制裂缝宽度0.15mm。

4)计算方法及计算所采用的各项指标

在进行上部结构纵向计算时,无论是极限承载能力还是正截面应力验算,均不考虑结构以上桥面铺装参与受力。直线箱梁纵向均按平面杆系理论计算,按全预应力混凝土构件验算。根据桥梁的实际施工过程和施工方案划分施工阶段;荷载组合均按照规范要求执行。

混凝土、钢筋和钢绞线等材料的弹性模量、设计抗压(拉)强度等基本参数均按规范取值。

低松弛钢绞线各项性能指标如下:

直径:15.2mm;

弹性模量:195000MPa;

标准强度:1860MPa;

热膨胀系数:0.000012;

松弛率:<2.5%;

管道摩阻系数u:0.15;

管道偏差系数k:0.0015;

一端锚具变形及钢束回缩6mm。

计算中考虑了以下荷载内力效应:一期恒载包括箱梁材料重量。混凝土重度取2.6t/m^3,箱梁按实际断面计取重量。箱梁横隔板以集中力计入。

二期恒载包括防撞护栏(波形护拦)和桥面铺装:沥青混凝土重度为2.4t/m^3。水泥混凝土重度为2.6t/m^3。

活载:活载采用公路—Ⅰ级,偏载系数按1.15考虑。

温度力:体系温差按照整体升温25℃、降温30℃计算,温度梯度值按规范采用。

基础不均匀沉降:不均匀沉降按2mm考虑。

收缩徐变:按现行规范计算。

荷载组合:按《公路桥涵设计通用规范》(JTG D60—2015)要求进行组合。

5)设计计算

匝道桥根据结构类型,主要分为预应力混凝土结构和钢筋混凝土结构。预应力混凝土结构根据预应力钢束张拉方式主要有两种:双向整体对称张拉和逐孔单向张拉。

(1)钢筋混凝土结构

①计算模型

C匝道桥跨径组合为2×(4×18)m,钢筋混凝土结构,计算模型如图4.4-29所示。(4×18)m全联共划分43个节点,42个梁单元。全联整体浇筑。

图4.4-29　C匝道桥(4×18)m计算模型

②计算结果

由平面杆系计算程序“桥梁博士”求得结构极限抗弯承载力和使用阶段各组合下的最不利弯矩(荷载效应的组合设计值是按规范组合,见《通用规范》第4.1.6条基本组合)。箱梁抗弯承载力见图4.4-30、图4.4-31。其中最外缘线条表示结构的极限抗弯承载能力曲线,内侧线条为箱梁在使用阶段各组合下的弯矩包络曲线。从图中可以看出,各组合下的弯矩均未超出外缘线条,极限抗弯承载力满足规范要求。

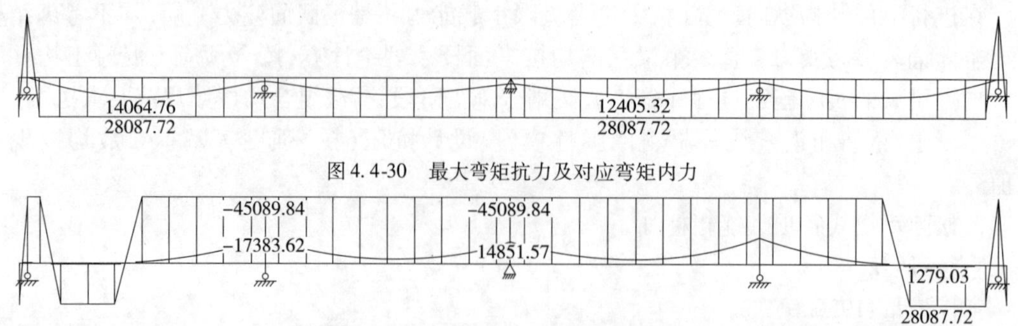

图 4.4-30　最大弯矩抗力及对应弯矩内力

图 4.4-31　最小弯矩抗力及对应弯矩内力

根据《公路钢筋混凝土及预应力混凝土桥涵设计规范》(JTG D62—2004)第 6.4 条规定:钢筋混凝土构件和 B 类预应力混凝土构件,在正常使用极限状态下的裂缝宽度,应按作用(或荷载)短期效应组合并考虑长期效应影响进行验算。如图 4.4-32 所示,为主梁在正常使用极限状态下短期效应组合的裂缝宽度。

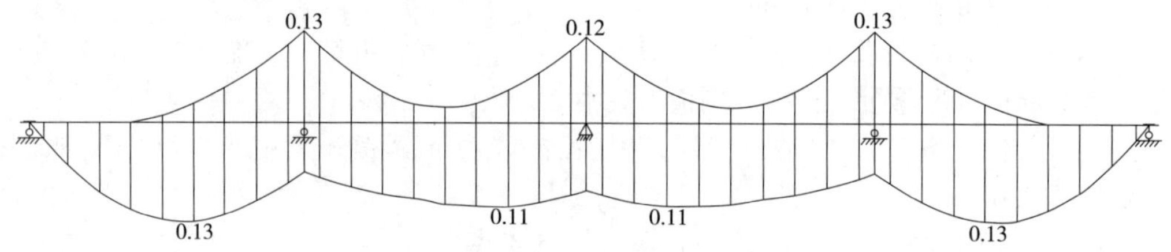

图 4.4-32　短期效应组合主梁裂缝(尺寸单位:mm)

(2)双向整体张拉预应力混凝土结构

①计算模型

E 匝道Ⅱ号桥第二联跨径组合为(40 +48 +40)m,为双向整体张拉预应力混凝土结构,计算模型如图 4.4-33 所示。全联共划分 71 个节点,70 个梁单元,全联整体浇筑。

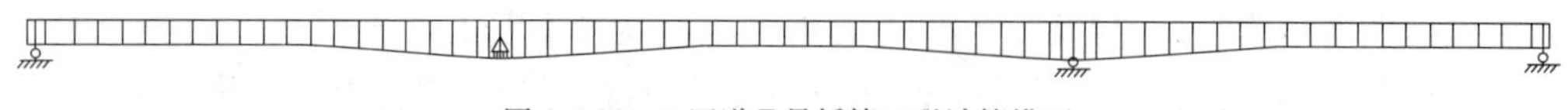

图 4.4-33　E 匝道Ⅱ号桥第二联计算模型

②计算结果

由平面杆系计算程序“桥梁博士”求得结构极限抗弯承载力和使用阶段各组合下的最不利弯矩(荷载效应的组合设计值是按规范组合,见《通用规范》第 4.1.6 条基本组合)。箱梁抗弯承载力见图 4.4-34、图 4.4-35。其中最外缘线条表示结构的极限抗弯承载能力曲线,内侧线条为箱梁在使用阶段各组合下的弯矩包络曲线。从图中可以看出,各组合下的弯矩均未超出外缘线条,极限抗弯承载力满足规范要求。

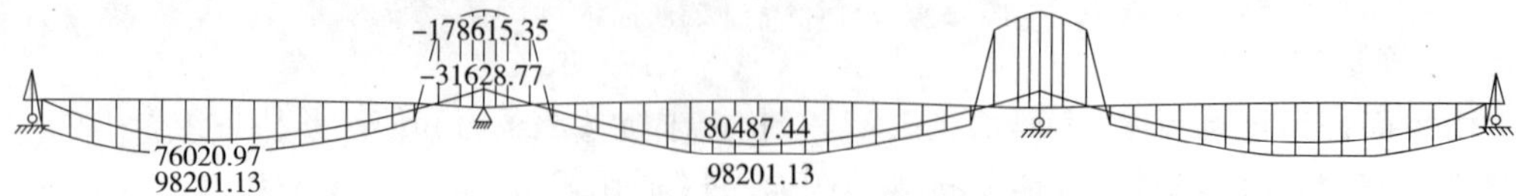

图 4.4-34　最大弯矩抗力及对应弯矩内力

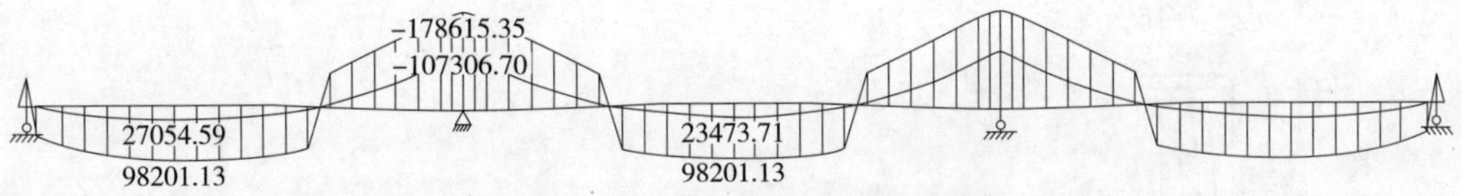

图 4. 4-35　最小弯矩抗力及对应弯矩内力

正常使用极限状态箱梁各截面上下缘弯曲应力包络图如图 4. 4-36、图 4. 4-37 所示。

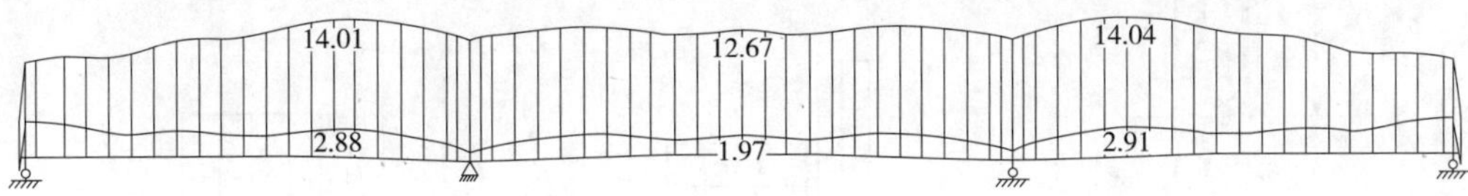

图 4. 4-36　正常使用极限状态箱梁上缘弯曲应力包络图

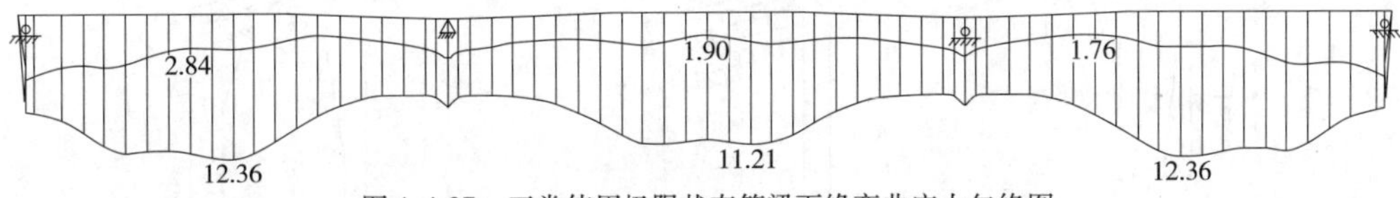

图 4. 4-37　正常使用极限状态箱梁下缘弯曲应力包络图

正常使用极限状态箱梁各截面主应力包络图如图 4. 4-38 所示。

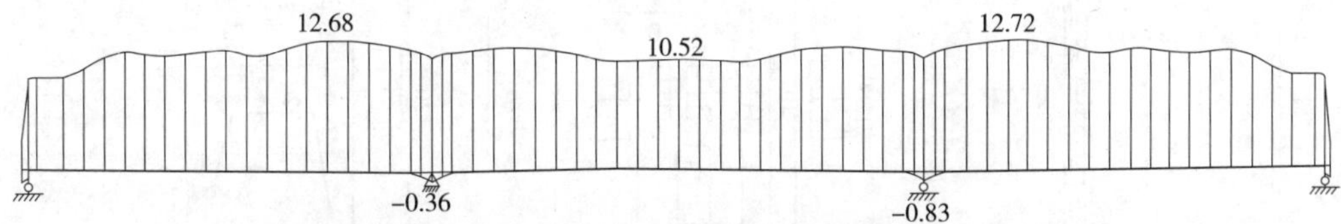

图 4. 4-38　正常使用极限状态箱梁各截面主应力包络图

(3)逐孔单向张拉预应力混凝土结构

①计算模型

箱梁混凝土在支架上或移动滑模上现浇,梁段接缝位置距支座中心线 6. 0m,采用逐孔浇筑,逐孔张拉预应力束的方法,梁内通长束在梁段接缝处以连接器连接。

E 匝道Ⅱ号桥第三联跨径组合为(5 ×30)m,计算模型如图 4. 4-39 ~ 图 4. 4-43 所示。全联共划分 86 个节点,85 个梁单元,全联逐孔浇筑。第一施工段和第二施工段预应力钢束典型布置图如图 4. 4-44、图 4. 4-45 所示。

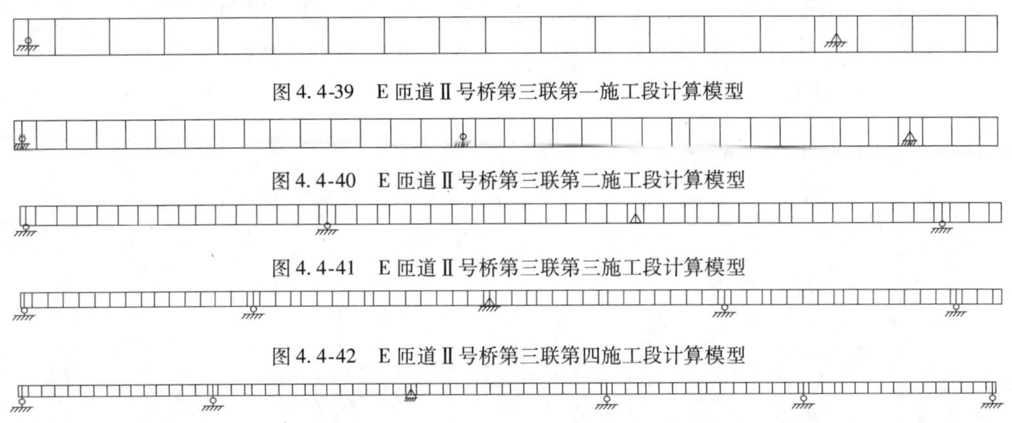

图 4. 4-39　E 匝道Ⅱ号桥第三联第一施工段计算模型

图 4. 4-40　E 匝道Ⅱ号桥第三联第二施工段计算模型

图 4. 4-41　E 匝道Ⅱ号桥第三联第三施工段计算模型

图 4. 4-42　E 匝道Ⅱ号桥第三联第四施工段计算模型

图 4. 4-43　E 匝道Ⅱ号桥第三联第五施工段计算模型

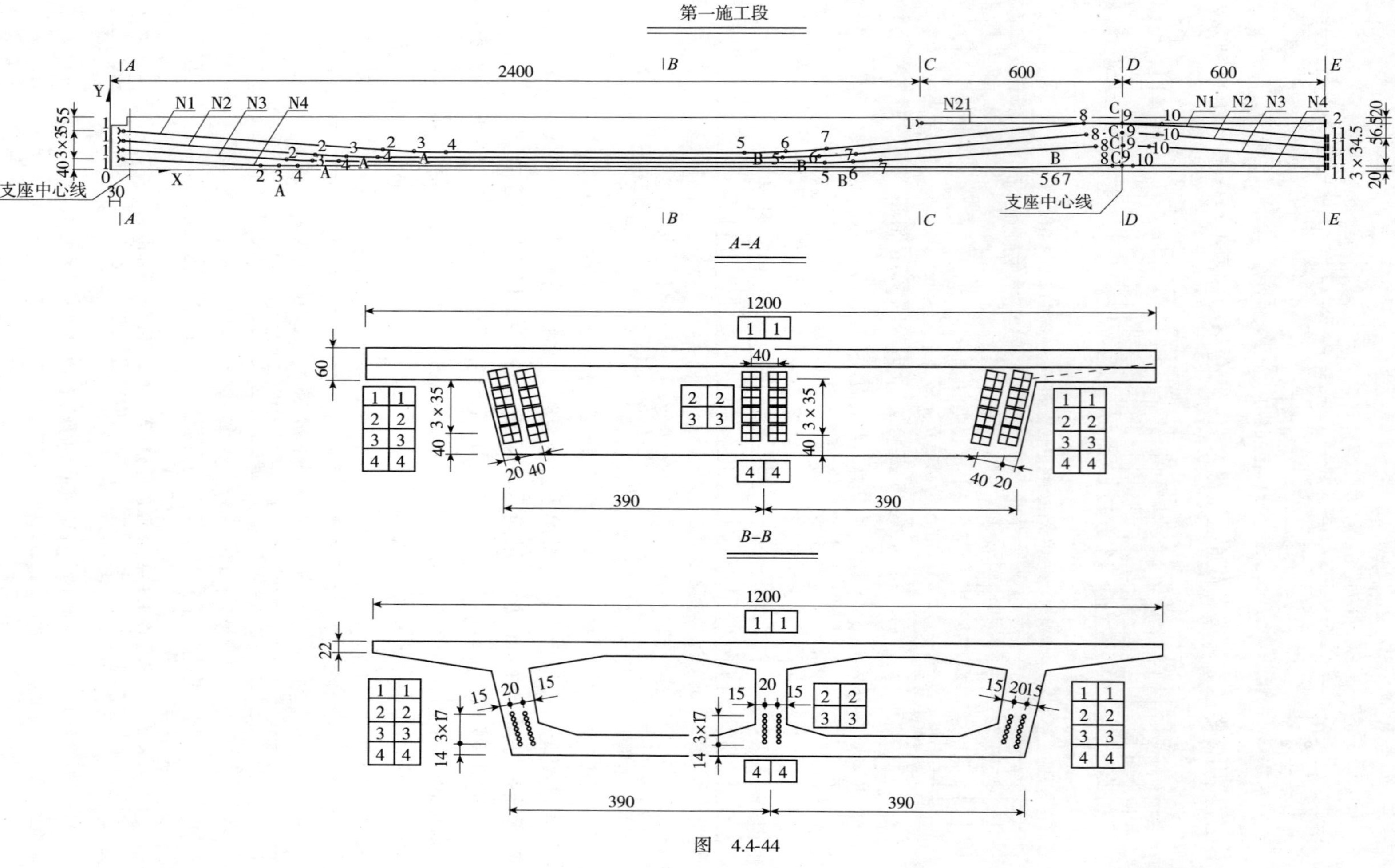

图 4.4-44

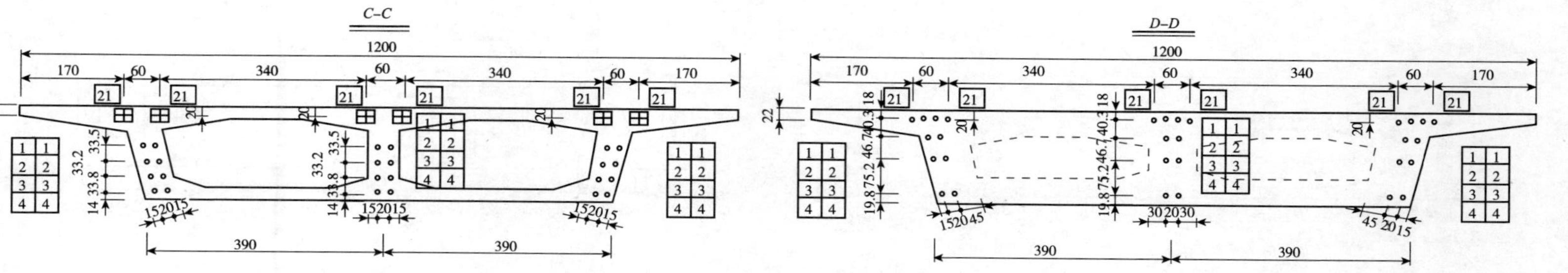

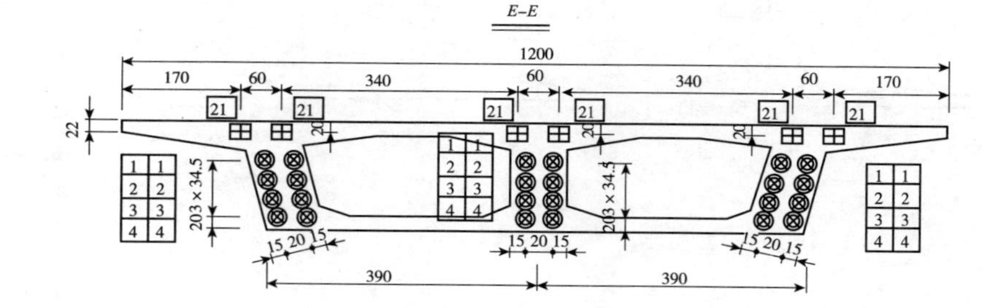

注
1.图中尺寸以厘米计。
2.田表示15-13型固定端锚,⊕表示15-13型张拉端锚,⊗表示15-13型连接器锚,∘表示15-13型预应力管道。

图4.4-44 E匝道Ⅱ号桥第三联第一施工段箱梁预应力钢束图(尺寸单位:cm)

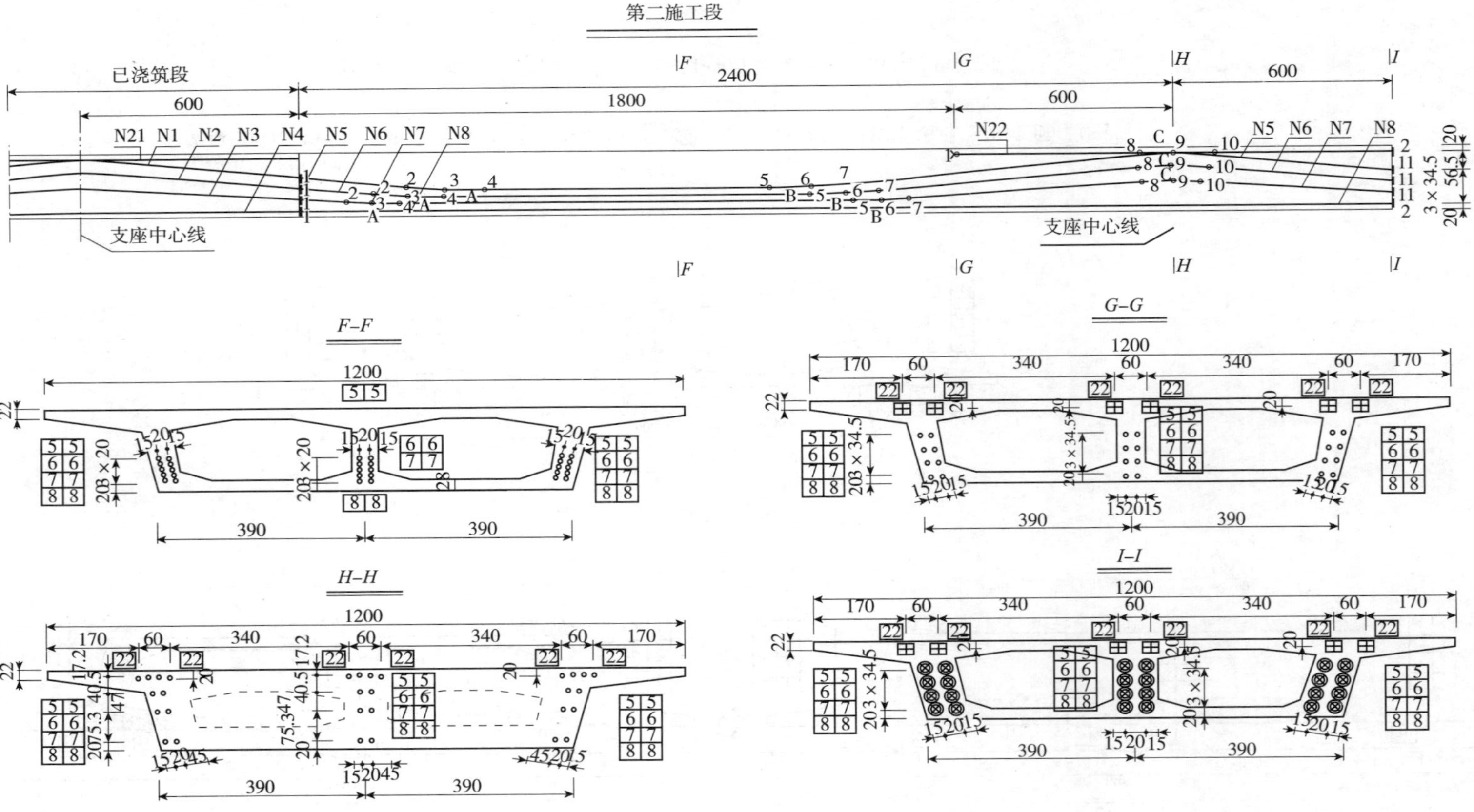

图4.4-45 E匝道Ⅱ号桥第三联第二施工段箱梁预应力钢束图(尺寸单位:cm)

②计算结果

由平面杆系计算程序“桥梁博士”求得结构极限抗弯承载力和使用阶段各组合下的最不利弯矩(荷载效应的组合设计值是按规范组合,见《通用规范》第4.1.6条基本组合)。箱梁抗弯承载力见图4.4-46、图4.4-47。其中最外缘线条表示结构的极限抗弯承载能力曲线,内侧线条为箱梁在使用阶段各组合下的弯矩包络曲线。从图中可以看出,各组合下的弯矩均未超出外缘线条,极限抗弯承载力满足规范要求。

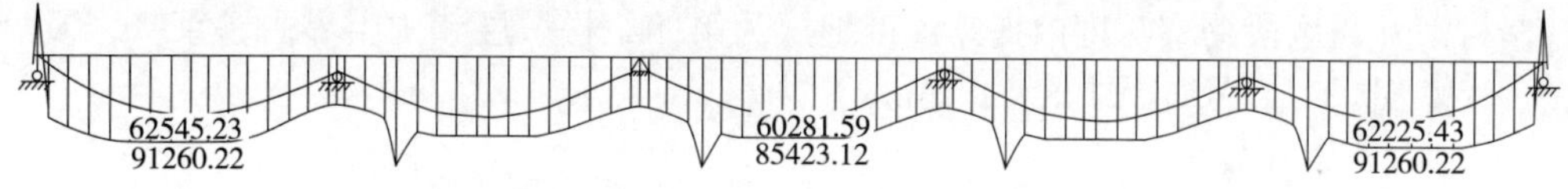

图4.4-46　最大弯矩抗力及对应弯矩内力

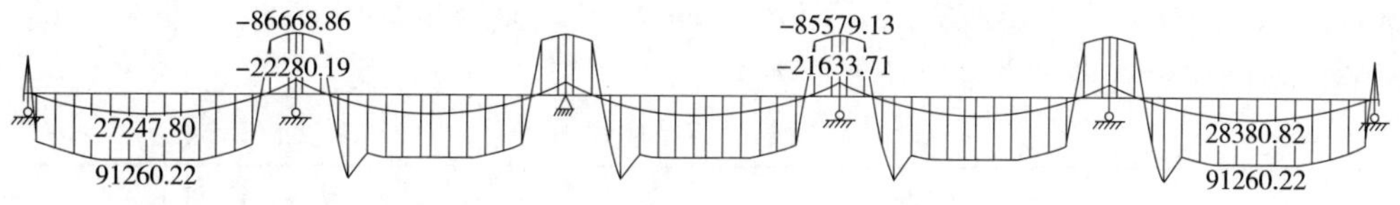

图4.4-47　最小弯矩抗力及对应弯矩内力

正常使用极限状态箱梁各截面上下缘弯曲应力包络图如4.4-48、图4.4-49所示。

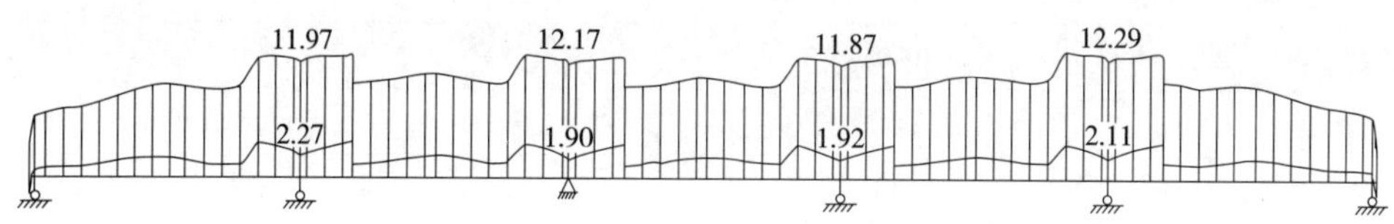

图4.4-48　正常使用极限状态箱梁上缘弯曲应力包络图

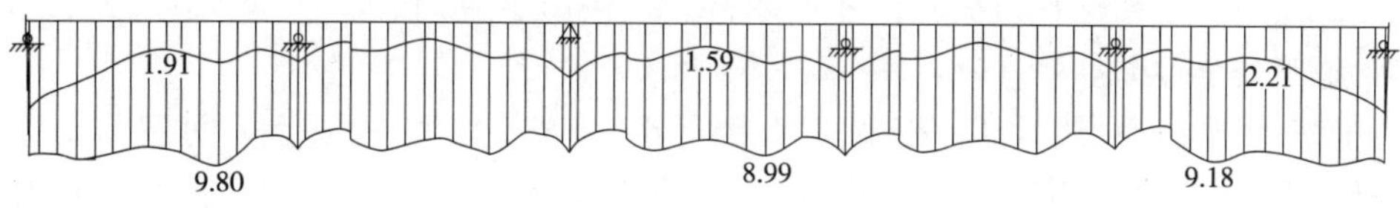

图4.4-49　正常使用极限状态箱梁下缘弯曲应力包络图

正常使用极限状态箱梁各截面主应力包络图如图4.4-50所示。

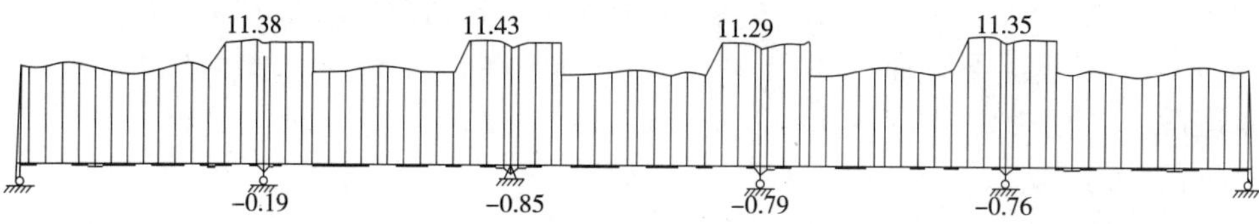

图4.4-50　正常使用极限状态箱梁各截面主应力包络图

4.4.2.3 下部结构设计

1)下部结构方案比选

(1)自然环境

李村河互通位于胶州湾东海岸,李村河入海口处。地貌上水域属滨海堆积区水下浅滩,地面标高为2.50~14.09m,向海域倾斜,陆域属山前冲积平原,自然地面高程为0.00~-1.50m,地形稍有起伏,陆域浅部普遍分布填土,厚度3.3~8.40m。

李村河互通区段勘察深度内揭露深度地层为第四纪松散层和中生界白垩系基岩及燕山期侵入岩花岗岩,基岩埋深21.8~27.3m。

(2)基础方案比选

李村河互通桥址处覆盖层变化比较均匀,基岩埋深21.8~27.3m。基础形式为桩基,桩基均采用钻孔灌注桩。主桥钻孔桩采用大直径桩和群桩进行比较。大直径桩的直径采用ϕ250cm和ϕ220cm,群桩基础方案,采用ϕ150cm桩基。匝道桥采用ϕ150cm群桩基础。主线桥群桩基础和大直径桩方案比较表见表4.4-1。

桩基础方案比较　　表4.4-1

项　目	群桩基础	大直径桩
基础规模	D1.5m	D2.5m
施工特点	承台施工需套箱,桩多,周期长,技术成熟,安全,经济性较好	钢护筒可作墩柱施工围水结构,桩少,经济性好
阻水面积系数	0.05	0.01
冰压力	承台面积大,冰压力大	无承台,冰压力小
比较意见	比较	推荐

钻孔灌注桩基础在水上施工技术成熟,对地质环境适用范围广,是本项目首选的基础形式,但由于工程区域位于宽阔的海域,受环境条件的限制,施工速度慢,所需的工期较长,需大量的海上钻孔平台、钻孔机械和作业船舶,供水、供电、钻渣和泥浆外运难度较大,施工条件恶劣,施工安全性差。

由于李村河互通主线桥桥面变宽段多、跨径小,每个桥墩墩柱数量多、间距大,承台面积大,冰压力大,再加海上施工条件的限制,因此应尽量减少桩基数量。故推荐采用ϕ250cm和ϕ220cm的桩基,不用承台,直接桩、柱连接。

(3)主线桥桥墩方案比较

李村河互通主线桥桥墩均采用现浇方法施工,中墩墩型采用方柱式,大圆弧抹角,过渡墩采用花瓶墩,顺桥向开花。独桩桥墩和群桩基础桥墩构造图见图4.4-51和图4.4-52。

(4)匝道桥桥墩方案选择

匝道桥桥墩构造图见图4.4-53。

2)下部结构设计

(1)墩身计算

①墩身计算荷载组合

组合Ⅰ:恒+活;

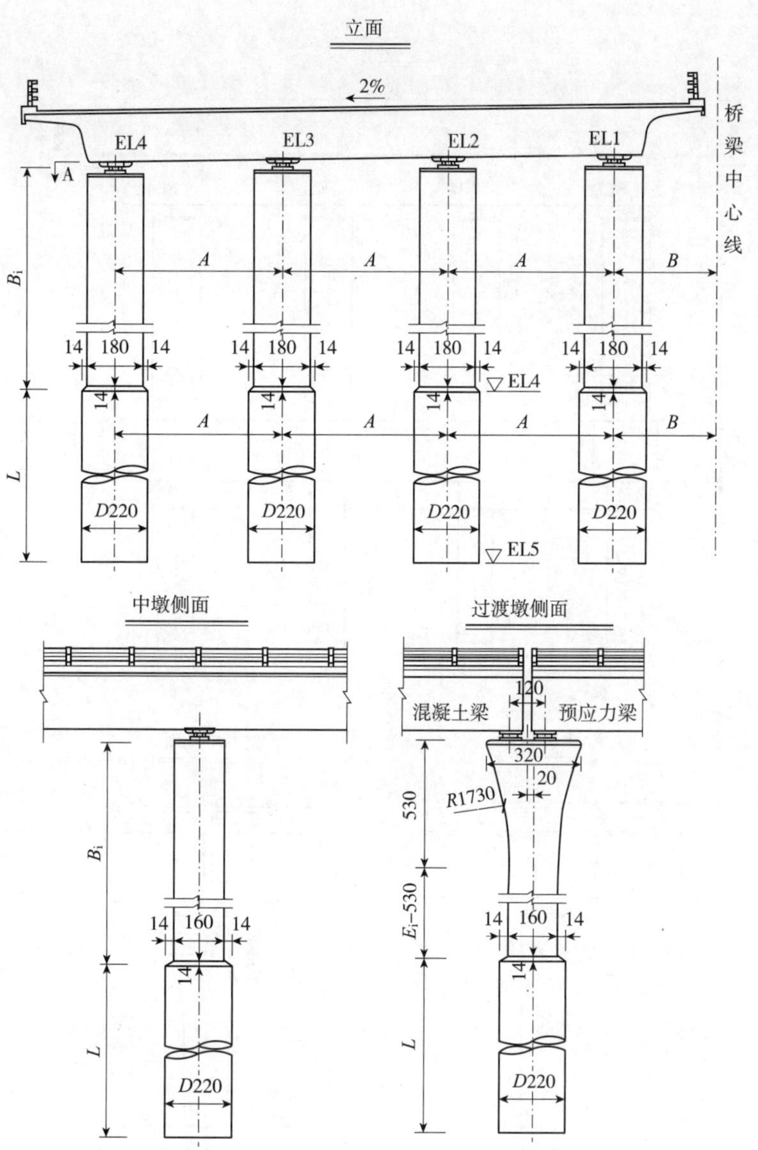

图4.4-51　主线桥独桩桥墩构造图(尺寸单位:cm)

组合Ⅱ:恒+活+有活载风(顺向)+支座摩阻+波浪力(顺向活载风);

组合Ⅲ:恒+百年风(顺向)+支座摩阻+波浪力(顺向百年风)。

②各分项荷载的计算取值

恒载:7592kN;

活载:2028kN;

支座摩阻力:379.6kN;

风荷载:有活载风按风速25m/s计算,为16.35kN;百年风按39.6m/s计算,为41.0kN;

波浪力:根据波浪力专题研究推荐值取用,顺桥向为125kN;

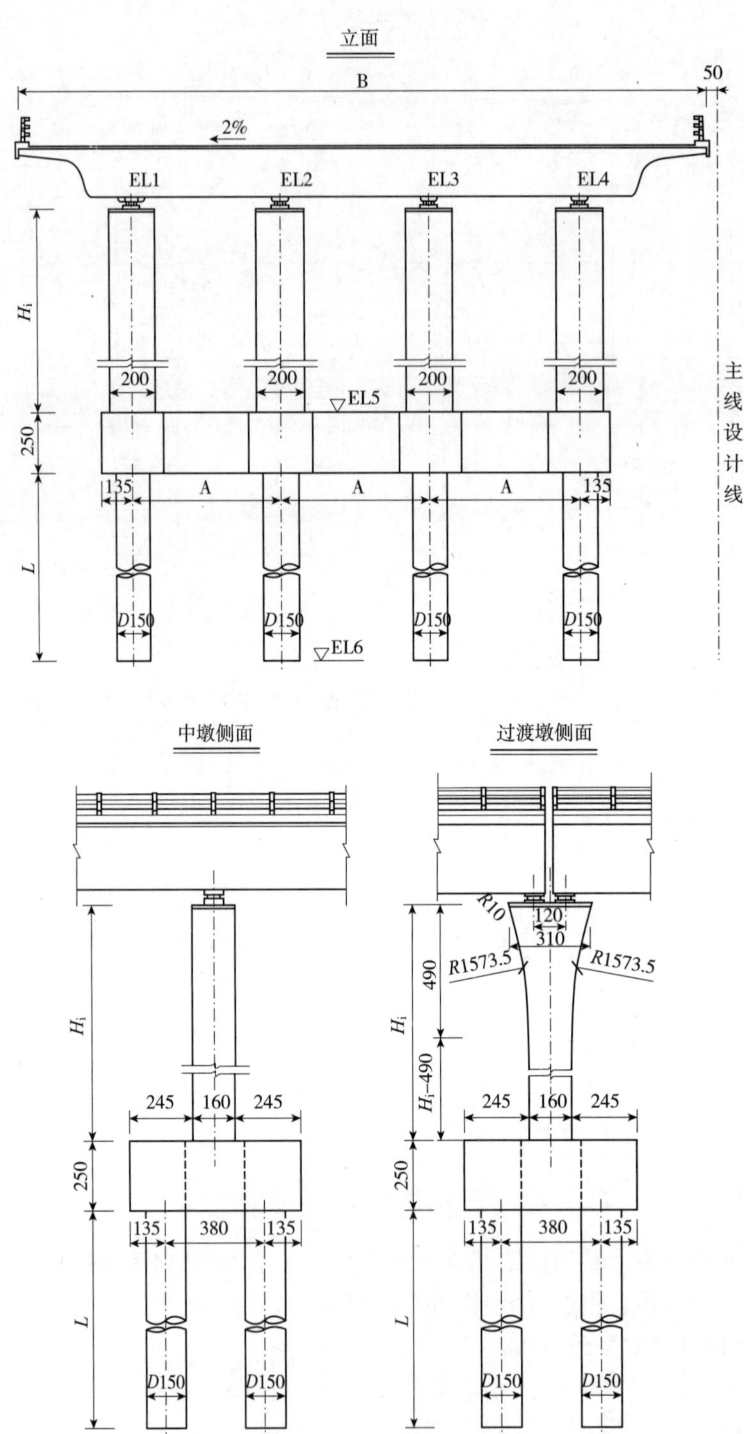

图 4.4-52　主线桥群桩基础桥墩构造图(尺寸单位:cm)

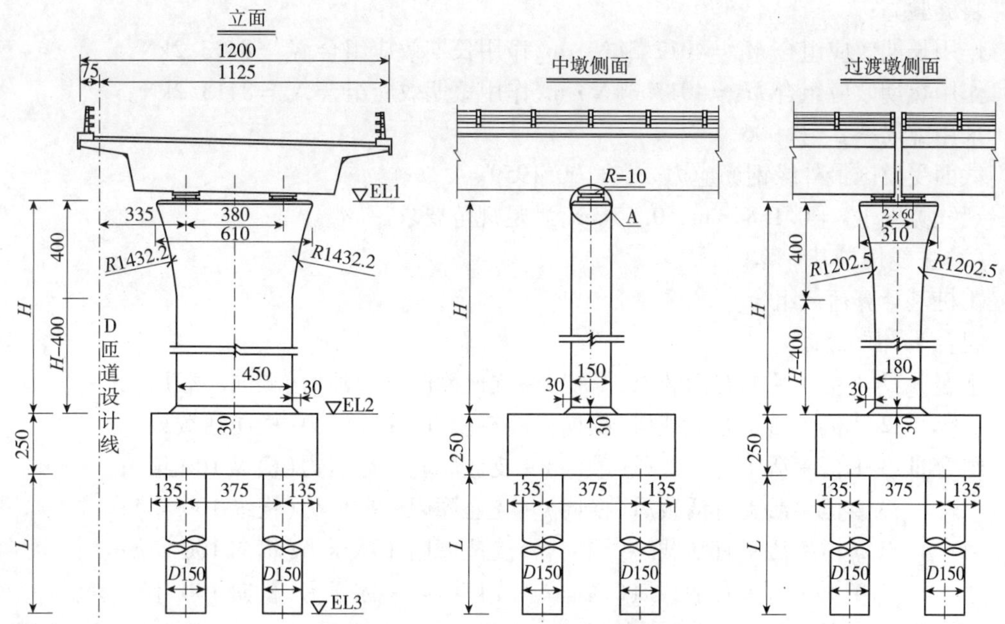

图 4.4-53 匝道桥桥墩构造图(尺寸单位:cm)

墩底内力组合见表 4.4-2。

墩底内力组合 表 4.4-2

组　合	组合Ⅰ	组合Ⅱ	组合Ⅲ
基本组合 N_{max}(kN)	14059.4	12810.2	10936.3
基本组合 H(kN)	0	712.0	754.1
基本组合 M(kN·m)	0	5742.0	5916.2
基本组合 N_{min}(kN)	10607.9	10607.9	10936.3
短期组合 N(kN)	9505.2	9505.2	8413.2
短期组合 H(kN)	0	516.9	535.4
短期组合 M(kN·m)	0	3934.1	4017.3
长期组合 N(kN)	9037.2	9037.2	8413.2
长期组合 H(kN)	0	516.9	535.4
长期组合 M(kN·m)	0	3934.1	4017.3

组合Ⅲ控制墩身设计。

③墩身底截面配筋验算

全截面配筋:48ϕ28,主筋配筋率为 1.15%。

设计轴向力 $N_U = 21167.66$kN≥计算轴向力 $\gamma_o \times N_J = 12029.95$kN,满足设计要求;

设计弯矩 $M_U = 28854.8$kN·m≥计算轴向力 $\gamma_o \times N_J \times e = 16398.69$kN·m,满足设计要求。

裂缝验算：

作用长期效应组合 M_L =4017.3kN·m，作用长期效应组合 N_L =8413.2kN；

作用短期效应组合 M_S =4017.3kN·m，作用短期效应组合 N_S =8413.2kN。

采用配筋率 ρ =0.006。

截面受拉区最外缘钢筋应力 σ_{ss} =100.1959。

裂缝宽度 W_{fk} =0.1384mm <0.15mm，满足规范要求。

(2)主线桥桩基计算

①桩基计算荷载组合

组合Ⅰ：恒+活。

组合Ⅱ：2.1 恒+活+有活载风(顺向)+支座摩阻+波浪力(顺向活载风)；

2.2 恒+活+有活载风(横向)+支座摩阻+波浪力(横向活载风)。

组合Ⅲ：3.1 恒+活+有活载风(顺向)+支座摩阻+冰压力(横纵100年)；

3.2 恒+活+有活载风(横向)+支座摩阻+冰压力(横纵100年)；

3.3 恒+活+有活载风(顺向)+支座摩阻+冰压力(横向100年)；

3.4 恒+活+有活载风(横向)+支座摩阻+冰压力(横向100年)。

组合Ⅳ：4.1 恒+活+船撞(顺向)；

4.2 恒+活+船撞(横向)。

组合Ⅴ：5.1 恒+地震(顺向)；

5.2 恒+地震(横向)。

组合Ⅵ：6.1 恒+百年风(顺向)+支座摩阻+波浪力(顺向百年风)；

6.2 恒+百年风(横向)+支座摩阻+波浪力(横向百年风)。

组合Ⅶ：7.1 恒+百年风(顺向)+支座摩阻+冰压力(横纵20年)；

7.2 恒+百年风(横向)+支座摩阻+冰压力(横纵20年)。

②各分项荷载的计算取值

恒载：7592kN。

活载：2028kN。

风荷载：有活载风按风速25m/s计算，为16.35kN；百年风按39.6m/s计算。

波浪力：根据波浪力专题研究推荐值取用，顺桥向为125kN。

冰压力：计算公式为

$$F = CDh\sigma_c$$

式中：C——冰压系数，按规范取0.5；

D——水流在建筑物上的投影长度(m)；

h——冰厚(m)，20年一遇采用0.1219m，100年一遇采用0.2515m；

σ_c——冰体压缩强度(kPa)，20年一遇采用1190.7kPa，100年一遇采用1873.0kPa。

船撞力：顺桥向为600kN，横桥向为1200kN。

地震力：竖向地震力325kN，顺桥向水平地震力115kN，弯矩996kN·m，横桥向水平地震力128kN，弯矩1232kN·m。

承台底内力组合见表4.4-3。

承台底内力组合　　表 4.4-3

组合名称		组　合　项	N(kN)	Q(kN)	M(kN·m)
组合Ⅰ		恒+活	14059.44	0	0
组合Ⅱ	2.1	恒+活+有活载风(顺向)+支座摩阻+波浪力(顺向活载风)	13122.51	598.43	5323.6
	2.2	恒+活+有活载风(横向)+支座摩阻+波浪力(横向活载风)	13122.51	604.4	5350.4
组合Ⅲ	3.1	恒+活+有活载风(顺向)+支座摩阻+冰压力(横纵100年)	12810.2	988.2	6035.4
	3.2	恒+活+有活载风(横向)+支座摩阻+冰压力(横纵100年)	12810.2	993.3	6058.4
	3.3	恒+活+有活载风(顺向)+支座摩阻+冰压力(横向100年)	12810.2	988.2	6035.4
	3.4	恒+活+有活载风(横向)+支座摩阻+冰压力(横向100年)	12810.2	993.3	6058.4
组合Ⅳ	4.1	恒+活+船撞(顺向)	14059.4	660	2442
	4.2	恒+活+船撞(横向)	14059.4	1320	4884
组合Ⅴ	5.1	恒+地震(顺向)	11293.8	711.1	6356.9
	5.2	恒+地震(横向)	11293.8	725.4	6616.5
组合Ⅵ	6.1	恒+百年风(顺向)+支座摩阻+波浪力(顺向百年风)	10936.3	754.1	5916.2
	6.2	恒+百年风(横向)+支座摩阻+波浪力(横向百年风)	10936.3	769.0	5983.4
组合Ⅶ	7.1	恒+百年风(顺向)+支座摩阻+冰压力(横纵20年)	10936.3	717.2	5536.8
	7.2	恒+百年风(横向)+支座摩阻+冰压力(横纵20年)	10936.3	722.3	5559.7

单桩强度验算，组合Ⅲ(3.2)控制设计，桩顶内力计算得：$N_{max}=12810.2$kN，$N_{min}=10607.9$kN，$Q=993.3$kN，$M=6058.4$kN·m。

用m法计算桩基内力，桩身最大弯矩为$M=14590.55$kN·m，最大弯矩点距局部冲刷线的距离为$H=2.612$m。桩基内力包络图见图4.4-54。

截面配筋率为1.3%，裂缝验算宽度为0.136mm<0.15mm，满足规范要求。

(3)匝道桥桩基计算

①荷载组合

匝道桥桩基计算荷载组合与主线桥相同。

②各分项荷载的计算取值

恒载：9440kN。

活载：2834kN。

风荷载：有活载风按风速25m/s计算，百年风按39.6m/s计算。

波浪力：根据波浪力专题研究推荐值取用，顺桥向为636kN。

冰压力：计算公式为

$$F=CDh\sigma_c$$

式中：C——冰压系数，按规范取0.5；

D——水流在建筑物上的投影长度(m)；

h——冰厚(m),20 年一遇采用 0.1219m,100 年一遇采用 0.2515m;

σ_c——冰体压缩强度(kPa),20 年一遇采用 1190.7kPa,100 年一遇采用 1873.0kPa。

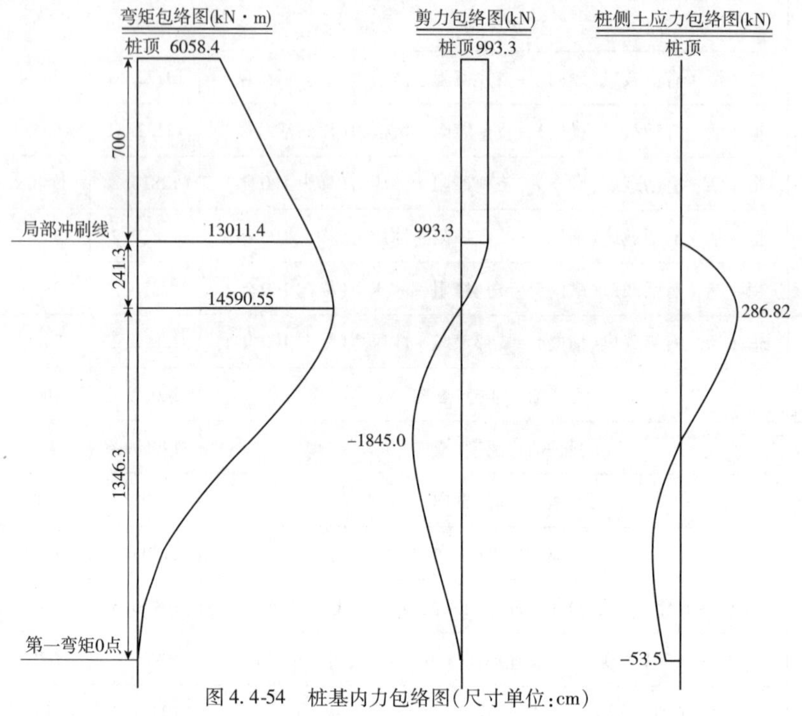

图 4.4-54　桩基内力包络图(尺寸单位:cm)

船撞力:顺桥向为 600kN,横桥向为 1200kN。

地震力:竖向地震力 298kN,顺桥向水平地震力 103kN,弯矩 875kN·m,横桥向水平地震力 117kN,弯矩 1124kN·m。

承台底内力组合表见表 4.4-4。

墩底内力组合　　表 4.4-4

组合名称		组合项	N(kN)	Q(kN)	M(kN·m)
组合Ⅰ		恒+活	22638.44	0	0
组合Ⅱ	1	恒+活+有活载风(顺向)+支座摩阻+波浪力(顺向活载风)	20892.7	1433.4	10044.97
	2	恒+活+有活载风(横向)+支座摩阻+波浪力(横向活载风)	20892.7	1421.4	9957.22
组合Ⅲ	1	恒+活+有活载风(顺向)+支座摩阻+冰压力(横纵 100 年)	20892.7	2793.5	12143.85
	2	恒+活+有活载风(横向)+支座摩阻+冰压力(横纵 100 年)	20892.7	2781.4	12056.11
	3	恒+活+有活载风(顺向)+支座摩阻+冰压力(横向 100 年)	20892.7	2793.5	12143.85
	4	恒+活+有活载风(横向)+支座摩阻+冰压力(横向 100 年)	20892.7	2781.4	12056.11
组合Ⅳ	1	恒+活+船撞(顺向)	22638.44	660	2442
	2	恒+活+船撞(横向)	22638.44	1320	4884
组合Ⅴ	1	恒+地震(顺向)	18601.88	840.2	9466.97
	2	恒+地震(横向)	18601.88	855.58	9740.9

续上表

组合名称		组　合　项	N(kN)	Q(kN)	M(kN·m)
组合Ⅵ	1	恒+百年风(顺向)+支座摩阻+波浪力(顺向百年风)	18274.08	1532.6	10473.44
	2	恒+百年风(横向)+支座摩阻+波浪力(横向百年风)	18274.08	1502.7	10255.23
组合Ⅶ	1	恒+百年风(顺向)+支座摩阻+冰压力(横纵20年)	18274.08	1177.2	9715.9
	2	恒+百年风(横向)+支座摩阻+冰压力(横纵20年)	18274.08	1165.2	9628.1

单桩强度验算,组合Ⅲ(3.1)控制设计,承台底中心内力为:N_{max} = 20892.7kN,N_{min} = 17543.35kN,Q = 2793.464kN,M = 12143.85kN·m。

用m法计算桩基内力,桩身最大弯矩为M = 2939.548kN·m,最大弯矩点距局部冲刷线的距离为H = 4.712m。桩基内力包络图见图4.4-55。

截面配筋率为8.9‰,截面受拉区最外缘钢筋应力σ_{ss} = 19.90179,满足规范要求,不用进行裂缝验算。

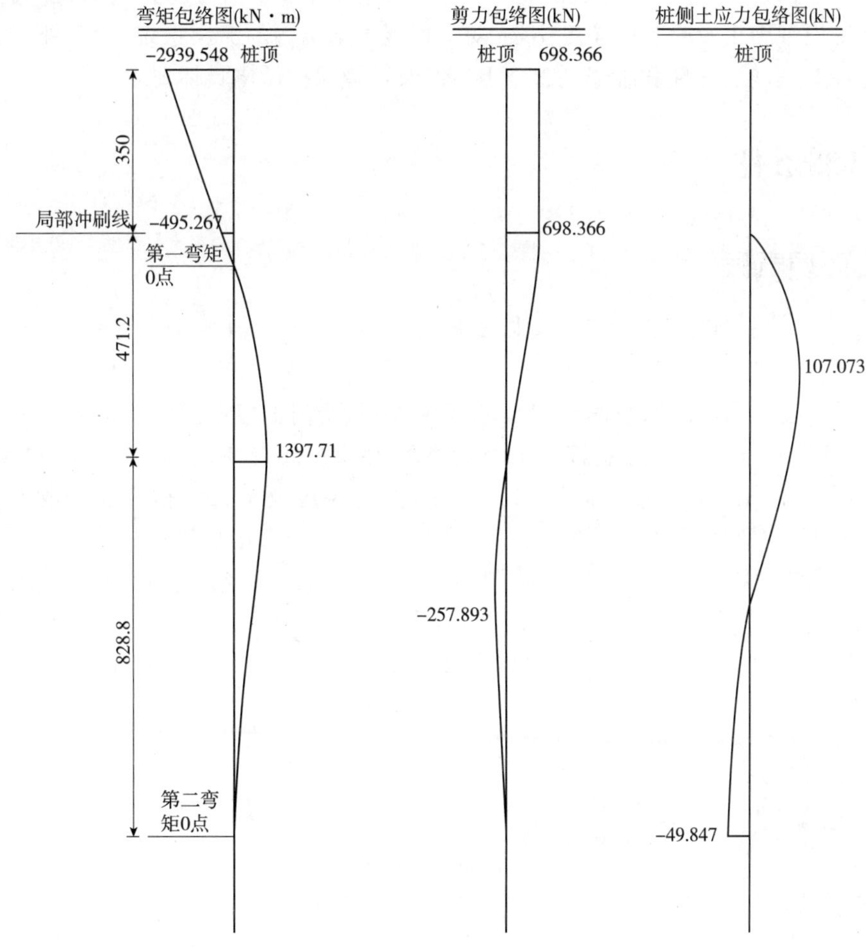

图4.4-55　匝道桥桩基内力包络图(尺寸单位:cm)

第5章

互通立交防腐设计

红岛互通立交和李村河互通立交桥梁结构处于北方近海和海洋的严重腐蚀环境，为延长大桥混凝土结构使用寿命，大桥混凝土结构表面采用了涂层防腐蚀措施，为使施工过程能得到有效控制，保证整个防腐蚀工程的安全性、耐久性，必须根据青岛胶州湾大桥的环境气候特征，从防腐蚀施工及验收的角度出发，对大桥混凝土结构的涂层系统、表面处理、防腐层施工、质量控制、验收、管理和维修、安全、卫生以及环境保护做出具体要求。

5.1 自然条件

5.1.1 环境气候

青岛胶州湾大桥处于胶州湾畔，濒临黄海，属季风气候区，气候季节变化明显。冬半年(10月至第二年的3月)呈现大陆性气候特点，干燥、低温；夏半年(4月至9月)受到东南季风影响，空气潮湿，雨量充沛，日间温差小，呈现典型的海洋性气候特征。

青岛常年平均气温12℃左右，7月平均温度为24.2℃，1月平均温度为-0.5℃，年历史最高温度为38.9℃，历史最低温度为-14.3℃，年最高温度大于32℃的平均天数为2.8天。终年多东南和西北两个风向，并以偏东南风为全年主导风向，年平均风速4.9m/s。拟建工程区一年四季均有灾害性天气发生，主要灾害性天气有大风、冰雹、干旱、台风、寒潮、霜冻、浓雾、高温、暴雨等。

胶州湾在一般年份，12月下旬开始结冰，2月中旬消失，一般说来，1月上旬至2月上旬为胶州湾的重冰期。青岛的年平均天然冻融循环次数为47次。

5.1.2 水质数据

初勘胶州湾内海水水质见表5.1-1。

胶州湾海水水质　　表5.1-1

项目	离子浓度	项目	离子浓度
Mg^{2+}	1109.6~1231.2mg/L	HCO_3^-	137.3~152.6mg/L
Cl^-	17680.7~17725.0mg/L	含盐度	29.4~32.9‰
SO_4^{2-}	2317.4~2965.9mg/L		

5.1.3 腐蚀环境

青岛胶州湾大桥工程处于强腐蚀海洋大气环境与海水腐蚀环境,对应大桥混凝土结构腐蚀等级划分如表5.1-2所示。

混凝土结构腐蚀等级 表5.1-2

<table>
<tr><th>环境类别</th><th>作用等级</th><th colspan="2">环境分区</th><th>工程部位</th><th>程度描述</th></tr>
<tr><td rowspan="5">近海或海洋腐蚀环境</td><td>D</td><td rowspan="2">大气区</td><td>中度盐雾区(离平均水位15m以上的海上大气区,及离涨潮岸线50m以上的陆上环境)</td><td>引桥,陆上部分墩柱、箱梁,海中及滩涂区墩柱(塔柱)上部、箱梁</td><td>严重</td></tr>
<tr><td>E</td><td>重度盐雾区(离平均水位15m以下的海上大气区,离涨潮岸线50m内的陆上环境)</td><td>海中及滩涂区墩柱下部、塔柱下部(5.91~15m或箱梁顶面)①</td><td>很严重</td></tr>
<tr><td>D</td><td colspan="2">土中区</td><td>引桥桩基及土中承台,海中桩基泥下区</td><td>严重</td></tr>
<tr><td>D</td><td colspan="2">水下区</td><td>海中桩基(-3.16m以下至泥面)</td><td>严重</td></tr>
<tr><td>E</td><td colspan="2">潮汐区和浪溅区</td><td>海中承台、墩柱下部(-2.40~5.91m)②</td><td>很严重</td></tr>
</table>

注:①由表5.1-2,平均水位取值为0m。

②潮汐区的底高程按《公路工程混凝土结构防腐蚀技术规范》(JTG/T B07-01—2006)计算为平均低潮位以下1m。资料显示青岛平均低潮位为-1.40m,红岛平均低潮位为-1.37m,这里取值-1.40m,故潮汐区底高程为:-2.40m。

③按照《海港工程混凝土结构防腐蚀技术规范》(JTJ 275—2000)规定,区域高程取值见表5.1-3。

混凝土结构腐蚀区域高程划分 表5.1-3

<table>
<tr><th>掩护条件</th><th>划分类别</th><th>大气区</th><th>浪溅区</th><th>水位变动区</th><th>水下区</th></tr>
<tr><td rowspan="2">无掩护条件</td><td rowspan="2">按港工设计水位</td><td>设计高水位加(η_0+1.0m)以上</td><td>大气区下界至设计高水位减η_0之间</td><td>浪溅区下界至设计低水位减1.0m之间</td><td>水位变动区以下</td></tr>
<tr><td>5.91m</td><td>-0.99~5.91m</td><td>-0.99~-3.16m</td><td>-3.16m</td></tr>
</table>

注:1.采用在设计潮位情况下100年一遇设计波要素计算给出的H_1%(波列累积频率为1%的波高)波峰面高度数据中的最大值,η_0=2.95m(红岛,S)。

2.设计高水位和设计低水位分别为1.96m,-2.16m。

青岛胶州湾大桥工程设计使用寿命为100年,在配制海工高性能混凝土、使用透水模板等措施的基础上,对混凝土结构采用表面涂层保护,可以起到叠加保护的效果,提高混凝土结构的耐久性,达到设计使用年限的要求。本工程的海上段桩基采用了钢护筒保护,对处于腐蚀环境的承台及承台以上部位的混凝土结构,均可采用表面涂层防腐的附加防腐蚀措施。

5.2 基本规定

(1)大桥混凝土结构涂层系统设计使用年限,不应少于20年。

(2)涂层涂装的范围按表5.2-1划分为表干区、表湿区。

涂层涂装范围的划分　　表5.2-1

名称	区　域	工程部位
表干区	大气区(6.0m以上)	箱梁,墩柱上部,塔柱上部
表湿区	潮汐区、水位变动区(-2.40~6.0m)	海中和滩涂区承台,墩柱下部,塔柱下部

注:1.表中的表湿、表干区的划分是按高程区域进行。

2.表湿区与表干区的分界计算为高程5.91m,这里取6.0m便于施工操作。

3.当采用涂层保护时,混凝土结构应满足下列要求:

(1)混凝土的龄期不应少于28d,并应通过验收合格。如混凝土的龄期少于28d需要涂装时,需通过试验论证确定。

(2)混凝土表面存在的裂缝、缺陷等,应使用与涂层系统相容的材料修补平整,具体要求应符合《青岛胶州湾大桥土建施工技术规范》及相关规定。

(3)混凝土表面存在的因设计要求设置的金属预埋件,其裸露面必须进行防腐蚀处理,其范围为从伸入混凝土内100mm处起至露出混凝土外的所有表面。防腐蚀处理方法可采用涂层保护。

(4)混凝土表面存在的所有非设计要求设置的外露铁件,如钢筋头、钢板、型钢、绑扎铁丝头、铁钉头等,均应凿去铁件周围混凝土达到不少于60mm深度,除去铁件后,用饮用水清洗干净混凝土表面,涂刷一道环氧类混凝土界面处理剂,并用不低于原有混凝土质量等级的水泥砂浆修补平整。水泥砂浆应使用经监理工程师认可的养护剂养护。

(5)因施工原因存在于混凝土表面层的金属焊渣、绑扎铁丝头等应清除干净,当影响混凝土表面的平整度时,宜使用聚合物水泥砂浆或环氧腻子修补平整,平整度应符合《青岛胶州湾大桥土建施工技术规范》及相关规定。

5.3 表湿区涂层配套设计

5.3.1 涂层体系设计

(1)本工程对处于表湿区的构件进行涂层防腐涂装时,处于水位变动区的承台拟采用围堰法隔开海水进行施工,涂装施工的环境相对较好。由于水位变动区及浪溅区的构件仍处于浪花飞溅、潮湿度比较高的状态,这里设计采用湿表面固化涂层配套,利于保证和增强表湿区防腐涂层的防腐效果。

(2)表湿区混凝土的防腐涂层封闭底层应具有对潮湿混凝土基面良好的润湿、渗透、附着能力,涂层系统应由底层、中间层和面层配套涂料涂膜组成,中间漆具有良好的屏蔽性能,面漆具有相应的耐候性。所选用的涂料应具有湿固化性能,配套的涂料之间应具有良好的相容性。

(3)表湿区混凝土外涂层使用丙烯酸聚氨酯面漆,设计总干膜平均厚度为390μm。涂层系统配套应符合表5.3-1的规定。

表湿区混凝土表面涂层配套 表 5.3-1

涂层名称	配套涂料名称	涂层干膜平均厚度(μm)
底　层	湿固化环氧树脂封闭漆	不计厚度,但需≤50
中间层	湿固化环氧树脂中间漆	300
面　层	丙烯酸聚氨酯面漆	90
涂层总干膜平均厚度		390

5.3.2 涂料性能要求

(1)表湿区混凝土表面常处于浪花飞溅、潮湿水气状态,采用的涂料应具有湿固化和快固结的性能。

(2)底层、中间层涂料性能应满足表 5.3-2 的规定要求,面层涂料应满足表 5.3-3 的规定要求;涂层性能应满足表 5.3-4 的要求。

表湿区底层、中间层涂料性能要求 表 5.3-2

检验项目	标准	检 验 依 据
颜色	满足标准色卡要求	国家标准《漆膜颜色标准》(GB/T 3181—2008)
主漆黏度(s)	符合产品规定要求	国家标准《涂料粘度测定法》(GB/T 1723—1993)
固体含量(%)	符合产品规定要求	国家标准《色漆、清漆和塑料不挥发物含量的测定》(GB 1725—2007)
密度(g/mL)	符合产品规定要求	国家标准《色漆和清漆密度的测定　比重瓶法》(GB 6750—2007)
干燥时间(25℃)	符合产品规定要求	国家标准《漆膜、腻子膜干燥时间测定法》(GB 1728—1979)
附着力(级)	符合产品规定要求	国家标准《漆膜附着力测定法》(GB 1720—1979)
冲击强度(cm)	符合产品规定要求	国家标准《漆膜耐冲击测定法》(GB/T 1732—1993)
耐磨性(g,1kg·500r)	符合产品规定要求	国家标准《色漆和清漆　耐磨性的测定　旋转橡胶砂轮法》(GB 1768—2006)

表湿区面层涂料性能要求 表 5.3-3

检验项目		计量单位	技 术 指 标	试验方法
颜色和外观		—	满足标准色卡要求,漆膜平整	GB/T 3181—2008
固体含量		%	≥55	GB 1725—2007
干燥时间(25℃)	表干	h	2	GB 1728—1979
	实干	h	24	
面漆细度		μm	≤35	GB 1724—1979
柔韧性		mm	1	GB/T 1731—1993
附着力(拉开法)		MPa	≥6	GB/T 5210—2006
冲击强度		cm	50	GB/T 1732—1993
耐磨性(1kg·500r)		g	≤0.05	GB 1768—2006
耐酸性,10% H_2SO_4		h	240h 漆膜无异常	GB 9274—1988
耐碱性,10% NaOH		h		
人工加速老化		h	1000	GB/T 1865—2009
			不起泡、不剥落、不粉化。白色和浅色漆膜允许变色 1 级,失光 1 级;其他颜色漆膜允许变色 2 级,失光 2 级	

表湿区涂层性能要求　　表 5.3-4

项　目	试验条件	标　准
涂层外观	涂层标准养护后	涂层均匀、无色差、无流挂、无斑点、不起泡、不龟裂、不剥落等
涂层耐老化性	涂层耐老化试验 1000h	不粉化、不起泡、不剥落、允许 2 级变色和 2 级失光
涂层耐碱性	耐碱试验 30d	不起泡、不开裂、不剥落
涂层抗氯离子渗透性	活动涂层片抗氯离子的渗透性试验 30d	氯离子穿过涂层片的渗透量在 $1.0\times10^{-3}mg/cm^2d$ 以下
涂层与潮湿混凝土表面的黏结强度	涂层标准养护后	不小于 1.5MPa

注:1. 涂层性能试验按涂层系统设计的底层 + 中间层 + 面层复合涂层组成。

2. 涂层的耐老化性系采用涂装过的尺寸为 70mm × 70mm × 20mm 的砂浆试件,按现行国家标准《色漆和清漆—人工气候老化和人工辐射暴露　滤过的氙弧辐射》(GB/T 1865—2009)测定。

3. 涂层的耐碱性、涂层抗氯离子渗透性、涂层与混凝土表面的黏结强度,按现行行业标准《海港工程混凝土结构防腐蚀技术规范》(JTJ 275—2000)附录 C 的混凝土涂层试验方法测定。

5.4　表干区涂层配套设计

5.4.1　涂层体系设计

(1)混凝土表面涂层系统由底层、中间层和面层等配套涂料涂膜组成,选用的配套涂料之间应具有良好的相容性,面层涂料应具有良好的保色、保光性能,同时应具有良好的重涂性能。

(2)表干区混凝土外涂层使用氟碳面漆,设计总干膜平均厚度 330μm。涂层系统配套应符合表 5.4-1 的规定。

表干区混凝土表面涂层配套　　表 5.4-1

涂层名称	配套涂料名称	涂层干膜平均厚度(μm)
底层	环氧树脂封闭漆	不计厚度,但需≤50
中间层	环氧树脂中间漆	270
面层	氟碳面漆	60
涂层总干膜平均厚度		330

5.4.2　涂料性能要求

(1)表干区混凝土涂层,防腐蚀涂料除了应具有较强的防腐蚀性能和耐候性外,还应具有优异的装饰性能,保光、保色性能好,涂层承受构件变形的能力强。

(2)底层、中间层涂料性能应满足表 5.4-2 的规定要求,面层涂料应满足表 5.4-3 的规定要求;涂层性能应满足表 5.4-4 的要求。

表干区底层、中间层涂料性能要求　　表 5.4-2

检验项目	标准	检 验 依 据
颜色	满足标准色卡要求	国家标准《漆膜颜色标准》(GB/T 3181—2008)
主漆黏度(s)	符合产品规定要求	国家标准《涂料粘度测定法》(GB/T 1723—1993)
固体含量(%)	符合产品规定要求	国家标准《色漆、清漆和塑料不挥发物含量的测定》(GB 1725—2007)
密度(g/mL)	符合产品规定要求	国家标准《色漆和清漆密度的测定　比重瓶法》(GB 6750—2007)
干燥时间(25℃)	符合产品规定要求	国家标准《漆膜、腻子膜干燥时间测定法》(GB 1728—1979)
附着力(级)	符合产品规定要求	国家标准《漆膜附着力测定法》(GB 1720—1979)
冲击强度(cm)	符合产品规定要求	国家标准《漆膜耐冲击测定法》(GB/T 1732—1993)
耐磨性(g,1kg·500r)	符合产品规定要求	国家标准《色漆和清漆　耐磨性的测定　旋转橡胶砂轮法》(GB 1768—2006)

表干区面层涂料性能要求　　表 5.4-3

检 验 项 目		计量单位	技 术 指 标	试验方法
颜色和外观		—	满足标准色卡要求,漆膜平整	GB/T 3181—2008
固体含量		%	≥55	GB 1725—2007
干燥时间(25℃)	表干	h	2	GB 1728—1979
	实干	h	24	
面漆细度		μm	≤35	GB 1724—1979
柔韧性		mm	1	GB/T 1731—1993
附着力(拉开法)		MPa	≥6	GB/T 5210—2006
冲击强度		cm	50	GB/T 1732—1993
耐磨性(1kg·500r)		g	≤0.05	GB 1768—2006
耐酸性,10% H_2SO_4		h	240h 漆膜无异常	GB 9274—1988
耐碱性,10% NaOH		h		
可溶物氟含量		%	≥18	HG/T 3792—2014
人工加速老化		h	3000	GB/T 1865—2009
			不起泡、不剥落、不粉化。白色和浅色漆膜允许变色1级,失光1级;其他颜色漆膜允许变色2级,失光2级	

表干区涂层性能要求　　表 5.4-4

项　目	试 验 条 件	标　准
涂层外观	涂层标准养护后	涂层均匀、无色差、无流挂、无斑点、不起泡、不剥落等
涂层耐老化性	涂层耐老化试验 1000h	不粉化、不起泡、不剥落、允许2级变色和2级失光
涂层耐碱性	耐碱试验 30d	不起泡、不开裂、不剥落
涂层抗氯离子渗透性	活动涂层片抗氯离子的渗透性试验 30d	氯离子穿过涂层片的渗透量在 1.0×10^{-3}mg/cm²d 以下
涂层与混凝土表面的黏结强度	涂层标准养护后	不小于 1.5MPa

注:1. 涂层性能试验按涂层系统设计的底层 + 中间层 + 面层复合涂层组成。

2. 涂层的耐老化性系采用涂装过的尺寸为 70mm×70mm×20mm 的砂浆试件,按现行国家标准《色漆和清漆—人工气候老化和人工辐射暴露　滤过的氙弧辐射》(GB/T 1865—2009)测定。

3. 涂层的耐碱性、涂层抗氯离子渗透性、涂层与混凝土表面的黏结强度,按现行行业标准《海港工程混凝土结构防腐蚀技术规范》(JTJ 275—2000)附录 C 的混凝土涂层试验方法测定。

第 6 章

互通立交施工

6.1 工程概况

6.1.1 红岛互通立交工程概况

红岛互通立交位于本项目工程海上桥梁与红岛连接线相交处,为变形 Y 形互通立交。主线桥范围:左幅为 K14 +030 ~ K16 +010,长度为 1980m,墩号范围 96 ~ 129 号墩。右幅为 K14 +150 ~ K15 +830,长度为 1680m,墩号范围 98 ~ 126 号墩。匝道桥范围:A 匝道 AK0 + 149.85 ~ AK0 +949.85,共 16 孔,长度为 800m,共计 4 联;B 匝道 BK0 +000 ~ BK1 +531.9,长度为 1531.9m,共 31 孔,共计 9 联;C 匝道 CK0 + 149.9 ~ CK1 + 780.857,长度为 1630.96m,共 33 孔,共计 11 联;D 匝道 DK0 +390.9 ~ DK1 +075.5,长度为 684.6m,共 15 孔,共计 4 联。

6.1.2 李村河互通立交工程概况

李村河互通立交在李村河入海口处,是青岛胶州湾大桥一期工程起点,为定向匝道 + 部分苜蓿叶形枢纽互通式立交。工程主体包括主线桥和 10 个匝道桥,其中 JS1、JS2 匝道桥具有集散车道功能。主线桥范围:K8 +210 ~ K10 +310。匝道桥及集散车道概况如表 6.1-1 所示。

李村河互通立交匝道工程概况　　表 6.1-1

匝道编号		起点桩号	终点桩号	桥梁全长(m)	跨径布置(m)	备注
A 匝道		AK0 +133.47	AK0 +406.70	273.23	3 ×(5 ×18)	暂缓施工
B 匝道		BK0 +161.80	BK0 +435.03	273.23	3 ×(5 ×18)	暂缓施工
C 匝道		CK0 +87.80	CK0 +235.03	147.23	2 ×(4 ×18)	
D 匝道		DK0 +186.80	DK0 +724.80	238.00	3 ×(5 ×30) +(29 +30 +29)	
E 匝道	Ⅰ号桥	EK0 +323.57	EK0 +728.03	404.46	(20 +27 +29) +(4 ×30) +(4 ×29) +(3 ×29)	
	Ⅱ号桥	EK0 +86.37	EK0 +770.40	684.03	(4 ×30) +(40 +48 +40) +(5 ×30) + (16 +17 +16) +2 ×(4 ×29)	

续上表

匝道编号	起点桩号	终点桩号	桥梁全长(m)	跨径布置(m)	备注
F 匝道	FK0 +194.62	FK0 +379.65	185.03	2×(3×30)	暂缓施工
G 匝道	GK0 +140.04	GK0 +385.07	245.03	2×(4×30)	
H 匝道	HK0 +248.47	HK0 +509.50	261.03	2×(4×32)	
JS1 匝道	JS1K0 +481.97	JS1K0 +814.03	332.06	2×(3×30)+(2×26)+(3×30)	
JS2 匝道	JS2K0 +228.12	JS2K1 +330.12	1102.00	(3×30)+2×(2×27)+(28.5+2×30+28.5)+(5×30)+(18.481+20+19)+(40+48+40)+(15+3×17+14.519)+(35.5+40+35.5)+(4×30)+(2×28)+(3×28)	

6.2 互通立交总体施工组织设计

1)施工准备阶段

主要完成施工便道、供水、供电、临时用房、交接桩和工程复测、控制测量、复核技术资料、混凝土配合比的选择及进场材料的试验、解决通信、组织机械设备、人员、材料进场等。

(1)临建设施施工:临建设施包括临时用房、临时用电、用水、施工便道、临时栈桥等。

①红岛互通立交和李村河互通立交的施工区域均统一按照指挥部要求进行规划设计,按照合理利用、节约用地,减少办公、生产相互干扰的原则建设临时用房,并将其分为办公区、生活区、生产区,具体有办公区、生活宿舍、会议室、食堂、浴室、工人活动中心、库房、钢结构加工区、机械维修区、配电房、混凝土拌和站、试验室等。

②为保证工程用电,红岛互通立交和李村河互通立交均配置多套变压器以满足施工需要。变压器平台设置好后,安装箱式变压器,高压输电线路接至每个变压器位置,输出的电力通过电缆送至各处,同时自备发电机组备用以满足施工需要。

生活用水采用自来水。施工用水除泥浆可以使用海水外,其他使用自来水,在栈桥右侧铺设自来水管供水,以保证施工用水。

③为了保证施工,两互通立交施工现场均修筑了混凝土路面和砂石料处理路面,并与相邻标段的便道衔接。李村河互通立交在进行跨胶州湾高速公路桥梁修建过程中,还在李村河大桥下修建了施工便道。

红岛互通立交共搭建 4km 施工便桥,便桥宽度取 6m,沿便桥右侧每 500m 设置错车平台 1 处以满足车辆通行需要。错车平台下部结构采用钢管桩,上部结构为贝雷梁拼装。李村河互通立交在主线桥、JS2、D、E、H 及 JS1 匝道水中部分修建施工栈桥,栈桥采用钢管桩基础,上部为贝雷架梁,顶面铺设组合桥面板。栈桥按两种设置,主栈桥设置在主线左右幅中间按 8m 宽度设置,其余的栈桥按 6m 设置。

④红岛互通立交设 1 座 HZS60 型混凝土拌和站、1 座 HZS80 型混凝土拌和站,李村河互通立交设 2 座 HZS75 混凝土拌和机与 1 座 HZS30 备用拌和机,拌和站现场均进行场地硬化。

(2)施工准备:主要包括施工现场准备和技术准备。

①施工现场准备工作包括:复查和了解现场的地形、地质、文化、气象、水源、电源、料源和料场、交通运输、通信联络以及城镇建设规划、农田水利设施、环境保护等相关情况;根据施工图纸和施工临时需要确定工地范围,并与地方有关人员到现场一一进行核实,绘出地界并设立标志。

②技术准备工作包括内业技术准备工作和外业技术准备工作:

a. 内业技术准备工作:

认真阅读、审核施工图纸,学习施工规范;

进行临时工程设计;

编写实施性施工组织设计及质量计划;

编写各种施工工艺标准、保证措施及关键工序施工指导书;

结合工程施工特点,编写技术管理办法和实施细则;

对施工人员进行上岗前的技术培训。

b. 外业技术准备工作:

现场详细调查与地质水文踏勘;

与设计单位办理现场桩位交接手续,并进行复测与护桩;

各种工程材料料源的调查与合格性测试分析并编写试验报告;

建立工地试验室,进行各种仪器设备的测试计量和检验,并办理计量合格证书,进行状态标识;

施工作业中所涉及的各种外部技术数据搜集。

2)工程施工阶段

红岛互通立交和李村河互通立交施工分为桩基施工、承台施工、桥墩施工、箱梁施工、附属工程施工,将在下文中做具体描述。

6.3 桩基施工

红岛互通立交桩基共有808根,直径有1.5m、1.6m两种类型,桩长30~61m,分为摩擦桩、端承桩两类;李村河互通立交共有1127根,直径有2.5m、2.2m、1.8m、1.6m、1.5m、1.2m六种类型,桩长28~60m,均为摩擦桩。海上桩基主要通过搭设水上钢管桩钻孔平台进行施工。具体施工工艺流程图如图6.3-1所示。

6.3.1 地质概况

红岛互通立交地质状况一般为淤泥质亚黏土、亚黏土、砂砾、安山岩、玄武岩、流纹岩。覆盖层在主线处最大有35.7m,向海岸逐渐抬升,到连接线0~6号墩处岩层裸露,桩底持力层为弱风化玄武岩、流纹岩或弱风化安山岩。根据地质资料及现场勘测,覆盖层厚度为0.3~35m。李村河互通立交地质情况为杂填土、淤泥质亚黏土、亚黏土、砂砾、泥岩、角砾岩、花岗岩,桩底持力层为弱风化花岗岩。

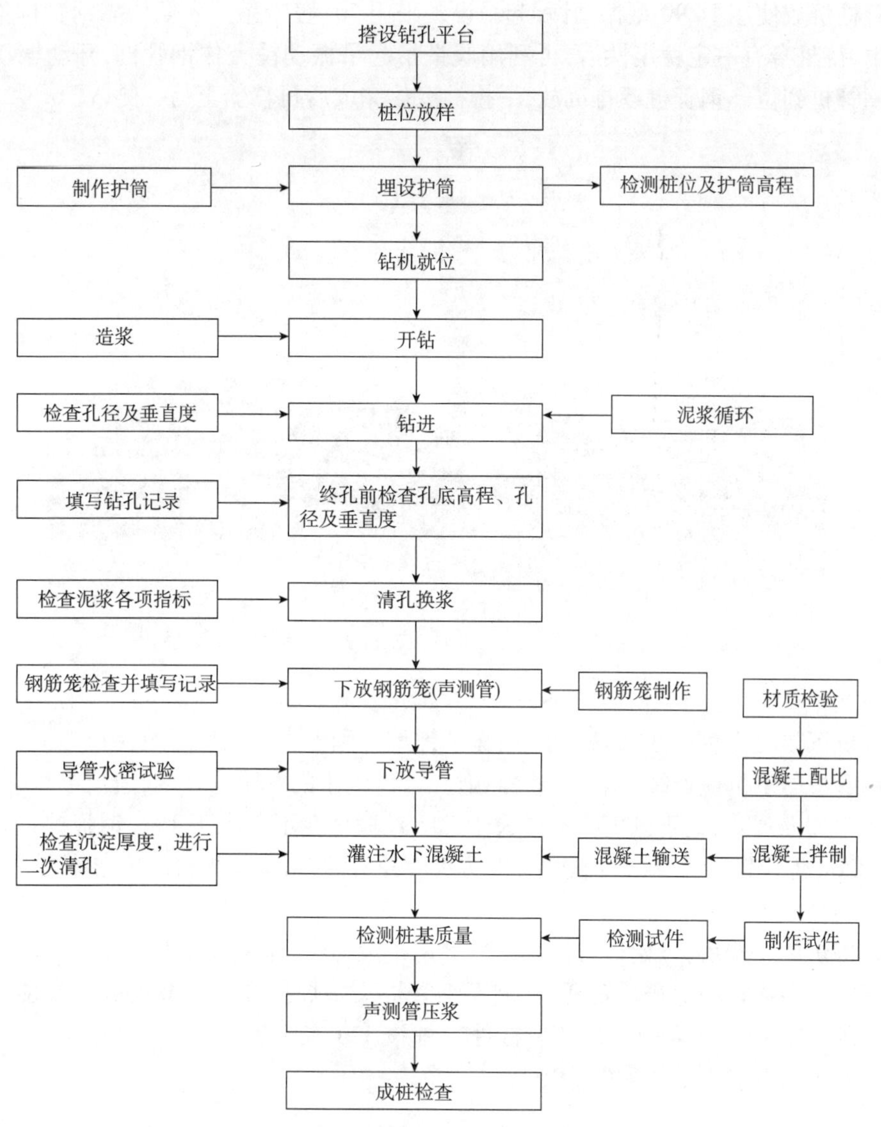

图6.3-1　钻孔灌注桩施工工艺流程框图

6.3.2　水上钢管桩钻孔平台施工

平台均采用水中固定钢结构。首先搭设钢管桩,再在钢管桩上铺设2I45a型钢横梁。贝雷片作纵梁,I20a工字钢作分配横梁,面板为10mm的钢板,焊接连接。

1)钢管桩陈放

钢管桩采用11~18m长的Φ60cm、Φ80cm钢管桩。沉放前先计算出每根钢管桩的坐标,在钢栈桥上针对各墩分别布置一条基线,基线上的每一个观测点用全站仪精确测量其坐标位置,并用水准仪测出其高程;然后计算出每个墩中每一根桩上观测点的坐标及交会角,并汇总成表,供观测沉桩使用。沉放时在正面设置一台全站仪观测定位,侧面设置两台经纬仪校核。

钢管桩沉放使用 DZ90 型振动锤，起吊设备采用 50t 履带吊。先期依靠钢管桩重力插入覆盖层中，待桩身有一定稳定性后，再利用履带吊起吊振动锤夹住钢管桩，开动振动沉锤振动下沉钢管桩到位。钢管桩逐排沉放，一排桩沉放完成后再移船至另一侧（图 6.3-2）。

图 6.3-2 钢管桩打设

钢管桩沉放时需重点注意以下事项：振动锤重心和桩中心轴应尽量保持在同一直线上；每一根钢管桩的下沉应连续，不可中途停顿过久，以免土的摩阻力恢复，造成继续下沉困难；沉放过程中加强观测，钢管桩偏位不得大于 10cm，垂直度不得大于 1%；钢管桩每天施打完毕后，用 I20a 焊接钢管桩纵、横向联系，以防水流冲击倾斜，保证平台的抗扭能力。

2）平台搭设

钢管桩沉放完毕后，开始进行钻孔平台型钢布设，其具体步骤如下：

各钢管桩在横桥向适当位置开口，割平钢管桩头→焊接牛腿及节点板→安装已拼接好的 I45 工字钢横梁→安装贝雷片及连接件→铺设 I20 工字钢（U 形螺栓固定）→铺设 $\delta=10$mm 厚钢板，焊接连接，加设安全栏杆。

6.3.3 桩基施工主要施工测量控制方法

6.3.3.1 全站仪极坐标法

全站仪极坐标法是利用仪器的特有功能，首先输入测站点平面坐标，然后照准后视点，输入确定后视方位角或后视点坐标，照准另一控制点检核。利用全站仪的内部电算程序或利用 CASIO4500-PA 计算器编程计算，利用全站仪的坐标放样功能放出放样点。

6.3.3.2 GPS 全球卫星定位技术

GPS 卫星定位测量法是根据几何与物理的一些基本原理，利用空间分布的卫星以及卫星与地面点间距离交会出地面点位置的方法。GPS 卫星定位快速静态测量法是指将接收机安置在固定不动的待定点上观测数分钟或更长时间，以确定该点三维坐标的方法。GPS 卫星定位准动态测量是指将流动站的接收机置于各待定点上，在保持对所测卫星连续跟踪的情况下在各点上观测数秒钟，以确定各点三维坐标的方法。在该项目中青岛胶州湾大桥建设指挥部向施工单位提供 VRS 系统，有效提高了施工测量放样的准确性。

利用 GPS-RTK 放样时，采取先确定出放样点位置，再重新利用 GPS-RTK 点测量模式，测量出该点坐标（测量时间不短于 5min），如果差值不满足要求，则重新放样。再测量坐标，直到符合规范要求为止。在放样时，每点统一编号，和放样点对应，做好记录，整理资料。

以上两种方法经常相互校核，根据青岛胶州湾大桥测控中心的要求，不同的部位采用不同的放样方法。

6.3.3.3 施工放样内容

1）施工平台施工测量

施工平台钢管桩打设的测量控制，采用 GPS-RTK 动态测量与全站仪放样相结合的方式进行放线。首先采用 GPS-RTK 放出每一排钢管桩的轴线，在施工栈桥上定好点位，并放出 30m 左右长的后视点，然后在栈桥上各点位置架设全站仪，后视点，拨直角，测距离，以确定每一根钢管桩的位置。施工平台的高程控制采用相对高差法，使平台桥面板与栈桥平齐。

在平台搭设完成时，同时搭设测量平台，将控制点布设到测量平台上，同时加密施工水准点。

2）钻孔灌注桩施工测量

（1）钻孔桩位放样测量

钻孔桩施工测量放样定位主要采用全球卫星定位系统（GPS）进行施工控制，辅以全站仪校核。

（2）钢护筒就位及沉设测量

利用 VRS 系统信号用 GPS-RTK 在钻孔平台上精确放样各钻孔中心纵横轴线（即四个护桩），安装钻孔桩钢护筒双层导向定位架，并在导向定位架及桁架上做好钻孔桩中心方向线标记，然后施工钢护筒，并全程观测。

桩基施工前在平台桥面板上重新用 VRS 系统信号用 GPS-RTK 放样桩基的护桩，减小因平台变形引起的微小误差，确保放样的正确性。方便钻机的就位，同时在桩基钻孔完成后，利用桩基护桩调整桩基钢筋笼子的平面位置。

（3）钻孔施工测量

检测内容有：钻机就位、终孔高程、成孔垂直度检测，钢筋笼下放及其混凝土浇筑观测。

6.3.4 桩基施工流程

6.3.4.1 护筒施工

1）护筒高程的确定

根据地质条件，淤泥层下为强风化岩的按入岩 1.8m 考虑；淤泥层下为砂层时护筒穿过细砂层按入强风化岩 1.2m 考虑；淤泥层下为黏土层时护筒按入黏土层 1.2m 考虑。护筒顶高程控制在 +6m。

2）钢护筒的加工

钢护筒采用 Q235 钢板在钢构件加工场卷制，护筒钢板采用 $\delta=12$mm 钢板，加工直径为

$\Phi=1800\text{mm}$,护筒加工长度根据现场地质情况确定,钢护筒埋深进入局部冲刷线、砂层及软塑层以下1~2m。用于卷制钢护筒的钢板均采用平直、无表面锈蚀且未受过冲击的钢板。钢板切割后采用锤击法或热矫法进行矫正。

钢护筒采用三辊轴卷管机卷制,卷管方向保持与钢板压延方向一致。卷板过程中,密切注意保护管端平面与管线垂直。为满足钢护筒接缝处的圆度要求,卷管后进行校圆。校圆分整体校圆和局部校圆两道工序。整体校圆可在卷板机上进行,也可在整体校圆夹具上进行。局部校圆采用薄钢板剪成直径为钢护筒内径的圆弧的一部分作为样板,该样板内靠筒体口附近进行检查,若不密贴表示该处不圆,不圆处应局部锤直,直至密贴为止。

3)钢护筒的吊运与堆放

钢护筒在专业钢构件加工场分节加工。钢护筒出场后采用汽车运输到施工现场。加工场加工完成运往施工现场以前,在钢护筒适当位置处设置焊接吊耳。钢护筒的堆放支点位置与吊点位置相同,偏差不大于20cm。运输时捆绑牢固,采用多点支垫,各支点垫木均匀放置,避免筒身挠曲。

4)钢护筒的插打

钢护筒插打前,利用全站仪确定出桩位,安装导向架,精确调位后,利用限位梁固定于平台。

钢护筒下沉采用履带吊配合DZ120振桩锤(双夹头带横梁)打入。钢护筒下沉通过导向架的约束确保钢护筒的平面位置偏差小于±5cm,钢护筒倾斜度小于0.5%。并且在施工的各环节严格控制钢护筒发生变形。

5)护筒施工安全注意事项

护筒口必须加焊“十”字撑,必要时应将“十”字撑换成“米”字撑,以防装卸运输造成变形。

为了保证起吊护筒处于良好的垂直状态,护筒起吊点应测量放样,使其两个起吊点位于同一直径上。

因第一节护筒重量较大,为了起吊安全,船头应朝向起吊方向,边起吊边拖拉,当臂杆变幅到安全范围内,方可进行旋转操作。第一节钢护筒下振约3m后,起吊第二节钢护筒进行对接,对接要求:保证两节钢护筒的直线度,接口偏差控制在3mm以内,焊接质量必须满足规范要求。钢护筒焊接完成后,继续下沉钢护筒直至设计高程。下沉好的护筒,应与施工平台可靠连接。

护筒的振埋施工应选在海潮稳定阶段进行,减少水流对护筒埋设的垂直度的影响。

护筒沉放完毕后,应将孔口“十”字撑割除,割除前一定要用麻绳拉捆保护,以防落入孔内。

6.3.4.2 钻机就位

1)钻机选择

根据桩基施工特点,土层以淤泥、亚黏土、砂层、强风化岩及弱风化岩为主,采用KP2000型钻机、GPS20、冲击钻(另加气举反循环)等具有反循环功能的钻机进行施工。

2)钻机就位

钻机就位前,对钻机的各项准备工作进行检查,如场地布置与钻机就位处的平整和加固,主要机具的检查与安装,配套设备的就位与水电供应的接通等。用吊机或浮吊配合拼装钻机。检查护筒内情况,防止有异物。

要求钻机支垫牢固,钻尖对中(偏差小于20mm),钻杆垂直(钻孔垂直度偏差不得大于1/300),采用高精度的水平尺测量。为保证钻孔垂直度,场地需平整,机架滑车中心、磨盘中心、桩位中心三点必须呈一直线,磨盘一定保持水平,钻进时随时校验,确保钻机垂直。

6.3.4.3 泥浆的调制

1)泥浆循环

护筒间利用 Φ30cm 钢管进行串连。钻机排出的携带钻渣的泥浆经过旋筛机初步分离钻渣,进入净化器彻底净化后,排入邻近护筒沉淀,最后流入钻孔继续使用。

2)泥浆组分

固孔泥浆采用优质海水泥浆,该泥浆利于孔壁稳定、成孔施工速度快,孔壁泥皮厚度薄。PAC 厂家提供的泥浆配比见表6.3-1。

泥 浆 组 分　　表6.3-1

配合比 \ 原材料	海水(L)	钠基膨润土(kg)	纯碱(kg)	PAC(kg)
基准配合比	1	0.13	0.005	0.005

在使用PAC配置的海水泥浆时,除原材料选取外还应注意其拌和工艺,尤其是PAC的水解工艺应重点注意,这点在试验室已得到充分验证。PAC水解可在施工现场按1:20～1:50之间的比例配制成水溶液,采用高速搅拌机高速搅动,直至水溶液表面不再出现结晶体为止,即认为水解完成,水溶液中海水比例在泥浆加水搅拌的过程应予以扣除。在加料的过程中应开始不间断地搅拌,搅拌速度将直接影响泥浆的性能,最终实现拌和均匀的目的。造浆时加工两个 $3m^3$ 的泥浆池,一次拌制 $2m^3$ 左右泥浆,来回高速循环,搅拌均匀后投入孔中,继续搅拌。以上泥浆组分表是在试验室试配时采用纯泥浆配制,未考虑施工现场地层土的影响,应根据现场情况作调整。

3)泥浆拌制

泥浆采用ZJ-80强制式拌浆机进行配置,造浆时PAC事先充分水解,膨润土需充分搅拌,且应先加水再加膨润土,最后加外加剂搅拌,制备成泥浆。经过强制式拌浆机拌制的泥浆放入护筒内储存。

在钻孔施工的不同阶段,通过增加新鲜泥浆或加入少量膨润土的方法对钻孔泥浆的性能进行不同的调整,各阶段钻孔中泥浆性能指标见表6.3-2。

各阶段钻孔中泥浆性能指标　　表6.3-2

项　目	阶　段				试验方法
	新鲜泥浆	钻进泥浆	回流泥浆	清孔泥浆	
密度(g/cm^3)	≤1.04	≤1.20	1.08～1.20	1.02～1.06	泥浆相对密度剂
黏度(s)	26～35	25～28	24～26	18～22	标准漏斗黏度计
失水量(mL/30min)	≤10	≤18	≤15	≤10	滤纸、玻璃板

续上表

项目	阶段				试验方法
	新鲜泥浆	钻进泥浆	回流泥浆	清孔泥浆	
泥皮厚(mm/30min)	≤1.0	≤2.0	≤1.5	≤1.0	尺
胶体率(%)	100	≥96	≥98	100	量筒
含砂量(%)	≤0.5	≤4.0	0.5~1.0	≤0.5	含砂率计
pH 值	10~12	9~10	9~10	8~9	试纸

一个钻孔需要的总泥浆量应考虑泥浆充满钻孔和泥浆槽、沉淀池,还要考虑钻孔的孔径扩大,井孔壁、泥浆槽等处的渗漏,以及泥浆经过多次使用后,其性能指标降低,需要更换等情况,一般宜按井孔体积(考虑扩孔数量)计算黏土量,再加6%左右。

每延米钻孔泥浆总量 $=3.14\times0.75^2\times1.1\times1.06=2.06(m^3)$(1.5m 桩径)

4)泥浆处理

泥浆净化采用布置在钻孔平台上的泥浆净化系统完成(图 6.3-3)。每套泥浆净化系统由 1 台旋筛机、1 台 DZX-500 泥浆净化器、1 个泥浆箱、排渣槽、运渣车组成。

图 6.3-3 泥浆设备

钻渣的排除采用多级沉淀的方法,即钻机经反循环排出的泥浆首先经过泥浆净化装置顶面的旋筛机进行预筛,将比较大的颗粒或泥块等排除,然后经过 DZX-500 泥浆净化器将 0.074mm 以上的颗粒排除,经净化器处理后的泥浆排到邻近护筒内,经过再一次沉淀,然后再补回孔内,排出的钻渣最后排到存渣池内。

钻孔桩混凝土浇筑时,对孔内泥浆均进行回收。回收时将钻孔桩内干净泥浆通过泥浆泵将泥浆直接泵送到驳船内或待钻孔内,重复利用。同时避免了泥浆流入海中,污染海域。

6.3.4.4 钻孔

钻孔灌注桩开钻前制定详细可行的桩基施工作业指导书,包括施工工艺、钻孔前的设备检修、人员培训与准备、泥浆循环系统等材料准备、事故预案、安全方案、质检方案等,并备有可靠的自发电系统。每钻进 2m 或地层变化时在泥浆池中捞取钻渣样品,查明土类并记录,以便与地质剖面图相核对。钻孔过程中现场技术员旁站监督,发现问题及时解决。

同时施工过程中要注意以下事项:

(1)钻孔前,绘制钻孔地质剖面图,以便按不同土层选用适当的钻头、钻进压力、钻进速度和泥浆的浓度。

(2)钻机安装就位后,底座应平稳,在钻进和运行中不应产生位移及沉陷,否则应找出原因,及时处理。

(3)钻孔作业采用减压钻进,在钻头处护筒下口时,需减速钻进,提高泥浆的相对密度,以保证钻孔护壁,避免穿孔翻浆。

(4)钻孔时及时填写钻孔施工记录,交接班时由当班钻机班长交代接班钻机班长钻进情况及下一班应注意事项。

(5)钻孔作业分班连续进行;钻进时按时检查泥浆指标,遇土层变化时增加检查次数,并适当调整泥浆指标,使之符合要求。钻进过程中如泥浆有损耗、漏失,及时补充。

(6)定期检查钻头磨损情况,必要时进行修补或更换。钻孔过程中,应根据不同的地层选择不同的转速和钻进,不符合要求时,及时调整;当土层变化时,及时报监理工程师并记入记录表中,且与地质剖面图核对。

(7)接卸钻杆的动作要迅速、安全,争取在最短时间内完成,以免停钻时间过长,增加孔底沉淀。

(8)整个钻孔过程中要始终保持孔内水头不低于潮位,孔径不小于设计值,倾斜率不大于1%。钻头提升或下放应保持较慢的匀速工作,避免因钻杆摆幅加大,钻头挂拉损伤孔壁。

6.3.4.5 清孔与成孔检查

1)清孔

钻孔深度达到设计高程后,施工单位需用混凝土桩成孔质量检测仪进行孔径、沉渣厚度和垂直度的检查,并经监理工程师验收合格签认后,在泥浆池加入海水,适当降低泥浆浓度,进行清孔作业。清孔主要目的是抽换原钻孔内泥浆,降低泥浆的相对密度、黏度、含砂率等指标,清除钻渣,减少孔底沉淀厚度,清除护筒内壁泥皮,防止桩底存留沉淀土过厚而降低桩的承载力,减少混凝土灌注的阻力。本工程采用抽浆法清孔:即使用反循环钻进时,终孔后停止进尺,以灌注混凝土导管代替泵吸反循环回转钻机的空心钻杆作为吸泥管,使清孔后泥浆的质量以及孔底沉淀土厚度满足规范要求。

根据设计要求,护筒内壁应干净以保证桩基混凝土与钢护筒充分结合,因此在成孔后用钢丝刷清理护筒内壁。护筒刷是在直径为1650mm、高度为1m的钢管上均匀地钻一定数量、两个为一组的孔眼,将钢丝绳穿入,两个端头均露在外面,并将钢丝绳拆散形成钢丝刷状,钢管内部加焊I32a型钢,增加整体刚度。

清孔要注意以下事项:

(1)清孔排渣时,注意保持孔内水头,防止坍孔。

(2)清孔过程中的泥浆均需排至指定地点。

(3)禁用超深成孔的方法代替清孔。

(4)清孔后的泥浆性能指标应符合《青岛胶州湾大桥土建工程技术规范》中的规定,即相对密度:1.03~1.10;黏度:17~20Pa·s;含砂率:<2%;胶体率:>98%。孔底沉淀物的厚度对于嵌岩桩要求不大于5cm,摩擦桩要求不大于10cm。

2)成孔检查

清孔后,用混凝土桩成孔质量检测仪、标准测锤等专用仪器对孔径、孔形、孔深和倾斜以及沉淀厚度进行测定,要求孔径不得小于设计桩径,孔深不得小于设计桩长,桩身垂直度允许最大偏差不得大于1/100。

6.3.4.6 钢筋施工

成孔验收合格后,要求尽快进行钢筋混凝土施工。

1)钢筋的检验、存放

(1)钢筋的检验

每批钢筋进场均应按照要求提供质量保证书(或检验合格证),并进行现场试验。

进场后的钢筋每批内任选三根钢筋,各截取一组试样,用于拉伸试验(屈服强度、抗拉强度及延伸率)、冷弯试验及可焊性试验。

(2)钢筋的保护及储存

在施工现场搭设0.5m高的钢筋储存平台,并加盖彩条布,防止由于暴露于大气而产生锈蚀和表面破损。

钢筋加工时应选择无灰尘、有害锈蚀、松散锈皮、油漆、油脂、油或其他杂质的钢筋使用,出现上述情况的钢筋应及时进行清理或处理,无法处理的应作废不得使用。

不同级别的钢材要分别储存,并设以标志,以便于检查和使用。表6.3-3为钢筋的主要力学、工艺性能。

钢筋的主要力学、工艺性能 表6.3-3

钢筋类型及牌号	R235	HRB335	
直径(mm)	8~20	6~25	28~50
最小屈服强度(MPa)	235	335	
最小抗拉强度(MPa)	370	490	
延伸率 δ_s(%)	25	16	
1800冷弯内径	d	$3d$	$4d$

注:d为钢筋公称直径。

2)钢筋骨架的制作

钢筋笼在加工场工棚内加工,钢筋笼的加工制作要求应符合《青岛胶州湾大桥土建工程技术规范》中的有关规定。钢筋笼在加工厂分节加工制作,采用胎架成型法。胎架用2cm厚的钢板,按骨架的设计尺寸做成全圆的固定支架。在它的周围边缘按主筋的位置设置旋转式固定件。制作时将钢筋放入固定件凹槽,与加强筋联结后采用扁担梁吊出,放置在箍筋绕制台上按设计位置在骨架外围绕成圆箍并与主筋点焊,直到最后加工成型。

3)钢筋笼分节与后场预拼

本标段钢筋笼的长度为18~61m长度,为了吊装方便,根据孔深不同,结合钢筋的定尺长度,钢筋笼在钢筋加工厂分1~3节制作,制作时两端断面的接头均按50%错开,接头为保证工程质量和施工进度,采用镦粗直螺纹套筒接头。

钢筋各节之间采用长线放样法在加工过程中进行预拼,确保前场拼装时接头对位准确。

4)钢筋骨架的运输与吊装

制好后的钢筋骨架存放在平整、干燥的场地上,按每个骨架的各节次序排好,并在每个节段挂上标志牌，写明墩号、桩号、节号等，以便使用时按顺序装车运出。

钢筋笼必须在加工现场经质检部与监理验收合格后方可运送到安装现场，在运输过程中必须保证道路基本平坦，以免钢筋笼受力产生不可恢复的弯曲变形。

在护筒顶制作一定型吊装结构吊挂钢筋笼于护筒顶端。成孔经检孔器检孔验收合格，即可将钢筋笼运至现场安放入孔。钢筋笼的起吊和就位采用25t 吊机吊装，为保证钢筋笼起吊时不变形，采用长吊索小夹角的方法减小水平分力，同时采用两个钩抬吊。吊机主钩吊顶端索，副钩吊根部索，同时起吊，整个钢筋笼离开地面时，顶端吊点迅速起吊到90°后，拆除根部吊点，垂直吊入孔安装。钢筋骨架在整个制作、运输、吊装过程中要严格控制其变形。

钢筋笼安放过程中严格控制钢筋笼接头安装质量。钢筋笼下放前在主筋及箍筋上绑扎特制混凝土垫块以确保钢筋笼保护层厚度，下放时速度放慢防止碰撞孔壁。下放过程中，要观察孔内水位变化。如下插困难，必须查明原因，不得强行插下。为避免钢筋笼笼体在下放过程中插入孔壁造成塌方，钢筋笼底部主筋可稍向内弯曲。

每根钻孔桩钢筋笼安装过程中，必须及时安装声测管。声测管底高程同钢筋笼底高程，顶高程比桩顶高出50～100cm。声测管采用专业厂家生产的专用声测管，其密闭性良好、安装简便、快速，并可保证连接质量。声测管必须与钢筋笼连接固定成整体，随钢筋笼一起沉放到位。

6.3.4.7 浇筑混凝土

1）初灌量计算

本工程钻孔桩桩身混凝土采用水下C35 混凝土。混凝土灌注采用导管法水下灌注混凝土。混凝土灌注应在钢筋笼吊放完成，各项检测数据合格后立即开始（孔底沉淤合格后）。钻孔桩灌注前，应计算初灌的灌注量，确保初灌埋管的成功。

本工程最长的灌注时的泥浆柱长近69.7m，对于1.6m 的大直径桩，其初灌量为5m³，导管埋深为1.0m。初灌量计算过程如下：

$$V \geqslant \frac{\pi D^2(H_1+H_2)}{4}+\frac{\pi d^2 h_1}{4}$$

$$=\frac{3.14\times1.6^2\times(0.4+1.0)}{4}+\frac{3.14\times0.3^2\times30.78}{4}$$

$$=4.87(\mathrm{m}^3)$$

$$h_1=\frac{H_W\gamma_W}{\gamma_C}=\frac{69.7\times1.06}{2.4}=30.78(\mathrm{m})$$

2）导管要求

导管的内径为300mm，长度一般2m，最下端一节导管长应为4.5～6m，不得短于4m，为了配备适合的导管柱长度，上部导管长为1m、0.5m 或0.3m。导管制作应力求坚固，内壁应光滑、顺直、光洁和无局部凹凸；各节导管内径应大小一致，偏差不大于±2mm。

导管采用螺丝套连接管节，橡胶“O”形密封圈密封，严防漏水。导管初次使用时应做水密承压力试验，进行水密试验的水压不小于井孔内水深1.3 倍的压力，以保证密封性能可靠和在水下作业时导管不渗漏，以后每次灌注前更换密封圈。

导管可在钻孔旁或相邻护筒内预先分段拼装，在调放时再逐段拼装。在导管外壁用明显标记逐节编号并标明尺度,分段拼装时应仔细检查,变形和磨损严重的不得使用。

3)水下混凝土灌注

导管吊放入孔时,应将橡胶圈或胶皮垫安放周正、严密,确保密封良好。导管在桩孔内的位置应保持居中,防止导管跑管,撞坏钢筋笼并损坏导管;导管底部距孔底(或孔底沉渣面)高度,以能放出混凝土为度,一般为 250～400mm。

导管全部入孔后,计算导管柱总长和导管底部位置,并做好记录。随即开始第二次清孔。

初存量必须按要求备足,严禁初存量不足就灌入孔内。确认初存量备足后,即可打开阀门,灌入首批混凝土。同时,观察孔内返浆情况,测定埋管深度并做好记录。

首批混凝土灌注正常后,应尽快将混凝土输送管与导管连接起来,紧凑地、连续不断地进行,严禁中途停工。在灌注过程中,要防止混凝土拌和物从漏斗顶溢出或从漏斗处调入孔底,使泥浆内含有水泥而变稠凝结,致使测深不准确。灌注过程中,应经常用测锤探测混凝土面的上升高度,并适时提升拆卸导管,保持导管的合理埋深。导管的埋深应不小于 2m;但最大埋深不宜超过 6m。并应在每次起升导管前,探测一次管内外混凝土面高度。特别情况下(局部严重超径、缩径、漏失层等)应增加探测次数,同时观察返浆情况,以正确分析和判定孔内情况。

导管提升时应保持轴线竖直和位置居中,逐步提升。如导管接头挂钢筋笼,可转动导管,使其脱开钢筋后,移到钻孔中心。

随着孔内混凝土的上升,需逐节拆除导管。拆除导管动作要快,要防止螺丝套、橡胶垫和工具等掉入孔中。拆下的导管应立即洗刷干净,堆放整齐。

在灌注过程中,当导管内混凝土不满,含有空气时,后续混凝土要徐徐灌入,不可整斗的灌入漏斗和导管,以免在导管内形成高压气囊,挤出管节间的橡皮垫,致使导管漏水。

当混凝土面升到钢筋骨架下端时,为防钢筋骨架被混凝土顶托上升,可采取以下措施:

(1)当混凝土面接近和初进入钢筋骨架时,应使导管底口处于钢筋笼底口 3m 以下和 1m 以上处,并徐徐灌注混凝土,以减小混凝土从导管底口出来后向上的冲击力。

(2)当孔内混凝土进入钢筋骨架 4～5m 以后,适当提升导管,减小导管埋置长度,以增加骨架在导管口以下的埋置深度,从而增加混凝土对钢筋骨架的握裹力。

为确保桩顶质量,在桩顶设计高程以上应进行超灌,以保证桩头质量,一般超灌 80cm。

为减少以后凿除桩头的工作量,在灌注结束后及时挖除多余的一段桩头,但保留 20cm 以上,以待随后修凿,接浇承台。

在灌注将近结束时,由于导管内混凝土柱高度减小,超压力降低,而导管外的泥浆及所含渣土稠度增加,相对密度增大。如在这种情况下出现混凝土顶升困难时,可在孔内加水稀释泥浆,并掏出部分沉淀土,使灌注工作顺利进行。在拔出最后一段长导管时,拔管速度要慢,以防止桩顶沉淀的泥浆挤入导管下形成泥心。

6.3.4.8 混凝土灌注桩检测

(1)混凝土质量的检查和验收。

在钻孔灌注桩灌注过程中按照要求制取试件,制取混凝土试件在监理工程师监督下完成。

(2)灌注桩成桩后,达到一定强度,破除桩头后,按设计要求进行超声波检测。经超声波检测确认灌注桩合格后,才能进行下一步施工。

(3)超声波检测。

①目的:检测钻孔灌注桩桩身结构完整性。

②检测方法:检测采用超声波检测,需有资质的检查单位进行。

③检测设备名称及编号:NM-3C 非金属超声检测分析仪,B 传感器型号:JF60D。

④检测要求:

a. 声测管紧贴钢筋笼内侧,保持声测管之间相对水平。随钢筋笼一起吊装,吊装到位后,声测管内注满清水。

b. 声测管的固定方法:采用“U”形钢筋进行限位并用粗铁丝绑扎固定。

经检测,红岛互通立交和李村河互通立交的所有桩基均为Ⅰ类桩。

6.3.5 钻孔事故的预防及处理

常见的钻孔事故及处理方法分述如下:

1)坍孔

各种钻孔方法都有可能发生坍孔事故,坍孔的表征是孔内水位突然下降,孔口冒细密的水泡,出渣量明显增加而不见进尺,钻机负荷显著增加等。

(1)坍孔原因

①泥浆相对密度不够及其他泥浆性能指标不符合要求,使孔壁未形成坚实泥皮。

②由于除渣后未及时补充泥浆(或水),或潮水上涨,或孔内出现承压水,或钻孔通过砂粒等强透水层,孔内水流失等而造成孔内水头高度不够。

③护筒埋置太浅,下端孔口漏水、坍塌或孔口附近地面受水浸蚀泡软,或钻机直接接触在护筒上,由于振动使孔口坍塌,扩展成较大坍孔。

④在松软沙层中钻进进尺太快。

⑤提出钻锥钻进,回转速度过快,空转时间太长。

⑥水头太高,使孔壁渗浆或护筒底形成反穿孔。

⑦清孔后泥浆相对密度、黏度等指标降低,用空气吸泥机清孔,泥浆吸走后未及时补浆,使孔内水位低于地下水位。

⑧清孔操作不当,供水管嘴直接冲刷孔壁、清孔时间过久或清孔后停顿时间过长。

⑨吊入钢筋骨架时碰撞孔壁。

(2)坍孔的预防和处理

①在松散的砂层中钻进时,应控制进尺速度,选用较大相对密度、黏度、胶体率的泥浆或高质量泥浆。

②发生孔口坍塌时,可立即拆除护筒并回填钻孔,重新埋设护筒再钻。

③如发生孔内坍塌,判明坍塌位置,回填砂和黏质土(或砂粒和黄土)混合物到坍孔处以上1~2m,如坍孔严重时应全部回填,待回填物沉积密实后再行钻进。

④清孔时指定专人补浆,保证孔内必要的水头高度。

⑤吊入钢筋骨架时应对准钻孔中心竖直插入,严防触及孔壁。

2)钻孔偏斜

(1)偏斜原因

①钻孔中遇有较大的孤石或探头石。

②在有倾斜的软硬地层交界处,延面倾斜处钻进;或者粒径大小悬殊的砂卵石层中钻进,钻头受力不均。

③扩孔较大处,钻头摆动偏向一方。

④钻机底座未安置水平或产生不均匀沉陷、位移。

⑤钻杆弯曲,接头不正。

(2)预防和处理

①安装钻机时要使转盘、底座水平,起重滑轮缘、固定钻杆的卡孔和护筒中心三者应在一条竖直线上,并经常检查校正。

②钻头接头应逐个检查,及时调正,当主动钻杆弯曲时,要用千斤顶及时调直。

③在有倾斜的软、硬地层钻进时,应吊着钻杆控制进尺,低速钻进,或回填片、乱石冲平后再钻进。

3)掉钻落物

(1)掉钻落物原因

①卡钻时强提强扭,操作不当,使钻杆或钢丝绳超负荷或疲劳断裂。

②钻杆接头不良或滑丝。

③电动机接线错误,钻机反向旋转,钻杆松脱。

④转向环、转向套等焊接处断开。

⑤操作不慎,落入扳手、撬棍等物。

(2)预防措施

①开钻前应清除孔内落物,铁件可用电磁铁吸取。

②经常检查钻具、钻杆和连接装置。

③为便于打捞落锥,可在钻头上预先焊接打捞环、打捞杠,或在锥身上围捆几圈钢丝绳等。

(3)处理方法

掉钻后应及时摸清情况,若钻锥被沉淀物或塌孔土石埋住应首先清孔,使打捞工具能接触钻杆和钻锥,然后用打捞叉等工具捞取。

4)糊钻和埋钻

反循环回转钻进中,糊钻的表征是在细粒土层中钻进时进尺缓慢,甚至不进尺出现憋泵现象。

预防和处理办法:对反循环回转钻,可清除泥包,调节泥浆的相对密度和黏度,适当增加泵量和向孔内投入适量砂石解决泥包糊钻,选用刮板齿小、出浆口大的钻锥;若已严重糊钻,应停钻,清除钻渣。对钻孔内径、钻渣进出口和排查设备的尺寸进行检查。

5)扩孔和缩孔

扩孔比较多见,一般表现为局部的孔径过大。在地下水呈运动状态、土质松散地层处或钻锥摆动过大,易于出现扩孔,扩孔发生原因同塌孔相同,轻则为扩孔,重则为塌孔。若只有孔内局部发生坍塌而扩孔,钻孔仍能达到设计深度则不必处理,只是混凝土灌注量大大增加。若因扩孔后继续坍塌影响钻进,应按塌孔事故处理。

缩孔即孔径的超常缩小,一般表现为钻机钻进时发生卡钻、提不出钻头或者异常困难的迹象。缩孔原因有两种:一种是钻锥焊补不及时,严重磨耗的钻锥往往钻出较设计桩径较小的孔;另一种是由于地层中有软塑土(俗称橡皮土),遇水膨胀后使孔径缩小。为防止缩孔,前者要及时修补磨损的钻头,后者要使用失水率小的优质泥浆护壁并须快转慢进,并复钻两三次,直至使发生缩孔部位达到设计孔径要求为止。

6)钻杆折断

钻杆折断常发生在正、反循环回转钻进时。一旦发生折杆,钻机的负荷立即减轻,驱动机械的运转噪声减小,钻进速度接近于零,即使提钻时再钻进也无效,则证明确系发生了折杆故障。

(1)折断原因

①钻进中选用的转速不当,使钻杆所受的扭转或弯曲等应力增大,因而折断。

②钻杆使用过久,连接处有损伤或接头磨损过甚。

③地质坚硬,进尺太快,使钻杆超负荷工作。

④孔中出现异物,突然增加阻力而没有及时停钻。

(2)预防和处理

①不使用弯曲严重的钻杆,要求各节钻杆的连接和钻杆与钻头的连接丝扣完好,以螺套连接的钻杆接头要有防止反转松脱的固锁措施。

②钻进过程中应控制进尺速度。遇到坚硬、复杂的地质,应认真仔细操作。

③钻进过程中要经常检查钻具各部分的磨损情况和接头强度是否足够。不合要求者,应及时更换。

④在钻进中若遇异物,须经处理后再钻进。

⑤如已发生钻杆折断事故,可按前述打捞方法将钻杆打捞上来,并检查原因,换用新钻杆或大钻杆继续钻进。

6.3.6 灌注事故的预防及处理

灌注水下混凝土是成桩的关键性工序,灌注过程中应分工明确,密切配合,统一指挥,做到快速、连续施工,灌注成高质量的水下混凝土,防止发生质量事故。

如出现事故时,应分析原因,采取合理的技术措施,及时设法补救。对于确实存在缺点的钻孔桩,应尽可能设法补强,不宜轻易废弃,造成过多的损失。

经过补救、补强的桩须经认真地检验认为合格后方可使用。对于质量极差,确实无法利用的桩,应与设计单位研究采用补桩或其他措施。

1)导管进水

(1)主要原因

①首批混凝土储量不足,或虽然混凝土储量已够,但导管底口距孔底的间距过大,混凝土下落后不能埋设导管底口,以致泥水从底口进入。

②导管接头不严,接头间橡皮垫被导管高压气囊挤开,或焊缝破裂,水从接头或焊缝中流入。

③导管提升过猛，或测探出错，导管底口超出原混凝土面，底口涌入泥水。

(2)预防和处理方法

为避免发生导管进水，事前要采取相应措施加以预防。一旦发生，要当即查明事故原因，采取以下处理方法：

①若是上述第一种原因引起的，应立即将导管提出，将散落在孔底的混凝土拌和物用反循环钻机的钻杆通过泥石泵吸出，或者用空气吸泥机、水力吸泥机以及抓斗清出，不得已时需要将钢筋笼提出采取复钻清除。然后重新下放骨架、导管并投入足够储量的首批混凝土，重新灌注。

②若是第二、三种原因引起的，应视具体情况，拔换原管重新下管；或用原导管插入续灌，但灌注前均应将进入导管内的水和沉淀土用吸泥和抽水的方法吸出。如系重下新管，必须用潜水泵将管内的水抽干，才可继续灌注混凝土。为防止抽水后导管外的泥水穿透原灌混凝土从导管底口翻入，导管插入混凝土内应有足够的深度，一般宜大于200cm。由于潜水泵不可能将导管内的水全部抽干，续灌的混凝土配合比应增加水泥量，提高稠度后灌入导管内，灌入前将导管进行小幅度抖动或挂振捣器予以振动片刻，使原混凝土损失的流动性得以弥补。以后灌注的混凝土可恢复正常的配合比。

③若混凝土面在水面以下不是很深，未初凝时，可于导管底部设置防水塞(应使用混凝土特制)，将导管重新插入混凝土内(导管内侧再加重力，以克服水的浮力)。导管内装混凝土后稍提导管，利用新混凝土自重将底塞压出，然后继续灌注。

2)坍孔

在灌注过程中如发现护筒内泥浆位忽然上升溢出护筒，随即骤降并冒出气泡，应怀疑是坍孔征象，可用测探仪探头或测深锤探测。如测深锤原系停挂在混凝土表面上未取出的现被埋不能上提，或测深仪探头测得的表面深度达不到原来的深度，相差很多，均可证实发生坍孔。

坍孔原因可能是护筒底脚周围漏水，孔内水位降低，或在潮汐河流中涨潮时，孔内水位差减小，不能保持原有静水压力，以及由于护筒周围堆放重物或机械振动等，均有可能引起坍孔。

发生坍孔后，应查明原因，采取相应的措施，如保持或加大水头、移开重物、排除振动等，防止继续坍孔。然后用吸泥机吸出坍入孔中的泥土；如不继续坍孔，可恢复正常灌注。

如坍孔仍不停止，坍塌部位较深，宜将导管拔出，将混凝土钻开抓出，同时将钢筋抓出，只求保存孔位，再以黏土掺砂砾回填，待回填土沉实时机成熟后，重新钻孔成桩。

3)埋管

导管无法拔出时称为埋管，其原因是：导管埋入混凝土过深，或导管内外混凝土已初凝使导管与混凝土间摩阻力过大，或因提管过猛将导管拉断。

预防办法：应按前述要求严格控制埋管深度一般不得超过6m；加速灌注速度；应事先检查导管接头螺栓是否稳妥；提升导管时不可猛拔。

若埋管事故已发生，初时可用链滑车、千斤顶试拔。如仍拔不出，凡属并非因混凝土初凝流动性损失过大的情况，可插入一根直径稍小的护筒至已灌混凝土中，用吸泥机吸出混凝土表面泥渣；派潜水工下至混凝土表面，在水下将导管齐混凝土面切断；拔出小护筒，重新下导管灌注。

4)灌短桩头

灌短桩头亦称短桩。产生原因:灌注将近结束时,浆渣过稠,用测探锤探测难于判断浆渣或混凝土面,或由于测探锤太轻,沉不到混凝土表面,发生误测,以致拔出导管终止灌注而造成短桩头事故。还有些是灌注混凝土时,发生孔壁塌方,未被发觉,测深锤或测深仪探头达不到混凝土表面,这种情况最危险,有时会灌短数米。

预防办法:

在灌注过程中必须注意是否发生坍孔的征象,如有坍孔,应按前述办法处理后再续灌。

测深锤不得低于规范规定的重力及形状,如系泥浆相对密度较大的灌注桩必须取测探锤重力规定值。重锤即使在混凝土坍落度尚大的情况下也可能沉入混凝土数十厘米,测探错误造成的后果只是导管埋入混凝土面的深度较实际的多数十厘米;而首批混凝土的坍落度到灌注后会越来越小,重锤沉入混凝土的深度也会越来越小,但测深还是准确的。

灌注将近结束时加清水稀释泥浆并掏出部分沉淀土。

处理办法可按具体情况参照前述接长护筒;或在原护筒里面或外面加设护筒,压入已灌注的混凝土内,然后抽水、除渣,接浇普通混凝土;或用高压水将泥渣和松软层冲松,再用吸泥机将混凝土表面的泥浆沉渣吸除干净,重新下导管灌注水下混凝土。

6.4 承台施工

6.4.1 工程概况

红岛互通立交承台共计169座,主线桥范围承台共计73座。匝道桥承台共计96座。承台平面尺寸为6.45m×6.45m,6.8m×6.8m,6.8m×3.2m,10.2m×6.45m,12.4m×6.8m五种,承台顶面高程为0.3m,底面高程为-2.7m,厚度为3.0m。李村河互通立交共计323座承台。其中主线桥承台共计158座。匝道桥承台共计165座。承台平面尺寸海中除主线36号墩承台为6.95m×6.95m外,其余均为匝道6.45m×6.45m的圆倒角承台,陆上承台为2.9m×2.9m,6.45m×3m,7.5m×3m三种尺寸。承台顶面高程除海中墩承台为0.3m外,其他均根据地面高程有变化,承台高度2.5m。

6.4.2 施工方法

红岛互通立交工程位于胶州湾内,胶州湾红岛区域20年一遇极端高潮位为+3.04m,极端低潮位为-3.20m。地质状况一般为淤泥质亚黏土、亚黏土、砂砾、安山岩、玄武岩、流纹岩。覆盖层在主线处最大有35.7m,向海岸逐渐抬升,到连接线0~6号墩处岩层裸露,持力层为弱风化流纹岩。海床高程从-5.5m过渡到0.45m。根据海水深度、地形、地质情况,整个标段承台底面均位于海水面以下,且承台均位于浅水区,最大水深不大于5m。考虑本合同不同地质条件、潮汐影响和工期要求等因素,拟采用吊箱围堰进行承台施工。考虑到侧板单壁节省材料,加工方便,拼装简单,质量容易控制,投入少,工期短,承台施工最终采用单壁钢吊箱围堰施工方案。

李村河互通立交所在海域为规律的半日潮，涨潮最大流速为76cm/s，落潮最大流速为48cm/s，20年最高潮位3.04m，最低潮水位为-3.20m。地质状况一般为淤泥质亚黏土、亚黏土、砂砾、玄武岩、安山岩。海底面高程为-0.9~-1.8m，从海底面至-6.75m均为淤泥质亚黏土，地层比较松软，适宜于采用围堰施工。本桥海中承台底高程为-2.2m，承台处平均水深3m，此时该海域的潮水相对较低，经过技术经济比较，承台施工采用钢管桩插板围堰施工，围堰施工方法见钢管桩插板围堰施工方案。

由于红岛互通立交和李村河互通立交承台的施工均采用围堰施工，但选用的围堰形式不同，将对两种围堰形式分别进行详细的说明，并对承台的施工工艺做统一叙述。承台施工工艺流程图如图6.4-1所示。

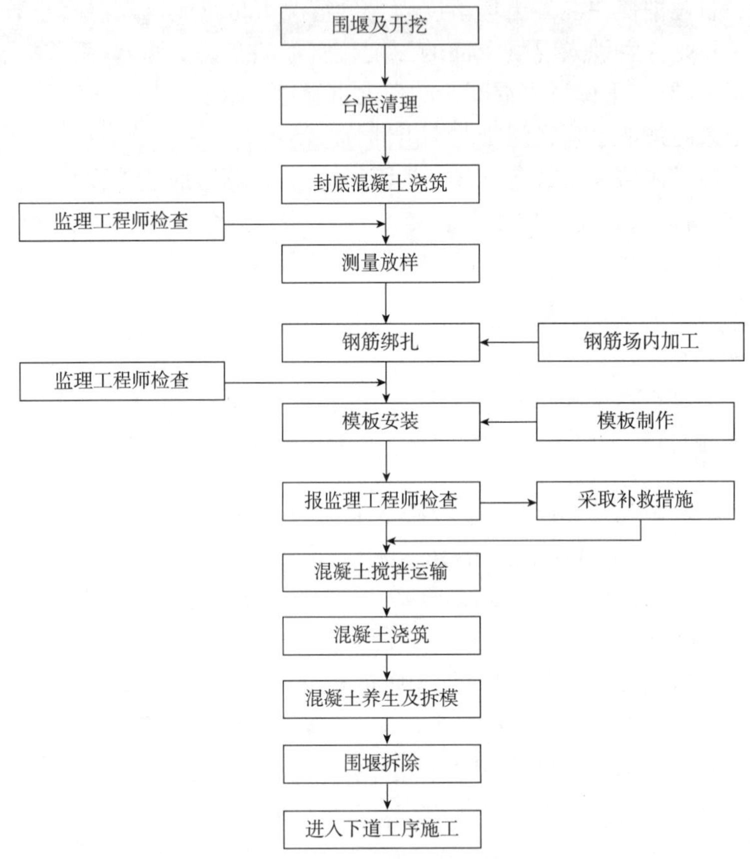

图6.4-1　承台施工工艺流程图

6.4.3　围堰施工

6.4.3.1　红岛互通立交围堰施工

1)钢吊箱结构尺寸

综合各工况条件、水位条件和承台结构尺寸，确定钢吊箱尺寸：吊箱底板平面内净尺寸：8.05m×8.05m(承台平面尺寸为6.45m×6.45m，吊箱底板平面每边比承台平面尺寸宽出0.8m，即侧板内边缘到承台外边缘距离为0.8m，此为普通承台吊箱形式，其他吊箱类型根据承台尺寸进行调整)；侧板顶面设计高程：+3.30m(保证承台施工在干燥无水的条件下进行，当施工水位接近+3.30m时，增设1.0m防浪板)；底板顶面设计高程：-3.70m(封底混凝土厚度为1.0m，承台底高程为-2.70m)；内支撑高程：+0.6m和+3.0m。

2)钢吊箱细部构造

(1)底板

吊箱底板由面板和纵横梁组成，底板总净平面尺寸为8.05m×8.05m，底板高0.554m，质量为11.023t。纵梁为I10工字钢，以40cm间距满铺在横梁上；横梁为4组I45a双肢工字钢。面板为$\delta=4$mm钢板，在护筒位置处根据护筒中心坐标、护筒倾斜度及拼装平台高程进行开孔，孔径1.9m，对于底板和护筒间的空隙采用胶皮结合钢板进行堵漏。面板之间焊接连接。底板面板直接铺放在下部型钢框架上，利用和侧板连接时的螺栓孔位及侧板压力进行限位固定。为了防止底板面板脱离，在吊箱入水后利用水泵结合侧板上的开孔对称的向吊箱内注水，保持内外水头一致；纵梁分块焊接，直接铺放在横梁上，护筒外侧悬臂纵梁和横梁焊接连接；底板吊杆侧采用L10×100的角钢进行加强，加强角钢焊接在底板面板上，和侧板角钢相扣，非吊杆侧采用L160×100×10的角钢加强，在加强角钢上开孔，间距50cm，将螺母焊接在角钢下面，利用Φ28圆钢套丝，采用长螺杆连接底板和侧板，螺杆的拆除水上进行。

底板拆除时，解除吊杆限位，水上拆除螺杆，则底板纵横梁和面板自动分离，吊出纵横梁分块，周转使用。

(2)侧板

侧板为单壁结构，在设置吊杆的两侧上节吊箱分块制作，其他均整块制作，整个侧板分为4m(下节)、3m(上节)两节。[8槽钢做纵肋，间距分别为45cm(上节)、35cm(下节)；横肋为I36a工字钢，间距1.0m；外侧竖肋为I45a工字钢，在端部开孔作为吊点，同时在侧板分块位置处加一根I45a工字钢进行加强连接(上下节通长)，在侧板分节的上下两端各设一根I20a工字钢进行加强；面板采用5mm的钢板，和槽钢焊接连接。侧板总重418kN。

侧板分块的原则主要是为了便于加工和运输，避免产生超标变形。吊箱侧板与侧板之间、非吊杆侧侧板与底板之间均采用螺栓连接，缝间设置5mm橡塑板以防漏水，吊杆侧侧板和底板连接采用L10×100角钢相扣，进行限位(侧板之间的连接螺栓间距25cm)。

侧板的作用：与底板(包括封底混凝土)共同组成阻水结构，变承台及部分墩身水上施工为陆上施工，另一作用是为承台施工的模板支立、承台防腐处理提供工作空间。为了保持吊箱内外水头一致，结合桥位区潮水情况及封堵的实施，在吊箱吊杆侧侧板上对称开2个直径10cm的圆孔，开孔位置高程-1.0m(距底板高度2.7m)。

(3)吊箱内支撑

内支撑由内圈梁、水平斜撑两部分组成。

内圈梁：内圈梁设两层，设在吊箱侧板的内侧，高程为+0.50m和+3.0m处，内圈梁为双肢I25a工字钢，内圈梁之间采用螺栓连接。内圈梁的作用主要是承受侧板传递的荷载，并将其传给水平斜撑杆。

水平斜撑：为八字形支撑结构，杆端与内圈梁利用螺栓连接成一体，水平斜撑由I20a工字钢组成，在端部及内圈梁上加连接板。

(4)吊箱吊挂系统

吊挂系统由贝雷梁、吊杆梁、平台横梁、扁担梁、支撑梁、吊杆及钢护筒组成,吊挂系统的作用是承担吊箱自重及封底混凝土的重量,同时利用吊杆对侧板进行限位,增强模板的整体稳定性。

贝雷梁:贝雷梁共设2层,第一层为设在钢护筒顶的2组6m长贝雷,第二层为2组12m长的贝雷,放在第一层贝雷上。每组贝雷由两排贝雷梁组成,两排贝雷梁间距45cm,对称于护筒中心放置。贝雷梁的作用是支撑吊杆梁及平台横梁,并将荷载传递至护筒。

吊杆梁:吊杆梁设置在贝雷梁上,共2排,由2I45a工字钢组成。纵梁的作用是支承吊杆,并将吊杆荷载传递给贝雷梁。

平台横梁:平台横梁设置在贝雷梁上,共2排,由2I45a工字钢组成。平台横梁的作用是为吊箱下放及封底混凝土施工提供工作面。

扁担梁:扁担梁设置在吊杆梁及平台横梁上,共4排,由2I25a工字钢组成,扁担梁的作用是为纵梁上吊杆螺母的安装提供空间,同时在其上铺设支撑梁,安放千斤顶。

吊杆:吊杆是由ϕ32mm精轧螺纹及与之配套的连接器、螺母组成,共8根吊杆,吊杆下端通过焊接在横梁上的螺母固定到底板横梁上,上端固定到吊挂系统的吊杆梁上。在底板上共设置2排吊杆,位于底板两端,通过侧板上的支撑梁对吊杆侧侧板进行限位。封底混凝土达到90%以上强度时,抽水准备承台施工。吊杆的作用是将吊箱自重、封底混凝土的重量传给吊杆梁。在施工过程中,对吊杆要充分保护好,禁止碰撞,以免影响施工的安全。

(5)吊箱定位系统

钢吊箱下沉入水后受流水压力的作用,吊箱围堰会发生漂移,为便于调整吊箱位置,确保顺利下沉,在吊箱侧板内壁与钢护筒之间设三层导向系统,第一层设在距围堰底板1.5m处,第二层设在距围堰底板3.8m处,第三层设在距围堰底板6.0m处,每层4个导向。导向系统由导向钢板、定位器(短型钢)及调位千斤顶组成。导向板为厚度$\delta=10$mm钢板,端部制成圆弧,利用定位型钢分别焊于吊箱4个角部位的侧板上,导向板端部至钢护筒外壁之间留一定的空隙;导向钢板的作用是控制下沉吊箱的平面位置。调位时用调位千斤顶进行。定位是在吊箱下沉到位后,封底混凝土凝固前,为防止水流压力、波浪力及靠船力等动荷载对自由悬挂的钢吊箱发生挠动,影响封底混凝土质量而设置固定装置。定位主要利用钢护筒的稳定性将下沉到位的钢吊箱通过定位器与钢护筒连成整体达到钢吊箱的定位。

3)施工准备

(1)工程测量

结合本工程的实际情况,在桩基施工完毕后用全站仪测出各护筒的中心坐标及护筒垂直度,计算出承台中心和各护筒中心及承台对角线的方位角及距离,将承台中心转换到吊箱底板中心,利用计算出的方位角和距离将各护筒中心转换到吊箱底板上,然后进行底板开孔。钢吊箱的定位采用全站仪放出吊箱对角线的方位角及角点到承台中心的距离,据此进行调整定位。

(2)施工现场准备

首先拆除钻孔平台上部结构,割除平台内钢管桩的连接支撑和护筒之间的泥浆连通管。

用浮吊配合振动锤拔除平台内的钢管桩。拔除时,要先使振动锤急振,使钢管桩周围土层充分液化后再行拔除。

用特制大型筒刷刷洗护筒,筒刷采用 14mm 钢板卷制,直径比护筒直径大 30cm,高度 100cm。用废旧钢丝绳设三排,利用吊机或浮吊吊起筒刷对封底混凝土部位作重点刷除,以确保封底混凝土与护筒之间的黏结效果。

4)钢吊箱施工

(1)吊箱拼装及下沉

底板:底板面板在钢构件加工场加工制作试拼合格后用挂车运输至平台位置,根据现场实测的护筒平面位置,并充分考虑护筒的垂直度情况,开挖底板孔洞,孔洞的直径要大于护筒直径 10cm。底板型钢分块制作,现场拼装。型钢拼装完成之后,安装封堵板,拼装侧板,围堰入水。

侧板:吊箱侧板下节不分块,上节仅在吊杆侧进行分块。先将侧板下节按顺序提前运至墩位处,利用浮吊结合倒链对称悬挂安装下节侧板。在下节侧板拼装的同时完成吊挂系统的安装。吊挂系统就绪后,下放吊箱给上节吊箱的拼装提供工作面。由于吊杆从侧板的中间穿过(型钢空隙间),故上节侧板拼装过程中需要进行体系转换。首先悬挂安装未设吊杆两侧的上节侧板,然后将这两块侧板和平台横梁连接。同时在吊杆侧下节侧板横肋上安装支撑梁,安装吊杆侧上节分块时,将吊杆固定在下节侧板上(利用侧板的连接托起底板),装上侧板分块后,连接吊杆,转换体系,上节吊杆侧的侧板分块依次进行安装。侧板安装完成后,全面检查套箱拼装质量和封堵板情况,确认无遗漏后,套箱下沉。安装侧板的关键是确保侧板的密封性,拼缝间设置 5mm 橡塑板以防漏水。每块侧板焊缝均进行煤油渗透试验。待封底混凝土达到设计强度的 90% 以上后,割除护筒,将吊杆固定在上节吊箱侧板横肋的支撑梁上,保证吊箱的整体稳定性。

内支撑:内圈梁利用牛腿固定在侧板上,水平斜撑栓接在内圈梁上,内圈梁四角牛腿加密。

套箱下沉利用 4 台 30t 液压穿心千斤顶,用精轧螺纹螺母来调整各吊点高程,每次升降高度严格控制在 150mm 以内,沉放时,要有专人指挥,协调一致,以确保套箱下沉的平稳安全,避免扭曲变形。若吊箱下沉过程中箱内水面明显低于箱外水面,用两台水泵对称向箱内抽水。

套箱下沉到位后,利用侧板顶面高程(+3.30m)控制沉放高度。

防浪板:吊箱拼装下沉完成后,根据气象水文情况在吊箱侧板顶部加焊 1m 高防浪板,以防水位过高时海水灌入吊箱中。

(2)吊箱定位与堵漏

由于在围堰侧板设有导向定位装置(该装置是根据护筒的实际偏位设计的),因此,吊箱下沉到位后其平面位置偏差均在施工规范允许误差范围内。用型钢将导向型钢和护筒焊死,确保吊箱围堰在后续的水封施工中不得有平面位移。然后用 4 台千斤顶同时对 8 根吊杆进行调整,使其受力均匀。

护筒开口封堵板用橡胶皮带,将橡胶皮带用螺栓固定在圆形压板上,利用橡胶皮带包紧护筒以达到封堵的目的。套箱下沉到位并精确定位后,由潜水员下水检查,以确保封堵效果。

在灌注封底混凝土前，要及时搭建临时施工平台，以便于施工人员进行施工。

(3)灌注封底混凝土

封底混凝土的作用：一是利用封底混凝土与护筒之间的黏结力作为平衡重的主体；二是防水渗漏；三是抵抗水浮力在吊箱底部形成的弯曲应力；四是作为承台的承重底模。

封底混凝土采用一次封底法，待混凝土达到设计强度的90%以上后，进行箱内抽水，抽水时应限制抽水速度，密切观察套箱状况，以确保安全。抽水后，套箱侧板拼缝处如有个别漏水处，要用棉纱或棉絮进行封堵处理。

封底混凝土灌注是吊箱围堰施工成败的一大关键。主要难点是水下混凝土灌注面积大，而且水位深，在吊箱混凝土封底中，采用多根导管，由于是水下灌注，浇筑效果可能无法达到设计状态，而混凝土随时可能被水冲刷稀释而离散，质量难以保证。为了保证混凝土质量，在施工过程中采取以下几点措施：

①吊箱下沉前，用自行研制的大型圆筒形钢丝刷清除封底混凝土高度范围护筒表面氧化层及附着物，确保封底混凝土与钢护筒间黏结力；吊箱定位后至水封前，每天测量其平面位置，观察吊箱是否稳定。

②水封前潜水员逐一对4根护筒四周进行认真检查，以确保封底时围堰底板不漏混凝土。

③提高封底混凝土坍落度，将混凝土坍落度控制在18～20cm，另外掺加粉煤灰和高效缓凝型减水剂，提高混凝土的流动性，延长混凝土的初凝时间。

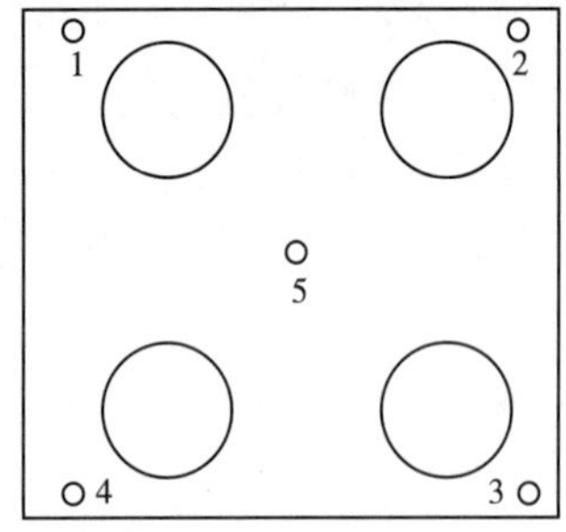

图6.4-2　浇筑封底混凝土导管布置图

封底混凝土采用泵送混凝土法多点快速灌注，采用3排5根导管(导管的作用半径按规范取 $R=4.0$m，导管直径30cm)，导管下端距离吊箱底板距离为20cm，灌注顺序为1—2—3—4—5。用工字钢作为导管固定架，并用卡环卡紧导管，待混凝土浇完以后再提出导管(图6.4-2)。整个封底利用一台HZS80拌和站和一台HZS60拌和站同时启动，每小时拌和混凝土能力为140m^3左右。灌注过程中要用垂球随时测量控制好混凝土顶面高度，尽量使混凝土顶面平整。

混凝土运输采用混凝土罐车6台，采用混凝土输送泵和汽车泵各一部同时灌注。为保证封底混凝土厚度一致，在导管上设置附着式振动器，测量封底混凝土顶面发现混凝土堆积时开动振动器，找平顶面。振动过程中要控制好振动时间，以确保混凝土良好结合。根据计算首盘混凝土方量6m^3，加工大型储料斗，按水下混凝土灌注方法进行封底施工；由于侧板上对称开了两个连通孔，整个浇筑过程中吊箱内外水头一致，底板基本不受扰动，保证了封底混凝土和吊箱的良好黏结。封底混凝土浇筑过程中在混凝土顶面内预留一30cm的沙桶，以便抽水阶段的施工。

吊箱围堰封底混凝土厚度1.0m，封底净面积54.6m^2，采用C20封底混凝土共计54.6m^3。

封底混凝土达到90%以上强度后，抽出吊箱内积水，转换支吊系统，割除护筒，凿除桩头及护筒侧部分封底混凝土，焊接钢带骨架，进行承台施工。

5)机具设备

承台施工机械设备配备见表6.4-1。

承台施工机械设备配备表　　表6.4-1

机械名称	规格型号	额定功率(kW)[或容量(m^3),或吨位(t)]	数量(台)
柴油发电机	310GF	310kW	2
	250GF	250kW	1
电力变压器	S11-500kVA	500kVA	7
混凝土拌和站	HZS60	$60m^3/h$	1
	HZS80	$80m^3/h$	1
混凝土运输车	MR60-S	$6m^3$	6
吊车	QY25	25t	2
	QY16	16t	2
装载机	ZL40G	$2.2m^3$	2
履带吊	QUY50	50t	2
驳船		500t	2
交流电焊机	BX1-400	29kVA	20
钢筋调直机	GJT4/14		2
钢筋切断机	GQ40	5.5kW、40mm	2
钢筋弯曲机	GW6/40B	4.5kW、40mm	3
镦粗机	ZFD40 型	3.8kW	2
拖轮		160kW	1
卷板机	W11-16×2000A	22kW	1
水泵	PJ150×4	4kW	18

6.4.3.2 李村河互通立交围堰施工

1)锁口钢管桩插板围堰构造

(1)钢管桩

根据工程所在地现有地质资料,锁口钢管桩的特点、施工工艺等方面的情况,选用 $\Phi400\times8mm$ 型钢管桩,$\Phi400\times8mm$ 型钢管桩宽度适中,抗弯性能好,其主要技术参数为:$W=946583.48cm^3$,$g=77.3kg/m$。依地质资料及作业条件决定选用钢管桩的长度为12m,要求锁口钢管桩入土深度达桩长0.5倍以上。

为了使插板顺利插入,选用在钢管桩的每一侧焊接两根长6m槽口相向的20a槽钢,来作为插板插入时的轨道(图6.4-3、图6.4-4)。角桩的两锁口呈90°夹角(图6.4-5、图6.4-6)。

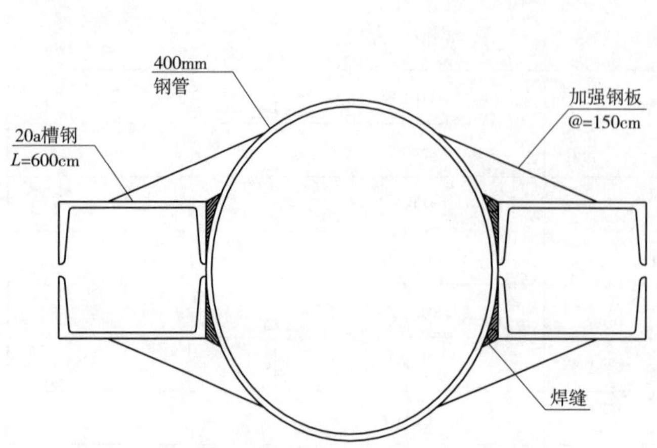

图 6.4-3　锁口钢管桩中间桩断面示意图

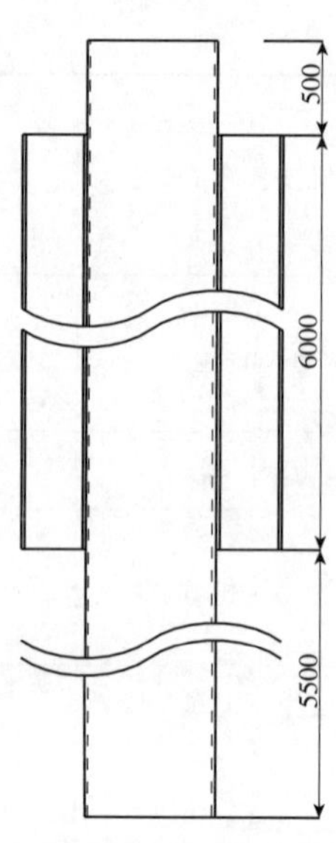

图 6.4-4　钢管桩中间桩侧面图(尺寸单位:mm)

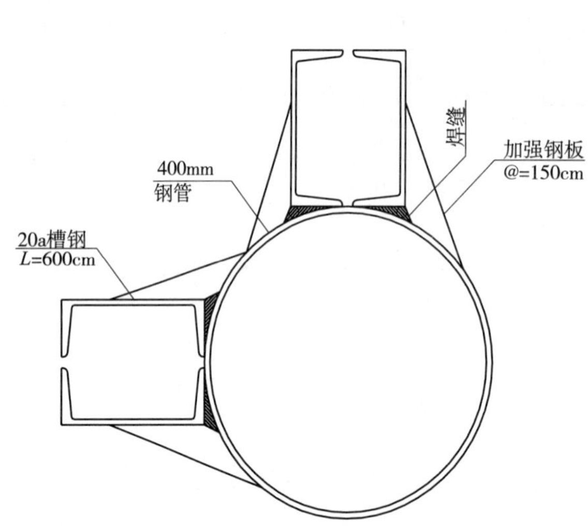

图 6.4-5　围堰钢管桩角桩断面示意图

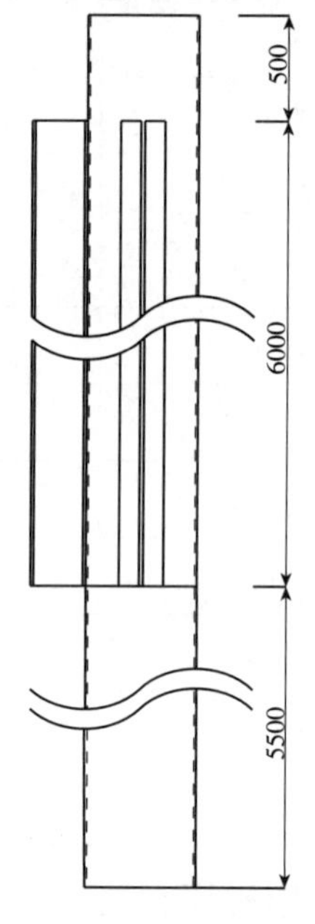

图 6.4-6　钢管桩角桩侧面图(尺寸单位:mm)

(2)插板

插板利用旧模板改制,宽度为 2.0m,高度为 6.0m,厚度为两层 5cm 厚的模板拼装焊接,考虑后期插板的回收,两模板的光面均朝向外侧。然后在两焊接成型的模板两个 6m 的长边各焊接一根长度为 6m 型号为 28a 的工字钢,作为插板打入时的导向装置(图 6.4-7、图 6.4-8)。

(3)围堰

围堰由 12 根直径 400 × 8mm 钢管正方形组成,平面尺寸 9m × 9m,围堰四周采用钢板,与钢管铰接,围堰角部组成局部受力结构,局部斜撑采用 2 根 16 号槽钢,槽钢与钢管铰接,间距 1.5m,围堰顶部采用直径 400 × 8mm 钢管连接。

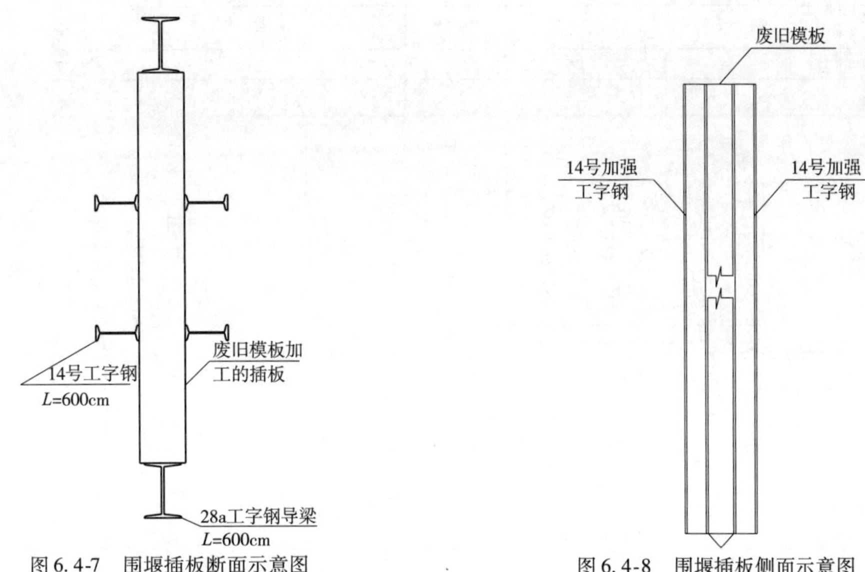

图 6.4-7 围堰插板断面示意图

图 6.4-8 围堰插板侧面示意图

2）施工准备

（1）材料准备

在围堰制作前准备足够的 $\Phi400\times8$mm 钢管桩、20a 槽钢等材料；加工插板所需的大量的废旧模板、12a 工字钢、28a 工字钢、75mm×6mm 等边角钢；保证锁口钢管桩与插板提前加工制作，加快围堰施工速度。

（2）锁口钢管桩的加工制作

围堰锁口钢管桩设计的桩长为 12m，达不到设计长度的接长至设计长度。钢管桩在接长时一定要保证顺直，最大旁弯不得超过 2cm。钢管桩在焊接时采用破口焊，其焊接应符合钢结构焊接技术规范。

在钢管桩接长至规定长度后即进行插板导轨的焊接，导轨采用两根长度为 6m 槽口相向的 20a 槽钢。两根槽钢之间的间距（槽口）宽度 1.5cm，以利于插板的导梁能顺利插入。槽钢与钢管桩之间的焊接采用满焊，不得间断，且不得有砂眼或漏焊等缺陷，以免海水通过砂眼渗透进入围堰内。

为了保证钢管桩与两侧的槽钢的焊缝在施打过程中不开裂，在槽钢与钢管桩之间用三角铁板加强（图 6.4-5），铁板的厚度为 8mm，边长为 15cm，沿钢管桩轴线方向的间距为 100cm。

（3）围堰插板的制作

首先把废旧模板拼装焊接成长度为 6m，宽度为 2m 的大块板，模板与模板之间的拼缝采用焊接，保证插板封水严密。模板拼接时光面向外，背靠背拼焊。

为了增加板的刚度，保证插打时不变形，在拼板的两侧各加焊两根 14 号工字钢，工字钢的长度同插板的长度。

插板的两个竖向侧面，每边均焊接 28a 的工字钢作为导梁，以利于插板沿钢管桩两侧的导轨顺利下插，工字钢导梁与插板之间采用不间断焊接，并保证焊接的质量。

3）双层插板桩锁口围堰施工流程

图 6.4-9 为双层插板锁口桩围堰方案示意图。

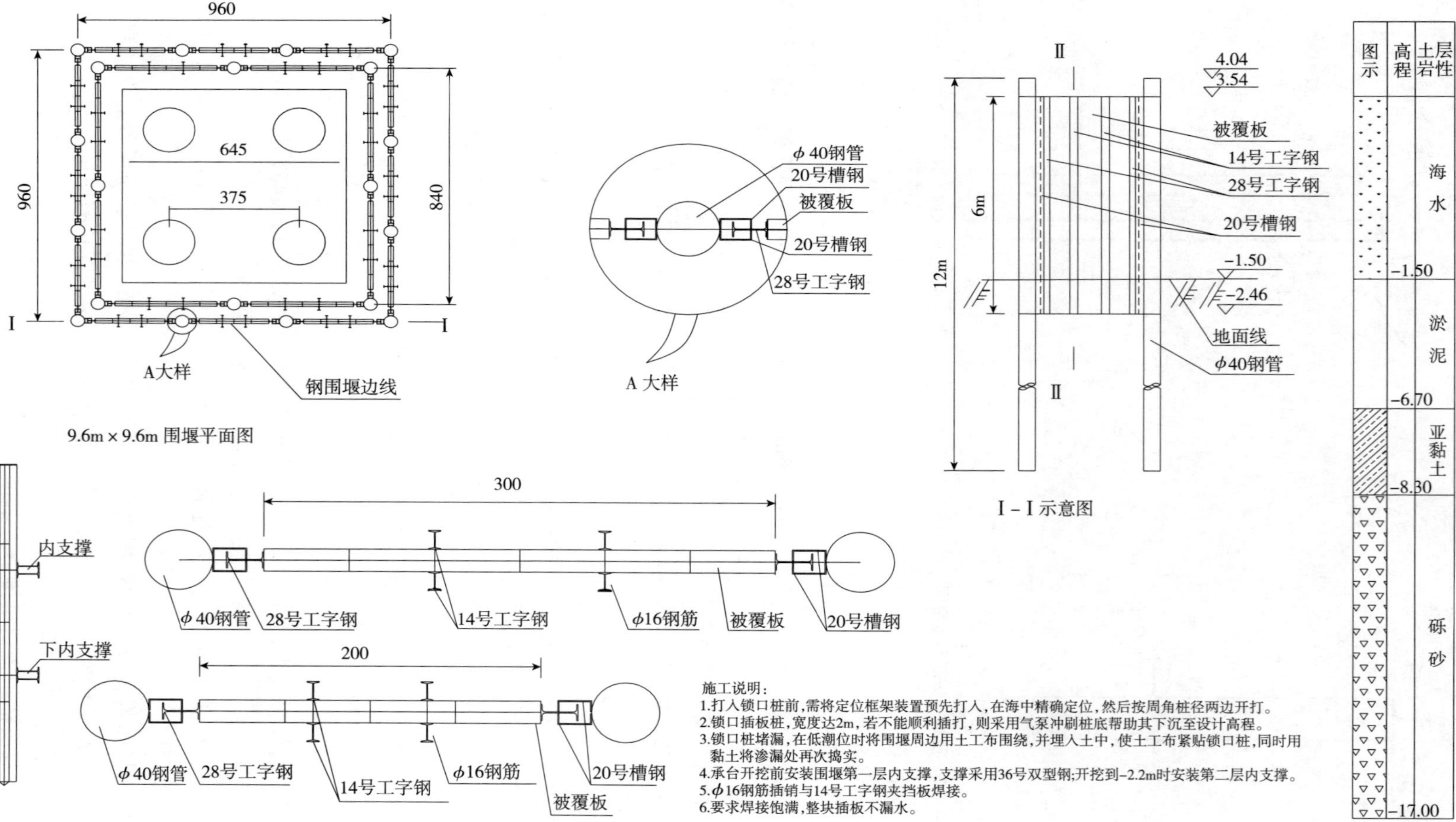

图 6.4-9　双层插板锁口桩围堰方案示意图(尺寸单位:mm)

双层插板桩锁口围堰施工流程如图6.4-10所示。

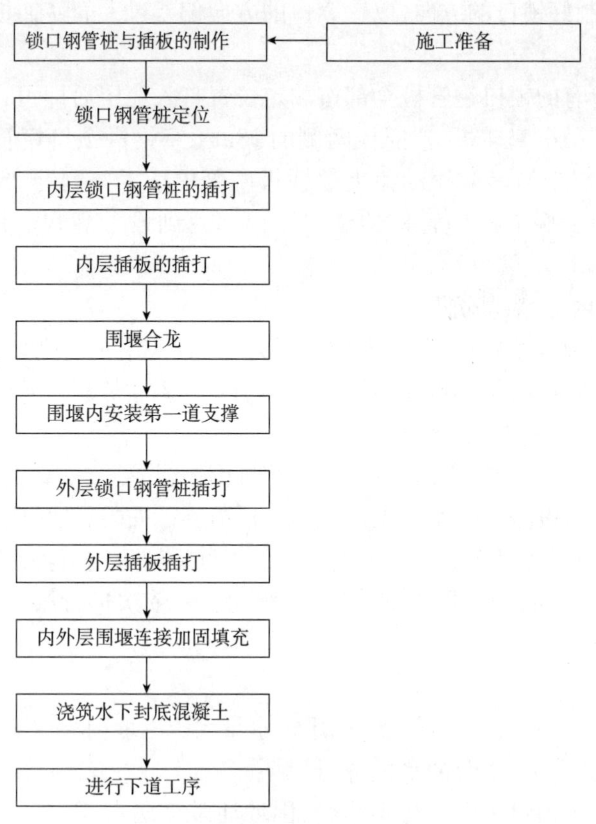

图6.4-10　双层插板桩锁口围堰施工流程

4）锁口钢管桩插板围堰的施工工艺

（1）锁口钢管桩的打入

锁口钢管桩在场内焊接完毕后，用拖车通过栈桥运至施工现场，在锁口钢管桩插打前进行检查，在装车运输、卸车的过程中如产生撞伤、弯扭及锁口变形等情况，需经过修补达到使用条件后方可使用。

根据现场在低潮位能露出海底的施工条件，在低潮位时，利用全站仪或GPS全球定位系统对锁口钢管桩进行定位，随即利用50t的履带吊吊住振动锤，用振动锤的液压钳卡住锁口钢管桩的一侧桩壁，开动油泵，打开供油阀门，使液压钳夹紧锁口钢管桩桩壁，达到一定的油压，关闭供油阀，稳住油压力。然后振动锤和锁口钢管桩按测定的位置插入地层，再进行锁口钢管桩的竖直度调整，竖直度的控制采用全站仪和经纬仪从两个相互垂直的方向进行，锁口钢管桩的竖直度应不大于1.5%。

当锁口钢管桩的垂直度调整至允许范围内后即开动振动锤，锁口钢管桩在振动锤的振动作用下下沉，下沉过程中履带吊的钓钩始终保持受力，控制钢管桩的下沉速度和垂直度，在钢管桩的打入深度超过50%后，方能加速下沉，但钓钩仍应保持受力状态，当钢管桩下沉至设计位置时，关闭振动锤，停止下沉。锁口钢管桩下沉至设计高程后进行复核，确认平面位置和垂直度均符合要求后方可进入下一锁口桩施工。

进行锁口钢管桩的插打时，首先施工围堰的四根角桩，然后再施工每边的其他两根中间桩，插打时一定要控制好锁口的方向，以免锁口的方向偏差过大而使插板无法插入。

(2)插板的插打

当一个围堰中所有的锁口钢管桩全部按测定位置打入地层后即可进行插板的施工。具体施工方法为用履带吊吊起插板，把插板两侧的28a工字钢沿锁口钢管桩两侧槽钢锁口插入，下沉至海底。用履带吊吊起振动锤夹住插板两侧中任意一侧的28a工字钢，开动振动锤，插板在振动锤的击振下沿钢管桩的锁口下沉。达到设计高程后停锤，进入下一插板施工。

(3)锁口钢管桩内支撑、基坑开挖

在锁口钢管桩围堰合龙后，设置内支撑，方形围堰宜采用平面刚架支撑为宜，四个角设置为三角形，其稳定性较好，又可以做成抽水平台，内支撑的安装由上往下，一边抽水，一边安装，其数量根据水压力和土压力计算决定。

钢围堰内基础开挖，采用的方法是：锁口钢管桩围堰合龙后，安装内支撑，然后采用吸砂泵进行水下开挖。具体做法是合龙后先进行第一道内支撑安装，然后吸泥至设计高程，接着进行水下混凝土的封底，待封底混凝土达到一定的强度后即可进行抽水，当抽水至第二层内支撑设计高程下1m处进行第二层内支撑设置，按此顺序依次进行第三道、第四道内支撑的设置。

(4)围堰内排水

围堰内排水是利用抽水机进行排水，选用排水量大于围堰内渗水量2倍以上的抽水机，抽完围堰内的水，并留有1～2台抽水机备用。

由于锁口钢管桩的锁口之间连接不紧密，围堰通常会漏水，因此在抽水过程中，可采用细麻丝、棉条等材料，在锁口钢管桩内侧嵌塞、塞紧，或者用锯屑加细煤灰在漏缝外侧周围放入，随水夹带至漏缝处自行堵塞。

5)锁口钢管桩插板围堰的拆除

拆除内支撑的顺序与安装时的顺序相反，首先从最底层拆起，在拆除底层支撑前向围堰内抽水达到一定水位，直到围堰内支撑全部拆除完，围堰内外水位相同，方可进行拔桩。拔桩时，可以借助振动锤松动锁口钢管桩，减少锁口钢管桩与土、锁口之间的摩擦力，然后由履带吊吊起。当锁口钢管桩还有较大的摩擦力，振动锤不能吊起时，应在锁口钢管桩上设立支点，用千斤顶协助向上松动，直到履带吊能起吊为止。

6)锁口钢管桩施工中的问题解决办法和锁口桩插板围堰插打作业的技术要点

(1)由于河床地质结构复杂，施工中可能遇到的一些难题，常采用如下几点办法解决：

①钢管桩过程中有时遇上大的块石或其他不明障碍物，导致锁口钢管桩打入深度不够，采用弧形桩绕过障碍物，绕过方向应为远离承台方向，但要注意移动距离不要太大。

②锁口钢管桩杂填土地段挤进过程中受到石块等侧向挤压作用力大小不同容易发生偏斜，采取以下措施进行纠偏：在发生偏斜位置将锁口钢管桩往上拔1.0～2.0m，再往下插打，如此上下往复振拔数次，可使大的块石被振碎或使其发生位移，让锁口钢管桩的位置得到纠正，减少锁口钢管桩的倾斜度。

③锁口钢管桩沿轴线倾斜度较大时，采用异形插板来纠正，异形板一般为上下宽度大于

或小于标准宽度的插板,异形插板可根据据实际倾斜度进行焊接加工。

④在基础较软处,有时发生施工时将邻桩带入现象,采用的措施是把相邻的数根桩焊接在一起,并且在施打管桩的连接锁口上涂以黄油等润滑剂减少阻力。

(2)围堰施工过程中注意的要点

①锁口钢管桩首先打入四根角桩,控制整个围堰的平面位置,然后再进行其他锁口钢管桩施工。在打入锁口钢管桩时应在锁口钢管桩上端系缆风绳两根,履带吊起吊锁口钢管桩接近垂直状态时,利用缆风绳控制锁口钢管桩的方向,防止锁口偏斜。

②用测量仪器定位,一定要保证锁口钢管桩的平面位置、垂直度等符合要求,保证插板的顺利下插。

③当围堰插板插打比较费力时,可在锁口钢管桩锁口内涂黄油,以减少锁口之间的摩擦力。

④锁口钢管桩围堰在施工中应选择河床较低处为合龙面,插打至合龙面时,应精确丈量尺寸,考虑到锁口钢管桩锁口的间隙和锁口钢管桩本身的特点,合龙面尺寸偏差以不应大于±10cm为宜,避免合龙口尺寸过小或过大的现象。

⑤振动锤的夹钳采用液压控制,必须经常检查液压设备,杜绝液压泵失灵,引起锁口钢管桩掉落。

⑥振动锤的电动机在长期超负荷运转时,容易发热烧毁,尤其在硬塑性黏土上打拔锁口钢管桩时更应注意休息。

⑦内支撑除了考虑受力情况外,还应考虑墩身支模时不挡模板,内支撑由上往下设置一边抽水,一边安装,其数量和材料的大小根据水压力和土压力计算决定。在抽水时,发现有明显的渗漏,可在渗漏的围堰外侧放锯末,随着水流由外向内流入,锯末也流入锁口钢管桩缝隙内,从而起到堵漏的作用,也可在围堰的内侧用刮刀将干海带或棉纱插进锁口钢管桩缝隙内。

7)设备、材料

李村河互通立交围堰施工设备材料见表6.4-2。

李村河互通立交围堰施工设备材料表 表6.4-2

序号	设备或材料	规　格	单位	数量	备　注
1	高架履带吊	50t/55t	台	2	
2	振动锤	DZ60/DZ90	台	2	
3	锁口钢管桩中桩	$L=12$m	根	8	一个围堰
4	锁口钢管桩角桩	$L=12$m	根	4	一个围堰
5	插板	2m×6m	块	12	一个围堰
6	电焊机	BX400	台	5	
7	气割设备	氧气乙炔	套	2	
8	工字钢	32a	吨	7.585	
9	其他铁件				

6.4.4 承台施工

1)钢护筒割除

抽干围堰内水后,切割多余的钢护筒至设计位置。

2)桩头处理

封底抽水后,人工配合风镐机械凿除桩头。桩头处理完成后,对桩头钢筋进行清理、调整。

3)封底混凝土面清理、找平

承台钢筋绑扎前,清理封底混凝土表面,对局部高点进行凿除,对低处进行回填,使钢筋绑扎场地平整。清理混凝土时注意尽量不去触动钢筋笼及声测管,以免对深处混凝土造成扰动。

4)钢筋及冷却水管施工

(1)钢筋的检验、存放

①钢筋的检验

钢筋到场后按照要求提供质量保证书(或检验合格证),并进行现场试验,按照要求取样,进行常规试验。

②钢筋的保护及储存

在钢筋存放场地搭设0.5m高的钢筋储存平台,并加盖篷布、彩条布,防止由于暴露于大气而产生锈蚀和表面破损。

不同级别的钢材应分别储存,并设以标志,以便于检查和使用。

(2)钢筋的加工、连接

在钢筋加工、连接过程中由试验室按不同的规格、等级、型式、批次及数量,按规定的抽检频率抽取钢筋的接头,进行跟踪检验,控制钢筋的接头质量。钢筋机械接头、对焊接头及搭接焊接头按照招标文件规定要求执行。

(3)镦粗直螺纹钢筋接头施工

钢筋下料时切口端面与钢筋轴线垂直,不得有马蹄形或挠曲;镦粗头的基圆直径应大于丝头螺纹直径,长度大于1/2套筒长度,镦粗头不得有与钢筋相垂直的横向表面裂纹;不合格的镦粗头切去后重新镦粗,不得对镦粗头二次镦粗。

接头拼接时应使两个丝头在套筒中央位置相互顶紧,拼接完成后套筒每端不得有一扣以上的完整丝扣外露。

(4)钢筋的加工、制作

钢筋的加工、制作,应满足设计和技术规范的要求。制作时在加工场内弯制成型,加工成半成品,到现场绑扎成型。加工好的成品或半成品分类堆放,挂牌标识,上覆下垫待用。

承台钢筋在钢筋加工场加工成半成品运至现场,钢筋运输采用平板拖车,在运输过程中绑扎牢固。承台主筋采用等强度墩粗直螺纹接头连接,其他钢筋绑扎按规范进行焊接或搭接,为保证设计钢筋能正确放置和混凝土浇筑质量,采用劲性骨架架立各层钢筋网片,做到上下层网格对齐,层间距正确,并确保钢筋的保护层厚度。

(5)预埋钢筋及其他预埋件

放样预埋钢筋的位置,预埋时钢筋平面位置用限位框严格控制,确保钢筋位置居中、不偏离设计中心。按照设计预埋支座预埋件或预留支座预埋件孔洞。

(6)冷却水管制作与安装

为确保混凝土质量,承台中埋设一层冷却水管,冷却水管采用直径为 ϕ48mm、具有一定强度、导热性能好的钢管制作,管间连接采用标准连接管件。冷却水管安装时,将其按设计位置固定在支架上,做到管道通畅,接头可靠,不漏水、阻水。冷却水管安装完成后,进行通水检查(6.8m×6.8m 的承台冷却管间距 1.2m;6.45m×6.45m 的承台冷却管间距 1.1m)。

冷却水管的出水口和进水口采取集中布置、统一管理,并标识清楚。水管由潜水泵供水。

温控完成后,冷却管采取压入水泥浆封堵。

承台属大体积混凝土结构,为满足设计要求,须对承台大体积混凝土进行温度控制。主要温控措施如下:

①控制混凝土浇筑温度:防止水泥、砂、石在太阳中暴晒;混凝土泵管用草袋遮盖并洒水降温;提高混凝土浇筑强度,尽量缩短已浇混凝土的暴露时间。

②在混凝土内预埋冷却水管,利用水的循环降低混凝土的温升峰值,冷却水管在混凝土浇筑至其标高后即开始通水,通水流量为 25L/min,根据现场测温结果确定通水时间。通水期间,定时记录冷却水管进、出水口温度。

③控制承台分层之间的浇筑间歇时间。

④加强混凝土的养护和保温。

(7)测温方法

测温点共布置 3×3=9 个,以便掌握混凝土内部实际最高温度,进行适当调整。采用 Φ2.0cm 钢管,测温采用普通水银温度计。承台测温点布置见图 6.4-11。

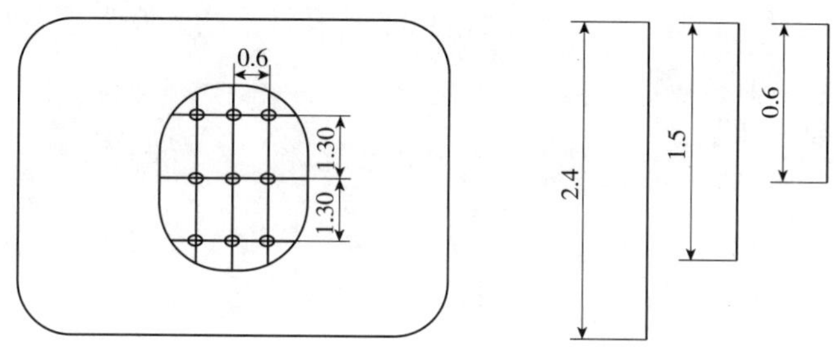

图 6.4-11　测温点布置图(尺寸单位:m)

(8)预留孔压浆

在测温系统及冷却系统完成经监理工程师同意后,立即进行预留孔压浆工作,且应连续操作,孔道压浆采用真空压浆工艺。压浆浆体强度等级不小于该部位混凝土强度等级。孔道压浆的进出口处安装阀门,以防止压浆完成后水泥浆的流出,待初凝后把阀门取下。压浆过程中及压浆后 48h 内结构混凝土温度不得低于 5℃,否则应采取保温措施。当气温高于 35℃时,压浆应在夜间进行。

5)承台模板

承台采用组拼式大块定型钢模板。模板用两层对拉螺杆固定,外侧利用钢套箱围堰设置斜撑及拉杆，或在封底混凝土中埋设钢筋设置斜撑。

浪溅区及以下部分按照《青岛胶州湾大桥土建工程施工技术规范》要求，采用透水模板布养护。

模板布施工工艺：钢模板清理→模板布裁剪→胶水喷涂→粘贴→拼接→四周补胶。具体工艺如下：

钢模板清理：将模板上的杂物、混凝土清除，并进行除锈。

模板布裁剪：根据模板的尺寸裁剪模板布，每边应预留5cm。

胶水喷涂：在模板的面板及四周刷涂一层胶水，也可以采用气泵喷涂，胶水应均匀不流淌。

粘贴：将毡状的一面粘贴模板，从一端开始压实，当出现皱褶时应揭起重贴，确保透水模板布粘贴平滑，无皱褶和气泡。

拼接：对需要拼接的部位两张模板布应先重叠粘贴，再进行剪裁。

四周补胶：在模板四周，拼接处应增加胶量，确保粘贴牢固。

在支立模板时应注意不准模板碰挂钢筋，避免刮破模板布，影响功效。

模板支立完成后在四角设置缆风绳斜拉，缆风绳应固定牢固拉力均匀，以免在墩身浇筑过程中变形。

模板拆除后，使用抹布清理表面附着物，用干抹布揩拭。如模板长时间不用，应拼装起来放置，避免变形。

6）承台混凝土浇筑

（1）混凝土的配合比设计

大体积混凝土的配合比根据实际施工时所采用的砂石料、水泥、粉煤灰及外加剂的性能进行交叉配合比试验，确定最佳的混凝土施工配合比，同时遵循以下总的原则：大体积混凝土应采用低水化热水泥，掺加粉煤灰及外加剂，降低混凝土的入仓温度等措施，以改善混凝土的性能，减小混凝土的水化热。

混凝土的性能要求如下：

①初凝时间：8h；

②坍落度：16～20cm；

③具有良好的流动性、和易性及可泵性。

（2）混凝土浇筑工艺

①混凝土生产。

混凝土由拌和站集中拌制，拌和机全部采用电子计量系统进行配料，确保数量准确。搅拌时间控制在2～3min。

拌制前，检测集料的含水率，并据此调整用水量。混凝土的搅拌应确保其搅拌时间，以使搅拌出来的混凝土均匀、颜色一致、和易性好，不离析、不泌水。

拌出的混凝土在搅拌和浇筑地点分别进行检测。坍落度等技术指标满足施工要求。

混凝土的运输采用混凝土搅拌运输车。运输和等待期间进行不停地搅拌。

②浇筑工艺。

承台混凝土采用2台坐地泵泵送，分层浇筑、振捣。

混凝土浇筑期间，由专人检查预埋钢筋和其他预埋件的稳固情况，对松动、变形、移位等情况，及时将其复位并固定好。

混凝土浇筑完毕后，在顶部混凝土初凝前，对其进行二次振捣，并压实抹平。

7）混凝土施工缝处理、混凝土养护

当承台混凝土的强度达到2.5MPa时，水平施工缝采用人工凿毛，高压气或高压水枪进行清洗混凝土表面的处理方法。

承台混凝土浇筑完后，冷却水管通水，表面浇水养生。当室外日平均气温连续5d低于5℃时，采用冬季养护方案。

混凝土浇筑后立即覆盖保湿，防止混凝土失水，并严禁浇水养护。为避免表面失水产生干缩裂缝，采用湿润的土工布覆盖。

在混凝土浇筑完成后带模覆盖帆布，与套箱形成一个封闭的空间进行保温保湿，保证内部温度不低于10℃，否则在模板拆除后用电热管或煤炭炉子加温。施工现场备有足够数量的温度计，设专人连续观测记录。

6.5　桥墩施工

红岛互通立交桥墩215座，均采用花瓶墩。李村河互通立交共有桥墩851座，其中花瓶墩230座，圆柱墩621座。两座互通立交桥墩的施工工艺相同。桥墩和承台的防腐涂层施工采用同样的施工工艺，故在此不再赘述。

桥墩采用C40海工混凝土。钢筋直径大于或等于25mm的钢筋采用直螺纹套筒机械连接方式，接头等级为Ⅰ级，同一断面50%错开，错开长度大于35d。墩身施工前，将墩身范围之内的承台接触面进行清洗干净。

李村河互通立交桥墩均采用一次浇筑混凝土；红岛互通立交主线、A、B、D匝道、C匝道低墩区采用一次浇筑混凝土，在C匝道高墩区采用分段浇筑施工。根据技术规范的要求，避免在水位变动区和浪溅区设置接缝。浪溅区的范围为-0.99~5.91m，第一次浇筑的高度为8~12m，向上分节浇筑，分节高度为4~6m，最顶上一节变截面一次浇筑。在浇筑新混凝土时，旧混凝土强度必须达到2.5MPa。同时在旧混凝土面上水平缝抹一层厚约10mm的1:2水泥砂浆。

6.5.1　钢筋施工

（1）钢筋的检验、存放。

①钢筋的检验。

钢筋到场后按照要求提供质量保证书（或检验合格证），并进行现场试验，按照要求取样，进行常规试验。

②钢筋的保护及储存。

在钢筋存放场地搭设0.5m高的钢筋储存平台，并加盖篷布、彩条布，防止因暴露于大气而产生锈蚀和表面破损。

不同级别的钢材分别储存，并设以标志，以便于检查和使用。

（2）在钢筋加工、连接过程中由试验室按不同的规格、等级、型式、批次及数量，按规定的抽检频率抽取钢筋的接头，进行跟踪检验，控制钢筋的接头质量。钢筋机械接头、对焊接头及搭接焊接头按照招标文件规定要求执行。

（3）镦粗直螺纹钢筋接头施工。

①钢筋下料时切口端面与钢筋轴线垂直，不得有马蹄形或挠曲；镦粗头的基圆直径大于丝头螺纹直径，长度大于1/2套筒长度，镦粗头不得有与钢筋相垂直的横向表面裂纹；不合格的镦粗头切去重新镦粗，不得对镦粗头二次镦粗。

②接头拼接时应使两个丝头在套筒中央位置相互顶紧，拼接完成后套筒每端不得有一扣以上的完整丝扣外露。

（4）钢筋的加工、制作，满足设计和技术规范的要求。制作时在加工场内弯制成型，加工成半成品，到现场绑扎成型。

（5）加工好的成品或半成品分类堆放，挂牌标识，上覆下垫待用。

（6）墩身钢筋在钢筋加工场加工成半成品运至现场，钢筋运输采用平板拖车，在运输过程中应绑扎牢固。在施工现场人工绑扎成型，钢筋绑扎严格按图纸进行现场放样绑扎，合理调整钢筋的绑扎顺序。绑扎中注意钢筋位置、搭接长度及接头的错开。在钢筋绑扎时，绑扎丝一律弯向钢筋内侧。墩身钢筋一般分成两节制作，在承台、扩基施工时先预埋底节，在现场绑扎上节钢筋。钢筋在绑扎过程中、完成后要设置缆风绳进行固定，防止大风将钢筋刮倒。

（7）预埋钢筋及其他预埋件。放样预埋钢筋的位置，预埋时钢筋平面位置用限位框严格控制，确保钢筋位置居中、不偏离设计中心。按照设计预埋支座预埋件或预留支座预埋件孔洞。

（8）保护层。采用混凝土保护层，预先制作与结构同强度等级的混凝土垫块，垫块的厚度为7.5cm。

加工钢筋和钢筋安装检查项目见表6.5-1、表6.5-2。

加工钢筋的检查项目 表6.5-1

项次	检 查 项 目	规定值或允许偏差	检查方法
1	受力钢筋顺长度向加工后的全长（mm）	±10	按受力钢筋总数的30%抽查
2	弯起钢筋各部分尺寸（mm）	±20	抽查30%
3	箍筋、螺旋筋各部分尺寸（mm）	±5	每构件检查5~10个间距

钢筋安装检查项目 表6.5-2

<table>
<tr><th>项次</th><th colspan="3">检 查 项 目</th><th>规定值或允许偏差</th><th>检查方式和频率</th></tr>
<tr><td rowspan="3">1</td><td rowspan="3">纵向受力钢筋间距（mm）</td><td colspan="2">两排及以上排距</td><td>±5</td><td rowspan="3">用尺量，每构件检查2个断面</td></tr>
<tr><td rowspan="2">同排</td><td>梁、板</td><td>±10</td></tr>
<tr><td>基础、墩台、柱、桩基础</td><td>±20</td></tr>
<tr><td>2</td><td colspan="3">箍筋、横向水平钢筋、螺旋筋间距（mm）</td><td>0，-20</td><td>用尺量，每构件检查5~10个间距</td></tr>
</table>

续上表

项次	检查项目		规定值或允许偏差	检查方式和频率
3	钢筋骨架尺寸（mm）	长	±10	按骨架总数30%抽查
		宽、高或直径	±5	
4	保护层厚度（mm）	基础、墩、台	+10，-0	每构件沿模板周边检查，每边8处

6.5.2 模板施工

墩身施工模板采用定型钢模板，利用25t汽车吊车或履带吊作为起重设备。钢筋在工厂加工制作，运输就位安装。

墩身采用大块整体桁架式钢模板，刚度大、变形小、墩身混凝土中不设对拉杆。模板分成2～3节，顶节6.1m，底节每节高度0.2～6.0m，板块间用螺栓连接。

根据墩身的截面尺寸按照同一类型最高的墩身加工墩身模板。模板制作时上口花瓶段为统一尺寸，下部直线段因高度不同分节制作，施工时不同节段进行组合。按照《青岛胶州湾大桥土建工程施工技术规范》要求，浪溅区及以下部分要求采用透水模板布养护。

6.5.3 混凝土浇筑

浇筑混凝土前，对支架、模板、钢筋和预埋件进行检查，并及时填写检查表格，符合设计后开始浇筑。混凝土的浇筑采用输送泵进行，输送泵放在便桥或平台上。

（1）自高处向模板内倾泻混凝土时，混凝土的自由倾落高度不宜超过2m，以不发生离析为度。当倾落高度超过2m时，通过串筒下落，串筒分节制作，每节长度为1m现场连接。在整个平截面范围水平分层浇筑，混凝土的浇筑均应连续进行、不得随意中断。分层浇筑，每层厚度不大于30cm，并及时振捣。分层布料结束后，立即全面振捣1次。使用50型振捣棒插入振捣，先中间后模板周边按30cm间距插棒振捣。

（2）混凝土的振捣采用插入式振捣棒，振捣棒的移动间距不应超过作用半径的1.5倍，与侧模应保持5～10cm的距离，插入下层混凝土5～10cm，每一处振动完毕后，应边振捣边徐徐提出振动棒，应避免振动棒碰撞模板、钢筋及其他预埋件。对每一振动部位，必须振动到该部位混凝土密实为止。密实的标志是混凝土停止下沉，不再出气泡，表面呈现平坦、泛浆。

（3）混凝土浇筑时设专人随时检查模板、支撑是否松动变形，钢筋、预埋件稳固情况，当发现跑模、漏浆、移位等不良状况时，应及时处理。

（4）浇筑完毕后对外露面进行收浆整平处理。

混凝土浇筑完成后，及时填写施工记录。

6.5.4 拆模及混凝土养护

墩身拆模时不得碰损成型结构物，拆模后，模板应及时加以清理保养。

墩柱混凝土浇筑完成后，及时洒水养护。详细养护方案如下：

（1）在模板内侧粘贴模板布进行带模养护。根据规范要求：浪溅区及以下部分要求采用透水模板布养护，浪溅区范围为 -0.99～5.91m。为保证混凝土的外观质量，高度在 7m 以下的墩身，全部粘贴模板布，高度在 7m 以上的墩身，模板布的粘贴高度为 6m。

（2）养护方法：采用洒水养护，用土工布、塑料薄膜覆盖洒水养护。墩顶覆盖材料为土工布，墩身覆盖包裹材料为土工布、塑料薄膜。在墩身顶部安放水箱，沿墩顶四周布设渗水管自动喷水。在施工过程中有专人负责养护，保持墩顶水箱内水量充足。

（3）混凝土浇筑完成后，待表面收浆后尽快对混凝土进行养护。在刚施工完成的混凝土表面覆盖用水湿润的土工布，待混凝土终凝后再安放水箱布设渗水管，自动喷水养护。混凝土养护用水采用淡水，并按照监理工程师的规定填写养护记录。

（4）本工程混凝土养护时间应不少于 7d，海水中的混凝土养护时间不少于 15d。

（5）注意事项：养护期间，混凝土强度达到 2.5MPa 之前，不得使其承受人员、运输工具、模板、支架及脚手架等荷载。养护用塑料布相邻部分至少重叠 150mm，并用胶带紧密黏合，使整个混凝土表面形成完全防水覆盖。土工布及塑料布进行捆绑防止被风吹动，养护期内土工布或塑料布破碎或损坏时，应立即修补。

桥墩施工工艺流程图如图 6.5-1 所示。

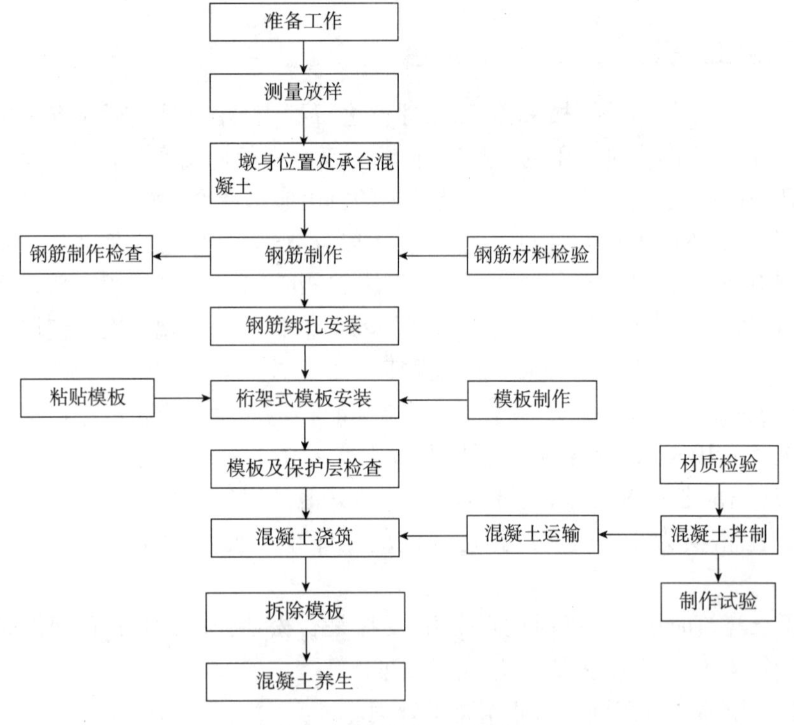

图 6.5-1　墩身施工工艺框图

6.5.5　桥墩防腐涂层施工

依据《青岛胶州湾大桥土建施工技术规范》规定，桥墩下部及承台均为表湿区，采用相同的防腐涂层设计和施工方案。在进行防腐施工前，要确保混凝土表面满足以下要求。

6.5.5.1 混凝土表面处理

在进行防腐施工前,要确保混凝土表面满足以下要求:

(1)涂装前混凝土结构表面应符合技术规范的规定要求。

(2)表湿区混凝土宜采用高压水(压力不小于20MPa)清洁;当混凝土结构采用了提高混凝土表面质量的透水模板措施时,可直接采用各种动力打磨工具的方法。

(3)清理后的混凝土表面,应平整,无油污等影响涂层质量的物质,最后用饮用水冲洗干净,并应避免再次受到海水的污染。

(4)表湿区混凝土表面淡水冲洗后残留在混凝土表面上的水珠、水迹,可用棉布、海绵等吸湿工具抹去,尽量使混凝土表面处于表干状态。

(5)在混凝土涂层上涂装下一道涂层前,应对上一道涂层进行表面清洁,应使用洁净淡水彻底除去涂层上的泥尘、油污等污染物,可用清洁剂清除油污。

6.5.5.2 防腐质量控制关键点

(1)首先清除基层表面尘土和其他黏附物,较大的凹陷用聚合物水泥砂浆抹平,并待其干燥,较小的孔洞、裂缝用环氧胶泥腻子修补。

(2)表面泛碱起霜时用硫酸锌溶液或稀盐酸溶液刷洗,油污用洗涤剂清洗,最后再用高压清水中和洗净。

(3)涂料施工前,先在水泥基体表面试涂并做好试块存档,合格后方能施工。

(4)涂料使用时,搅拌要均匀,不能有沉淀现象,双组分涂料应严格按比例配制,必须有技术员现场指导调配,熟化好的涂料必须在8h内用完。

(5)涂层与涂层的间隔时间,一定要掌握准确,不能少于12h。每遍涂层厚度要均匀,且要达到要求厚度,每遍涂层厚度都要用干湿膜测厚仪测量。

(6)涂料施工时,必须保证钢套隔水箱内的海水不超过桥墩承台底面。

(7)雷雨、大雾、潮湿、大风天气和相对湿度大于85%时严禁施工,温度低于5℃时,8~20m风力大于5级时严禁施工。

6.5.5.3 涂装施工

1)设备、仪器

涂装施工所用设备、仪器见表6.5-3、表6.5-4。

主要施工机械表 表6.5-3

设备名称	型号、产地国	用途、功能规格	数量
卡车	EQ-141	材料运输	2
吊车	5t	升降吊篮	2
施工船	250型	材料运输	2
卷扬机	5t	升降吊篮	2
磨光机	手提式	表面处理	20
空压机	HPY12.5/F	喷涂动力	4
高压水枪	70MPa	表面清洗	6

续上表

设备名称	型号、产地国	用途、功能规格	数量
涂料搅拌机	250L	涂料搅拌	4
无气喷漆机	台	涂料喷漆	6
喷漆枪	把	涂料喷漆	20

主要材料试验、测量、质检仪器设备表 表 6.5-4

序号	仪器设备名称	规格型号	单位	数量
1	磁性测厚仪	TIME CTG-10	台	5
2	硬度测试仪	邵氏 A	台	5
3	吸附温度计		把	5
4	数字温湿仪	COATEST1600	台	5
5	粗糙检测仪	E2	台	5
6	干/湿膜测厚仪	ASDP-12-8	台	6
7	放大镜	10 倍	个	5
8	靠尺	5m	个	10
9	台秤	50kg	台	2
10	台秤	10kg	台	2

2)防腐施工工艺

桥墩表面防腐涂装喷涂施工工艺如图 6.5-2 所示。

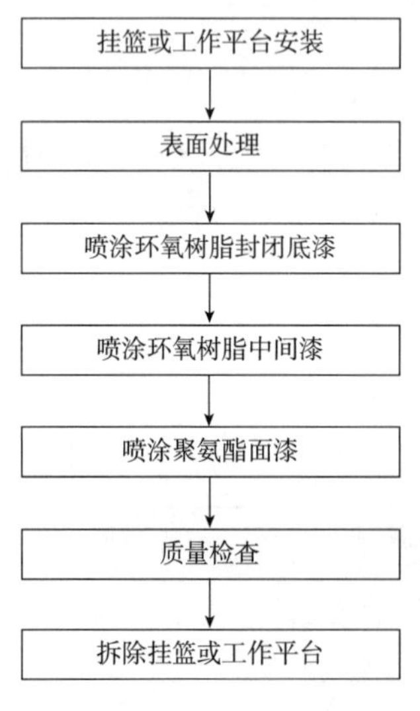

图 6.5-2 桥墩表面防腐涂装喷涂施工工艺

3)施工过程中质量自检情况

涂装前对表面预处理的质量进行检查。涂装过程中,及时测定湿膜厚度,每层涂装要对前一层涂层进行外观检查,发现漏涂、流挂、皱纹等缺陷,及时进行处理。涂膜固化干燥后进行干膜厚度的测定、拉拔力的测定,85% 以上测点达到设计厚度。

自检过程中检测标准主要依据《青岛胶州湾大桥混凝土结构防腐工程施工招标文件》、《海港工程混凝土结构防腐蚀技术规范》(JTJ 275—2000)、《公路工程混凝土结构防腐蚀技术规范》(JTG/T B07—01—2006)。

(1)外观检查

对抽样检测区域进行目视检查,涂层应连续、均匀、平整,没有漏涂、流挂、变色、色差、针孔、裂纹、气泡等缺陷。

(2)附着力检查

①采用拉脱式涂层黏结强度测定仪测定涂层附着力(图 6.5-3)。

②涂层附着力满足大于或等于 1.5MPa 的要求。

③涂装完成 7d 后,使用拉脱式涂层黏结强度测定仪测定涂层系统的黏结强度。每

500m² 作为一个检测组，每组 3 个测定点数，检测时由监理工程师对操作进行旁站监督，检测数据均符合标准。

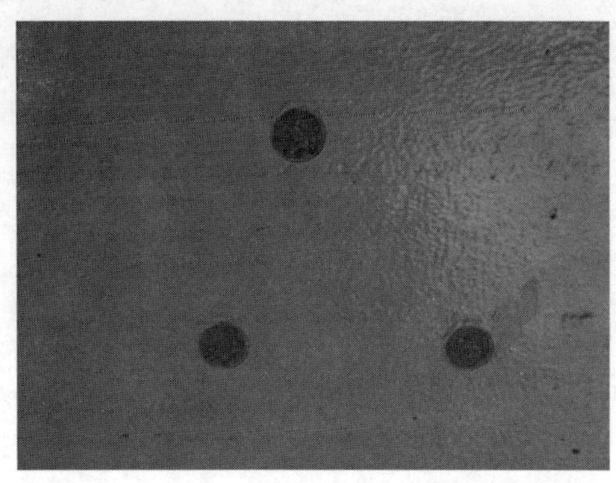
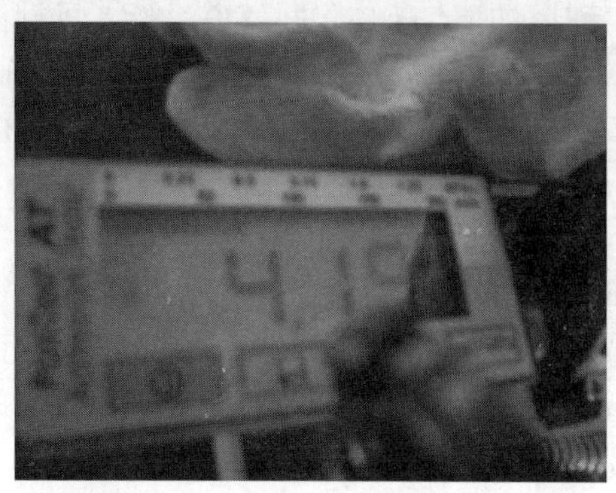

图 6.5-3　涂层附着力测试

(3)涂层厚度检查方法和要求

①使用的测厚仪精度应不低于 ±10%；测厚仪的调节，测量前先在标准块上对仪器进行系统调节，以确保基测量精度，然后分别在标准样块和预处理后的无涂层基体上进行置零比较，其读数为修正值。

②涂装完成后 7d，进行涂层干膜厚度测定。每 500m² 面积作为一个检测组，每组 10 个检测点数，检测时由监理工程师对操作进行旁站监督，检测数据均符合标准。

③表湿区涂层系统的平均干膜厚度不小于 390μm，最小干膜厚度不小于 293μm。

(4)施工注意事项

①封闭漆对混凝土基材应具有良好的润湿性、渗透性、耐碱性和附着力。由于底漆直接接触混凝土表面，所以混凝土表面处理的效果直接关系到整个涂层的附着力、渗透性。梁体长期暴露在空气中，混凝土表面有不同程度的腐蚀、中性化。局部不牢靠物未清理彻底的继续用电动钢丝刷清理，表面附着粉尘用稀释剂擦拭。确保检验合格后进行下道工序的施工。

②封闭漆黏度应适当，以保证渗透性。涂覆应均匀，不得有露底现象。底漆漏喷后，涂层缺少中间漆、面漆与混凝土之间的过渡层，漏喷区域会影响涂层的附着力。喷涂时，喷枪喷雾未能衔接覆盖彻底，或在辊涂施工时不能够按照工艺逐步涂刷，道道递进。现场检查发现的露底问题，应立即重新处理，确保涂层漆膜连续均匀覆盖。

③底漆施工完成后修补混凝土表面蜂窝、麻面，采用环氧腻子补涂表面缺陷。表面缺陷必要时需要多次补涂。对于装饰效果要求较高的部位，需要满刮腻子，并打磨平整后，涂装中间漆。现场施工时发现蜂窝修补部位修补平整度一般，为确保整体涂层结束涂层美观，修补区域用腻子刀刮平，最后用细号砂纸打磨平整。

④中间漆、面漆施工时涂覆应均匀，没有露底，油漆组分混合搅拌时组分匹配，搅拌充分，各层油漆之间不得混用组分，且做到称量准确，按照正确的比例添加稀释剂，确保油漆雾化效果，避免流挂。

⑤现场施工采用辊涂施工时，如发现辊筒更换不及时，辊筒毛随油漆黏附在梁体上，影

响涂层美观及耐久性，施工人员应及时更换辊筒且随施工随处理黏附于梁体的辊筒毛。通过辊涂施工、喷涂施工的现场比较及涂层综合性能评测发现：喷涂施工易于操作、施工方便、不易流挂、油漆与梁体之间各道漆膜之间附着力好于辊涂施工。

⑥中间检验过程中测试拉拔力造成的“圆形”涂层缺失；预制混凝土构件涂层在吊装、运输、安装过程中的破损部位等按以下方法进行修补：

a. 小面积修补。

a）干燥修补部位；

b）清洁修补区域，进行除油去灰工作；

c）修补区域表面处理，可采用打磨的方式进行，确保底基层牢固可靠；

d）如果采用腻子进行填补时，应先涂封闭漆，再使用腻子填补，然后在腻子上面涂装后道涂层；

e）对小面积刷涂时，要多施工几道，确保达到规定涂膜厚度。

b. 大面积涂层修补。

大面积修补程序按照原涂层构件相同的涂料及涂层配套和施工工艺进行。

6.6 预应力混凝土箱梁现浇施工

红岛互通立交共计155孔箱梁，其中79孔采用滑移模架施工，33孔采用满堂支架现浇施工；李村河互通立交共计314箱梁，全部采用满堂支架现浇施工。在此将对海上互通立交箱梁的滑移模架施工工艺进行具体阐述，同时对满堂支架现浇施工中的支架搭设工艺做详细的阐述，并统一叙述现浇箱梁的钢筋绑扎、箱梁浇筑及预应力钢筋张拉等具体施工过程。

6.6.1 滑移模架施工工艺介绍

由于红岛互通立交采用滑模施工的箱梁跨径在44.7～60m之间，箱梁平曲线最小半径 $R_{平}=350\text{m}$，竖曲线最小半径 $R_{竖}=3800\text{m}$，为便于海上滑移模架施工，指挥部会同施工单位共同研发了大跨径小半径曲线桥梁滑移模架，相关技术获得国家级工法和山东省工法。

6.6.1.1 大跨径小半径曲线桥梁滑移模架施工工艺原理及技术特点

1）工艺原理

大跨径小半径曲线桥梁滑移模架包括牛腿、推进平车、主梁、鼻（导）梁、横梁、后横梁、平衡C形梁、外模及内模。

使用该滑移模架可完成箱梁的钢筋绑扎、混凝土浇筑、养护及后续的张拉、压浆等全套工序的工作，能安全、快速、优质地完成箱梁施工：

（1）牛腿支腿和墩身的附着保证了高墩施工的稳定性。

（2）鼻梁和主梁间的铰接顺利实现了模架系统的曲线过孔。

（3）平衡C形梁的连接避免了曲线过孔时的横向倾覆。

（4）后横梁设计既避免了错台，又增强了整体稳定性。

2)技术特点

(1)为防止高墩时的横向滑移失稳,在牛腿横梁与墩身之间设置附着在墩身上的附着装置,以保证墩身和牛腿横梁之间不产生间隙,形成整体,保证稳定。在竖向支腿的桁架与墩身之间设置横向支撑油缸使支腿与墩身顶紧形成整体,确保稳定。

(2)为适应纵移过孔时的高差和平曲线需要,减小前、后鼻梁的受力,前、后鼻梁与主梁连接间采用铰接,铰接处通过液压千斤顶实现鼻梁的水平旋转和竖向旋转。

(3)在滑移模架前后两端均设置了箱形结构的平衡C形梁,将左右主梁连成整体,平衡外模板开模后曲线过孔过程中产生的横向倾覆弯矩。

(4)在滑移模架后端设置了箱形结构的后横梁,将主梁及外模板系统与已浇筑完毕的箱梁混凝土锁紧在一起,让已浇混凝土与新浇混凝土共同变形,并防止新、旧混凝土接缝处出现错台。

以60m箱梁为例,从设计、施工的角度出发来介绍大跨径小半径曲线桥梁滑移模架施工的技术的原理及特点(图6.6-1):

图6.6-1 滑模施工图

(1)B、C匝道滑模每侧主梁长度按最大跨径60m箱梁跨的需要设计为72m,分7节,两侧共14节;每端每根鼻梁长31m,分两节,两侧两端共8节,以解决60m箱梁跨径较长的问题。

(2)承载能力、偏载和变形按60m施工梁段的最大重量来控制滑模的设计,以满足承载60m跨箱梁荷载的能力和变形需求,并模拟实际偏载、变形情况予以分析、计算和实际控制。60m梁跨施工时应对滑模重新进行预压。

(3)墩身高度较高,容易造成滑模支腿的稳定性不足,故牛腿支腿之间设置了联系桁架相连成为整体,竖向每2m间距设置一道。

设置纵、横向附着、稳定装置,与墩身抱紧成一个整体,共同参与受力,以防止主梁纵、横移时，牛腿支架产生晃动或失稳。

(4)因圆曲线半径较小，滑模行走时在平面内容易偏离前方墩上相对应的牛腿位置，因此采用旋转主梁和鼻梁的方案进行。即每向前直行一定距离，就通过液压油杠旋转、调整主梁和鼻梁的角度来矫正其偏离的路线，直至完全过孔和矫正完毕。

竖向上有竖曲线，在竖曲线顶部位置，当滑模纵移过孔前鼻梁仅起导向、牵引作用时，会出现前鼻梁悬空、落不到前牛腿平车上的现象，此时滑模由中支腿和后支腿支撑受力，前支腿不受力，现场施工时将前鼻梁竖向旋转来解决，即当前鼻梁悬空在牛腿平车上方超过5cm时就须向下旋转鼻梁使其贴近平车，不起支撑作用，仅仅是为了滑模继续前行重心前移时防止前鼻梁突然落下。当滑模前移至中心与中支腿重合时，后支腿的支撑和前支腿的承接作用逐步转换，滑模逐步转向由前、中支腿支撑。以上现象位于以下位置：

B匝道，B17—B18向B18—B19滑移时、B28—B29向B29—B30滑移时。

C匝道，C19—C18向C18—C17滑移时、C5—C4向C4—C3滑移时。

(5)滑模行走前，横梁和外模板开模后会产生横向倾翻弯矩，滑模设计上在两个端头部位采用了平衡C形梁，平衡C形梁在拟浇筑箱梁的前后两端的两道主梁上整体树立，使左右主梁连成一个整体。滑模过孔前行时，平衡C形梁不打开以起到平衡作用。

(6)因箱梁线形呈曲线，且有纵、横坡度，从而造成滑模在纵向、横向和曲线的上偏载，因此应根据预压沉降的实测结果预设预拱度，以保证箱梁的线形和高程。

(7)外模板采用钢模，为解决曲线上模板的曲率，将模板的分块长度尽可能减小，每块模板均为直线，内外弧分块长度一致，曲线通过短的折线和两块模板之间的楔梯形方木调整。方木比两侧的模板面板低5mm，用环氧树脂腻子抹平，外刷高效脱模剂。

(8)内模也采用钢模，每块模板均做成直线，但内外弧分块长度不一致，曲线通过短的分段长度2m(以内弧计)折线和两块模板之间的楔梯形小方木调整。同时，每块模板的重量在满足受力和变形的条件下控制在45kg以内，以方便人工拆装运输。

6.6.1.2 大跨径小半径曲线桥梁滑移模架结构组成

根据工程实际情况，滑模系统设计采用下行式结构，滑模的长度、承载力和变形均按最大施工段60m箱梁跨径的荷载及偏载情况来控制设计。

滑移模架亦称为MSS移动模架系统(Move Support System)是世界桥梁施工的先进工法，施工时无须在桥面下设置满堂支架，而是采用支撑在承台、钢牛腿上的两道钢结构主梁来支承模板系统。

滑模系统主要由牛腿、推进平车、支撑用球形千斤顶、主梁、鼻(导)梁、横梁、后横梁、平衡C形梁、外模及内模组成，每一部分都配有相应的液压或机械系统。各组成部分结构功能简介如下：

1)牛腿

(1)每套滑模共设置三对(套)牛腿，施工时轮流、交替、循环使用。其中，每施工阶段内的两对牛腿作为每孔箱梁一个施工周期内的支撑；另一对牛腿起引导、承接传递主梁纵移的作用，在滑模纵移前用汽车吊、运输车或船上吊机、运输船提前安装在下一孔桥墩承台上，滑模纵移到位后起支撑作用。牛腿支腿下根据情况设置钢筋混凝土垫石或钢板调节高度(图6.6-2)。

图 6.6-2　牛腿及小平车结构图

(2)因墩身较高且为实心结构,故牛腿采用横梁式钢箱和桁架支腿结构,钢板材质为Q345B,由牛腿横梁和竖向支腿通过栓接组合而成。

(3)牛腿横梁通过竖向支腿支撑在承台上的垫石上,牛腿横梁之间用 8 根丝杠连接和限位固定。

(4)竖向支腿对称布置在承台垫石上,之间用钢桁架连接成框架结构,防止支腿过高时稳定性不足而失稳。

(5)牛腿的主要作用是支撑推进平车,将上部主梁、模板系统、箱梁等施加在推进平车上的荷载通过牛腿传递到承台上。

(6)每对牛腿左右共设有两台推进平车,每台平车上配有两台横向顶推液压缸、一台水平旋转液压缸、两台竖向顶升主液压缸和一台纵向顶推液压缸。

(7)主梁安放在推进平车上。牛腿与推进平车之间、推进平车与主梁之间共有四个滑动面,其中牛腿上表面与推进平车下表面分别镶有不锈钢板和混凝土滑板(用于主梁横移);推进平车上滑动面安有聚四氟乙烯滑板,主梁下滑动面镶有不锈钢板(用于主梁纵移)。整个操作系统通过三向液压系统使主梁在横桥向、顺桥向及竖向正确就位（牛腿总装图见图6.6-3）。

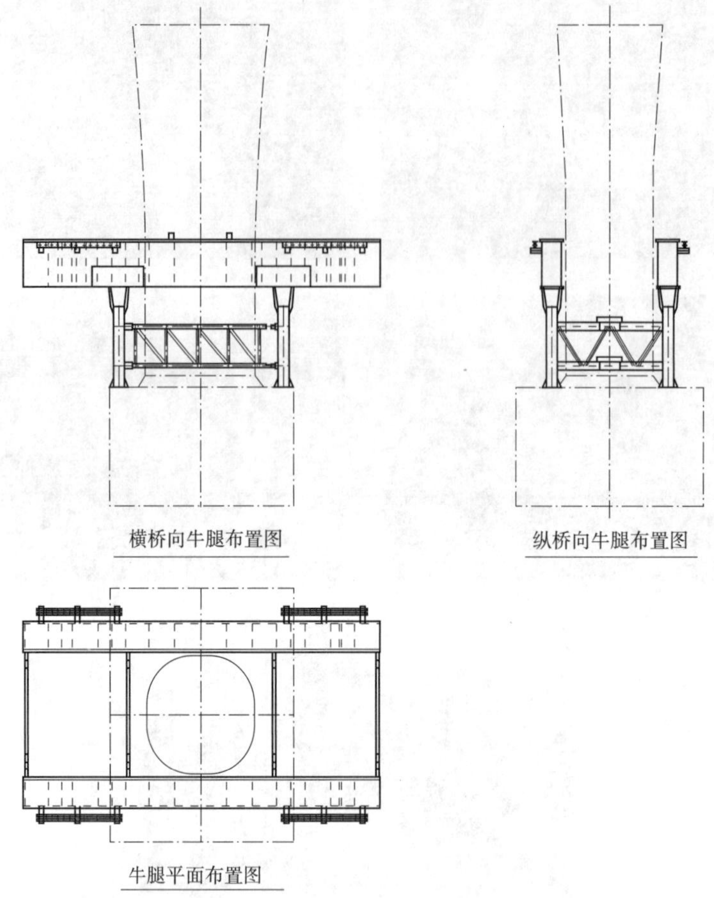

图6.6-3　牛腿总装图

（8）为防止高墩时的横向滑移失稳，在牛腿横梁与墩身之间设置附着在墩身上的附着装置（图6.6-4、图6.6-5）以保证墩身和牛腿横梁之间不产生间隙，形成整体，保证稳定。在竖向支腿的桁架与墩身之间设置横向支撑油缸使支腿与墩身顶紧形成整体，确保稳定。

图6.6-4　牛腿纵向附着装置

a)

b)

图 6.6-5　牛腿横向附着装置

牛腿支腿的平面位置应对称于墩身四周，高程应从箱梁顶面上往下推算，然后确定直腿垫石的顶面高程和厚度。牛腿横梁顶部水平，即小平车底部水平放置在横梁上。

2）主梁

（1）滑模主梁是主要承重结构，为一对钢箱梁，钢板材质为 Q345B，主梁刚度按最大净挠度≤1/500 施工跨径控制，最大净挠度控制在 100mm 以内。

（2）主梁截面尺寸为 2000mm×3000mm，上、下翼缘板厚为 40mm，腹板厚为 12mm，A、D 匝道的主梁长度约为 65.5m，分为六节；B、C 匝道的主梁长度约为 72m，分为七节，主梁节与节间用高强螺栓连接。主梁及断面见图 6.6-6 ~ 图 6.6-8。

图 6.6-6　主梁

（3）主梁内侧纵向每隔 1.9m 设一道加劲肋，加劲肋全断面布置。主梁在开孔处、设置受力构件等处（如设置布料机位置处的主梁壁板内外侧均须加焊钢板）均进行加强。

（4）主梁放在牛腿上的小平车上，主梁横向水平，纵向有纵坡（通过自锁装置进行锁定），纵坡主要由两个墩上牛腿的高度调整形成，微调、精确调整则由小平车上的竖向球冠千斤顶进行（图 6.6-9）。

（5）主梁前后两端设有鼻梁，主、鼻梁之间通过撑插构造连接（图 6.6-10），并通过油缸、机械锁进行相对旋转。

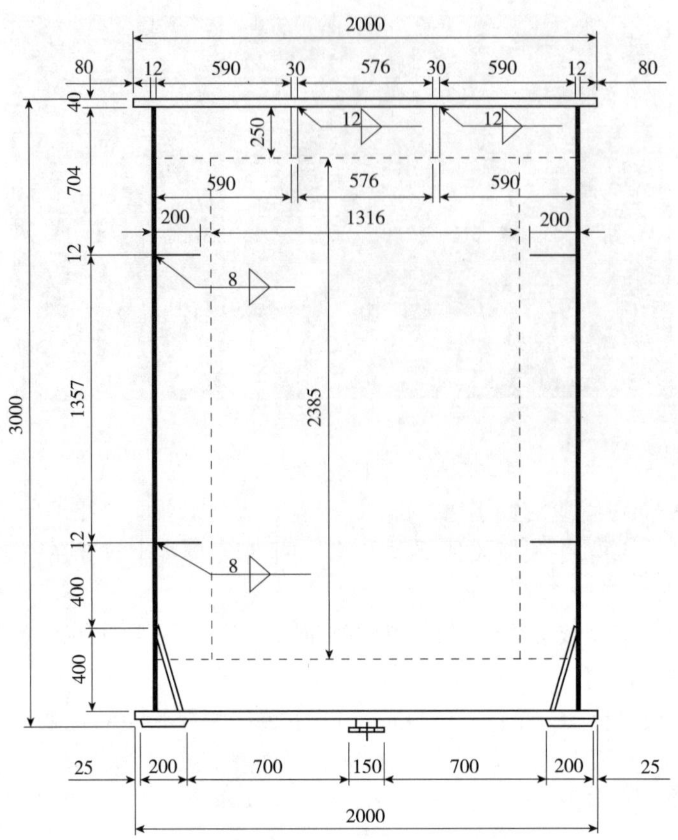

图 6.6-7　主梁横断面图(尺寸单位:mm)

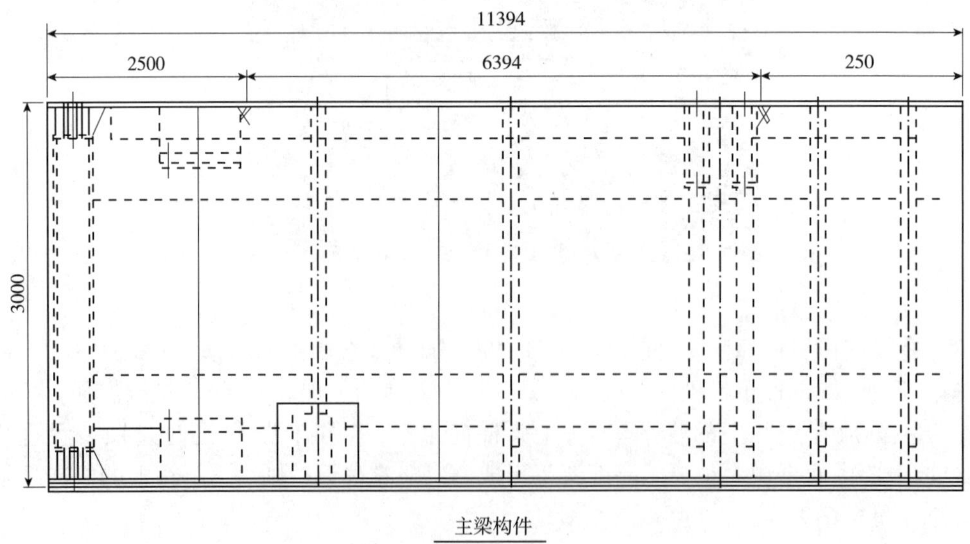

图 6.6-8　主梁纵断面图(尺寸单位:mm)

图 6.6-9　主梁结构图

图 6.6-10　主、鼻梁连接结构

(6)主梁上放置横梁,横梁通过丝杠支撑、定位和调节竖向高度,并通过油缸进行横向移动和定位(图6.6-11)。

图6.6-11　主、横梁结构布置图

3)鼻梁

主梁两端设有前后鼻梁,为桁架式结构,A、D匝道每根鼻梁长约26m,B、C匝道每根鼻梁长约31m,均分为两节,节间用高强螺栓连接,起到支架向下一孔移动时的引导和承重作用。因本项目的平曲线 $R_{平}=350\text{m}$,竖曲线 $R_{竖}=3800\text{m}$,相对较小,为了适应纵移过孔时的高差和平曲线需要,减小前、后鼻梁的受力,前、后鼻梁与主梁连接间采用铰接,铰接处通过液压千斤顶、机械顶实现鼻梁的水平旋转和竖向旋转(鼻梁旋转机构见图6.6-12)。

4)横梁

横梁为钢板焊接的箱形构件,钢板材质为Q345B,同一断面上每对横梁间用销子连接,横梁下面设有支撑螺旋顶于主梁上,横梁上面安置底模板和侧模支撑框架。每根横梁在桥纵向上有纵坡,与主梁一样,桥横向上按施工横坡调整。最终叠加后预拱度线形的调节即是通过横梁下的螺旋顶来实现的。

螺旋顶(图6.6-13)底座直接安装在主梁上面,螺旋顶顶面设有滑道,模板横梁可以在滑道上横桥向滑动,横梁还能通过支撑螺旋顶进行竖向调整。在滑模行走时,因距施工便桥预留的净空较小,滑模主梁系统不能按传统方式整体打开(主梁系统横桥向只能作微小调整,调整范围不大于1m),须首先通过横梁带动模板系统水平开模,直到让开墩身宽度(4.8m)后(5m)销定,再在主梁系统的带动下纵移过孔,纵移到位后,横梁再带动模板系统水平合模并销定,达到绑扎钢筋的使用状态。

5)外模

外模由底模、侧模(即腹板外模)及翼板模组成。

a)鼻梁水平状态

b)鼻梁向上旋转

c)鼻梁向下旋转

图 6.6-12　鼻梁旋转机构图

图 6.6-13　螺旋顶

底模分块直接铺设在横梁上,并与横梁对应连接。每对底模沿横梁销接方向由普通螺栓连接。侧模及翼板模分块也与横梁对应,并通过在横梁上设置的模板支撑框架及斜撑来安装、固定和就位。因箱梁设计线形为曲线,故模板应坚固平整,以减少混凝土收缩应力。墩顶部位的模板只配套设计、加工了侧模和翼板模,底模则用工字钢、小方木、竹胶板现场铺设。

外模面板均采用6mm钢板。底模纵筋采用H型钢和不等边角钢;翼板模及侧模纵筋采用不等边角钢,以起到减轻模板重量和增加模板刚度的效果(横梁、模板系统横断面图6.6-14,外模见图6.6-15)。

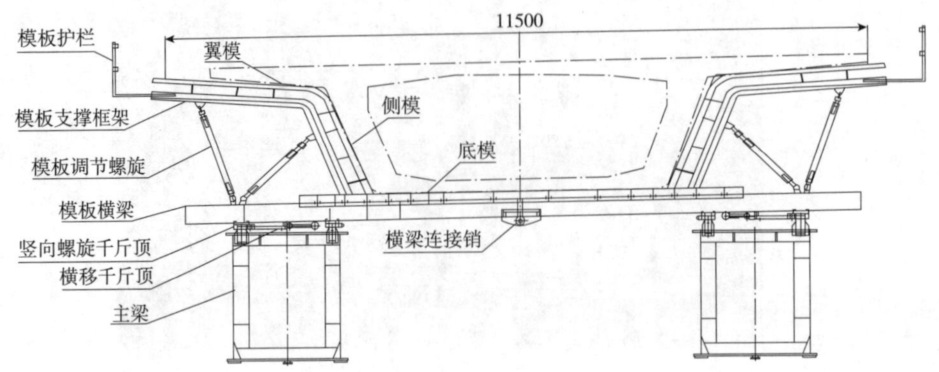

图6.6-14　横梁、模板系统横断面图(尺寸单位:mm)

因外模上铺有不锈钢板,不锈钢板比钢板较光滑,降低了高效脱模剂的附着力,故不使用高效脱模剂,而用菜籽油、机油或其掺合剂作脱模剂,用干净的抹布蘸少许油涂擦抹均匀即可,避免涂抹过多造成污染。

图6.6-15　外模

6)后横梁

后横梁为一根钢箱梁,它的主要作用有两个:一是在每一联的第二孔及以后各孔时,通过吊杆将滑模系统后端主梁吊起,将主梁及外模板系统与已浇筑完毕的箱梁混凝土锁紧在一起,让已浇混凝土与新浇混凝土共同变形,并防止新、旧混凝土接缝处出现错台。二是在混凝土浇筑过程中作为抵抗设备横向倾覆的平衡构件(图6.6-16)。

后横梁在浇筑每联的除第一孔以后的后续孔时方才使用,故在每联除最后一孔的各孔箱梁对应的位置上预留吊杆孔。吊杆孔的位置在每孔箱梁上是固定的,按照滑模主梁设计复核其实际留设的位置,滑模过孔行走时必须精确到位,并经计算确定好孔位坐标后放样,用PVC管预埋留设。用完后清除PVC管,凿毛孔壁混凝土,露出钢筋后连接、加固,吊挂底模后浇筑、振捣密实、抹平、洒水养生混凝土至规定时间。

后横梁使用前加挂好吊杆，支撑好千斤顶，千斤顶的初始、后续顶紧力按照相关数据严格控制。

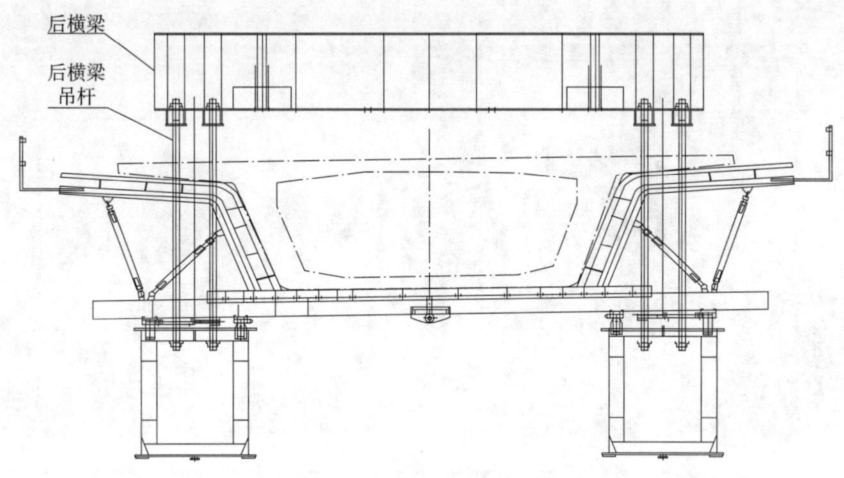

图 6.6-16　横向倾覆的平衡构件图

7)平衡 C 形梁

平衡 C 形梁为钢箱形结构(A、D 匝道)，主要作用是在施工匝道桥时平衡外模板开模前后产生的横向倾翻弯矩(详图见图 6.6-17)。

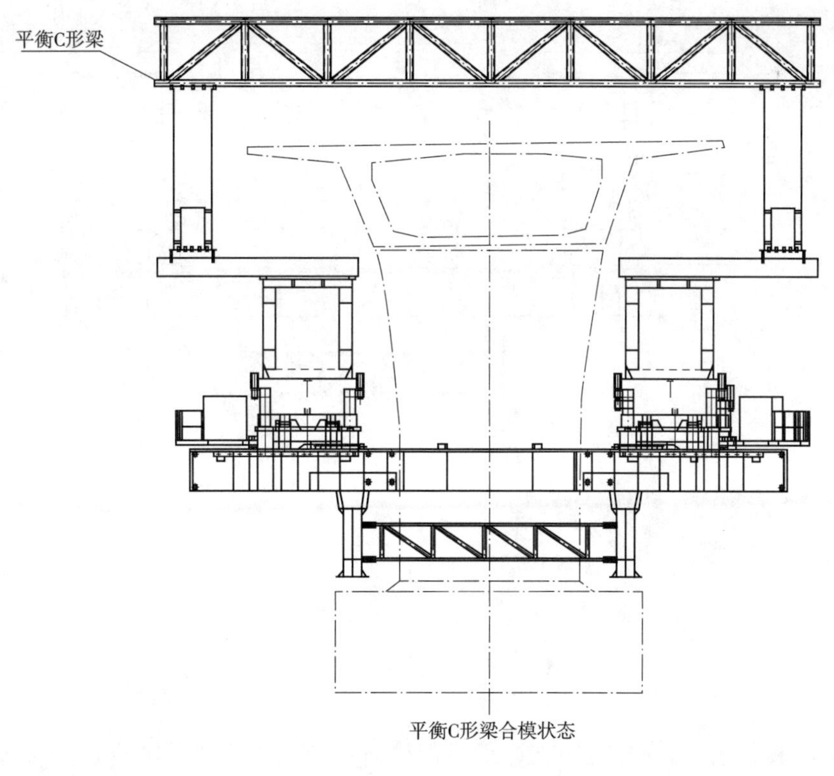

图　6.6-17

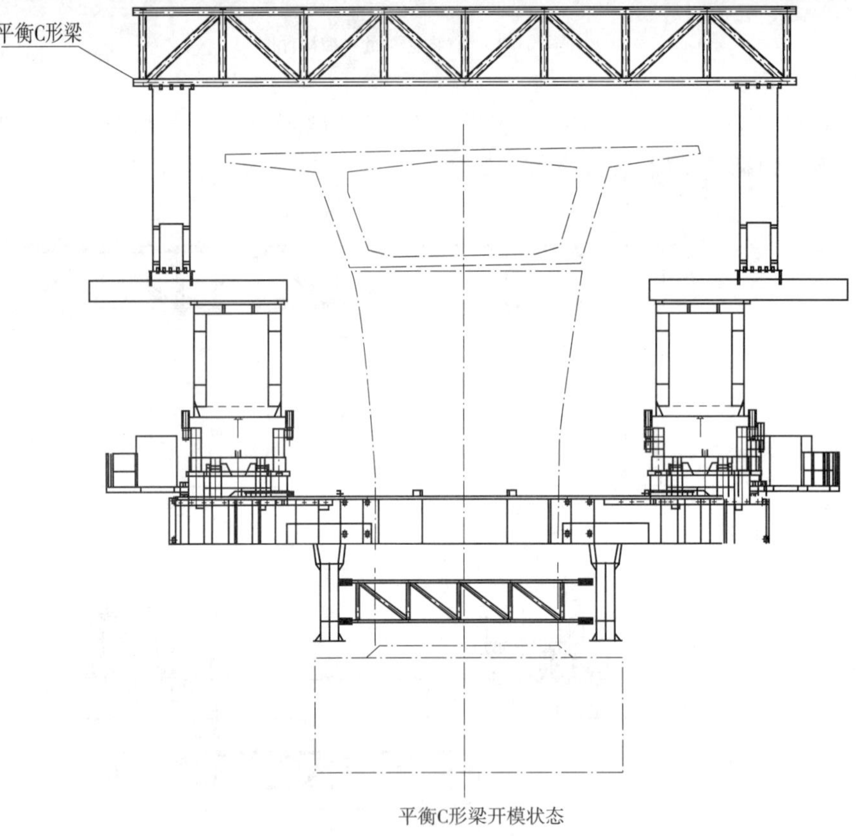

图 6.6-17　平衡 C 形梁

8）内模

采用小块钢模板，由支撑桁架支撑组拼而成，长 2m/块，单块质量控制在 40kg 以内，以方便人工拆装、运输，加快施工速度（图 6.6-18）。

图 6.6-18　内模施工

6.6.1.3　大跨径小半径曲线桥梁滑移模架拼装

(1)牛腿的组装:安装牛腿时先将牛腿支腿安装在承台的垫石上,精确调平,安装联系桁架。然后吊装牛腿横梁,牛腿横梁为钢箱梁式结构,两边的横梁放置到位后连接丝杠予以固定,全部固定好后,精确找平,再安装推进平车。

(2)主梁安装:主梁在桥位处第二施工梁段内组装,根据现场的空间和起吊能力采用搭设临时钢管支架作支撑,主梁分段吊装在牛腿和支架上连接组成整体,然后后退滑移到首孔施工段。待滑模完全纵移出组拼孔位后再拆除临时钢管支架。

(3)横梁及外模板的拼装:主梁拼装完毕后拼装横梁,先安装机械调节支撑座。横梁中间对接处为销接,可以在桥下整体装配好后直接吊装就位。待横梁全部安装完后,主梁在液压系统作用下,横桥向、顺桥向依次准确就位。

在两端墩中心处放出桥轴线的两个端点,然后按弦支距法放样桥轴线并及时调整横梁,参照外模平面展开图铺设底模(底模中心与横梁的横向中心重合)、安装侧模支撑梁、侧模和翼板模。边安装外模边调节其预拱度、错台、线形、大面积平整度等,使其满足精度要求,外模安装完毕,用拉杆将侧模与侧模支撑梁对拉。

(4)滑模拼装顺序:牛腿的组装—主梁的组装及有关施工设备、机具的就位→牛腿的安装就位→主梁吊装就位→横梁安装就位→铺设底模就位→安装模板支架→安装侧模及翼板模→内模安装(在绑扎完底板钢筋后)。图 6.6-19 为合模浇筑状图。

拼装时做到各部件之间连接可靠,拼装完后认真、全面地检查,确认安全可靠后用作上部结构施工使用。

6.6.1.4　液压电气系统安装

滑模系统配有七套推进(滑移)液压系统。每套液压系统由液压站、液压缸、液压管路和电气控制系统组成。

1)推进小车

每套推进小车液压系统设有一台高压液压站、两台推力 4500kN、行程 400mm 的竖向顶升自锁液压缸、两台推力 390k、行程 500mm 的横移液压缸、一台推力 490kN、行程 1000mm 的纵移液压缸和一台推力 390kN、行程 500mm 的水平旋转液压缸。

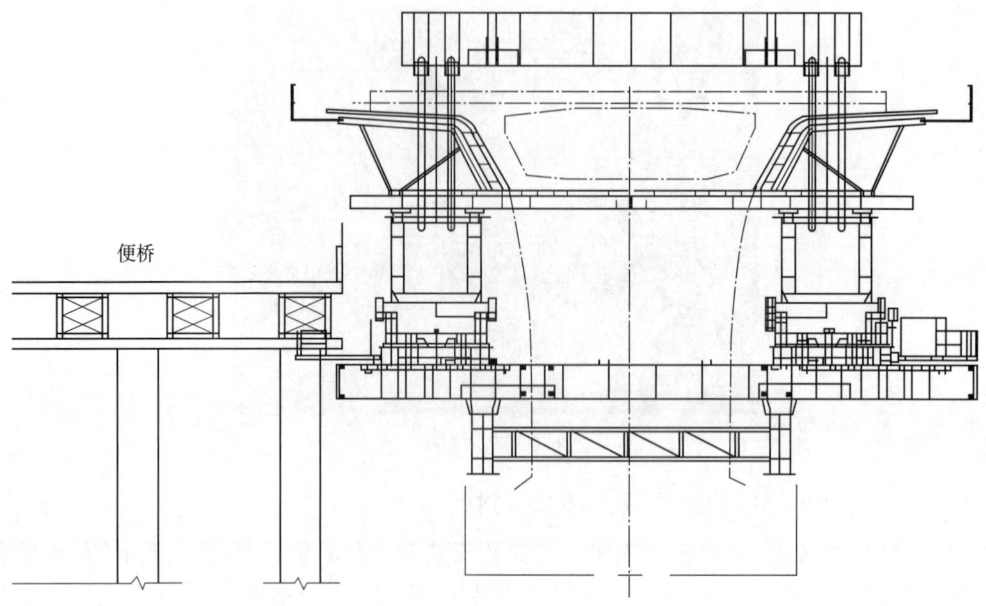

图 6.6-19 合模浇筑状图

液压系统工作原理:液压站驱动电动机通过联轴器驱动轴向恒功率变量柱塞泵,滑模主梁作纵、横、竖向移动时,油泵通过并联多路换向阀向纵、横、竖移动油缸供油,系统工作压力由多路换向阀前端阀所带的溢流阀限定在 63MPa。液压站采用性能可靠的 YCY 恒功率变量泵,在液压缸完成一个行程的顶推工作回程时,所需油压较小,油泵排量自动增大,油缸回程速度加快,提高工作效率。采用的进口并联多路换向阀在不扳动换向手柄时(各阀芯处于中位),油泵排出的液压油经换向阀中位油道直接返回油箱,达到电动机处于空载起动,起动电流小,液压系统无冲击,节约能源的效果。

2)液压元件

自锁液压缸和纵移顶推液压缸采用德州德隆集团产品;高压液压泵采用宁波恒力公司产品;高压控制阀采用意大利沃尔福多路控制阀;液压软管采用济南军区军工厂产品。液压站电源为三相交流电 380V,50Hz,控制电源为交流 220V。

3)电气系统

MSS 移动模架造桥机(即滑模)系统的七套液压系统都配有完善的电力驱动与电气控制系统。

(1)电气控制系统主要器件采用德国西门子技术国内合资企业产品;液压站驱动电机采用国内大厂制造的 Y 系列电动机,安装形式Ⅵ,防护等级 IP44。

(2)电源,电气系统的电源使用 3 相 380V,50Hz 交流电源,允许电压波动 ±10%。整套设备装配动力 73kW,最大负荷 44kW。

6.6.1.5 海水预压施工

(1)横梁、模板的平面位置和高程调整是按照曲线要素和施工预拱度值进行的。而滑模施工预拱度的调整是施工中的重点,是箱梁获得最终成桥状态下的各曲线要素(高程、平面和竖向位置)的关键。滑模施工预拱度值的来源较多,结合实际工况,主要由以下五部分组

成,并进行叠加:

①滑模本身及箱梁混凝土的自重、施工等荷载引起的弹性变形值(由滑模设计部门经计算提供)。

②滑模构件之间拼装、材料压缩产生的塑性变形值(由预压观测获取)。

③预应力钢束张拉产生的反拱值,支点间按抛物线计算(由设计单位提供)。

④后一孔箱梁混凝土自重对前一孔箱梁的变形影响值(由滑模设计部门经计算提供)。

⑤每一联箱梁第二孔以后各孔的悬臂端施加的集中力产生的变形影响值(由滑模设计部门经计算提供)。

(2)预压观测及预拱度的设置。

①滑模拼装完成后,首先根据滑模设计部门提供的总变形值、施工图设计提供的反拱值叠加进行预拱度调整。

②调整横梁下面支撑在主梁上的支撑螺旋千斤顶,预拱度调整完后进行预压试验。

③在纵向共设置16个断面(每道横梁处),点 A、B 设在翼板底边缘处,C、D 设在底板下横梁两侧对应的主梁顶面中心处(图6.6-20)。

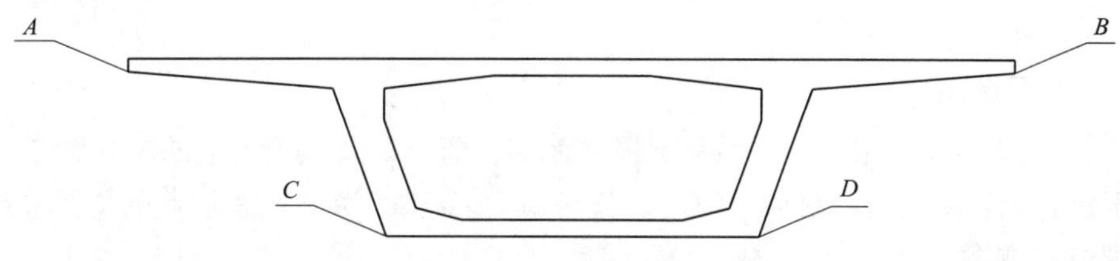

图6.6-20　横梁断面

④D 匝道最先开始施工,压重物用砂袋与海水,组合进行预压,底板范围内为海水,两侧翼板上为砂袋,两端用砂袋封堵(示意图如图6.6-21所示)。通过先在底板两端、翼缘板上堆积、围堵砂袋,再在底板范围内铺设塑料布注入海水至要求的高度。持荷时间24h内的沉降量在2mm之内即可卸载,通过测量计算出堆载前后的实测变形挠度值。

堆积荷载时,严禁局部临时堆积重量超过设计的安全系数限制重量,以防引起滑模局部超重,偏载过大,造成倾覆或垮塌。

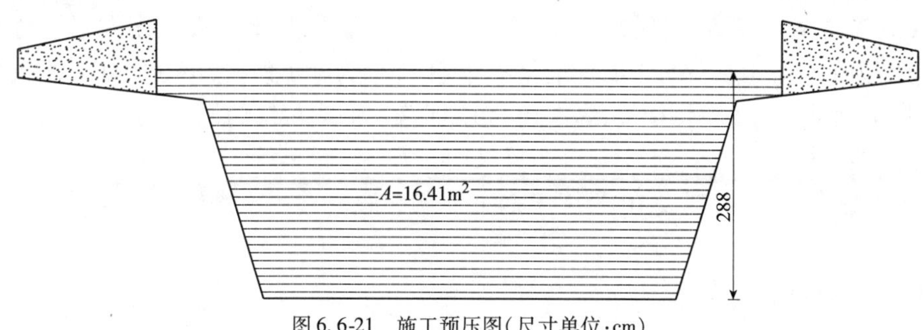

图6.6-21　施工预压图(尺寸单位:cm)

⑤根据预压沉降观测结果可知滑模各横梁处主梁实际挠度值(最大为-75mm)与计算挠度(-78.84mm)基本相符。因内、外侧偏载引起的两侧主梁沉降不一致,故应根据实际偏载沉降工况对主梁的理论计算预拱度值进行分配调整,以此作为第一孔箱梁浇筑时的部分

预拱度值。

因此,中间施工段与最后施工段的挠度值按设计值采用,但两侧主梁的不均匀沉降则根据首孔梁段预压的分配结果按比例调整取用。

⑥其他联箱梁的施工预拱度值按照理论计算调整分配后取值。

⑦加强模架高程及线形的测量,反复校核。根据实际浇筑时的变化情况对计算进行修正,确保箱梁线形、高程准确,模架施工安全。

6.6.2 支架施工工艺介绍

李村河互通立交共有314孔箱梁,跨径不等,桥面宽度亦随时变化,但均采用满堂支架进行现浇。其中主线右幅第五联箱梁(2号墩~5号墩),共长128m,跨径布置为(40+48+40)m,前40m位于陆地,中间48m跨越繁忙的环胶州湾高速公路,后40m位于胶州湾畔,本联箱梁属于陆海同时施工,且桥面宽度由初始的22m逐渐变化至最终的28m,箱梁梁高由2m变化到胶州湾两侧的3.2m,箱室为单箱六室,且随梁宽逐渐变宽。该联箱梁施工综合海中箱梁和陆地箱梁施工,极具代表性,故现以主线右幅第五联箱梁为例,介绍李村河互通立交支架搭设工艺。

6.6.2.1 方案选定

由于第一跨为陆上箱梁,主要为跨越两根粉煤灰管道以及埋于地下的煤气管道、石油管道、军用光缆等,第二跨为跨越胶州湾高速公路箱梁,第三跨为部分岸上部分水中现浇箱梁。

箱梁支架方案选定:

第一跨为岸上部分,采用$\Phi273 \times 10$mm的钢管支架施工,以利于支架跨越粉煤灰管道、军用光缆、石油管道和支架拆除方便快捷等。

第二跨为跨越胶州湾高速公路部分,胶州湾高速为双向四车道(胶州湾高速拓宽后为双向八车道),单向行车道宽度为7.5m,加上紧急停车部分2m,总宽度为9.5m,由于胶州湾高速公路车流量巨大,该部分现浇箱梁施工时不能中断交通,因此采用型钢组合立柱支架,立柱采用4Φ273mm直径壁厚10mm的钢管制作,钢管支架上搁置2I36a工字钢横梁,然后在工字钢横梁上搁置纵向贝雷梁和10号工字钢横向分配梁,最后在10号工字钢分配梁上搭设48mm钢管支架,顶部利用顶托来调整箱梁底模高程,顶托上铺设纵横方木及竹胶板底模。第三跨为部分陆上部分水中的现浇箱梁,陆上部分为施工便道,该处同样采用钢管立柱架立,立柱上搁置横向工字钢横梁,纵向用50H钢跨越形成跨线门洞,然后在纵向贝雷架上搭设碗扣支架进行箱梁施工;水中部分箱梁采用在海底打设钢管桩,钢管桩上安装工字钢横梁,然后安装纵向贝雷梁,铺设10号工字钢分配梁和底模进行箱梁施工。详图如图6.6-22所示。

6.6.2.2 地基处理

陆上箱梁支架施工的关键工序是支架的地基处理,根据现场地基条件,1B标选择的地基处理的方式为:

(1)陆地箱梁采用钢筋混凝土条形基础,先将原地面利用压路机震压两遍,静压两遍,对于不良地质,特别是原钻孔桩泥浆池位置软基础,先将该地质用宕渣换填,然后再用压路机压实，最后在压实后的地层上放置 C30 钢筋混凝土条形基础(200cm×100cm×35cm)。条形基础间用砂浆做好双向横坡及周边排水沟，以免地基基础被雨水或养护水浸泡，造成地基和支架下沉。

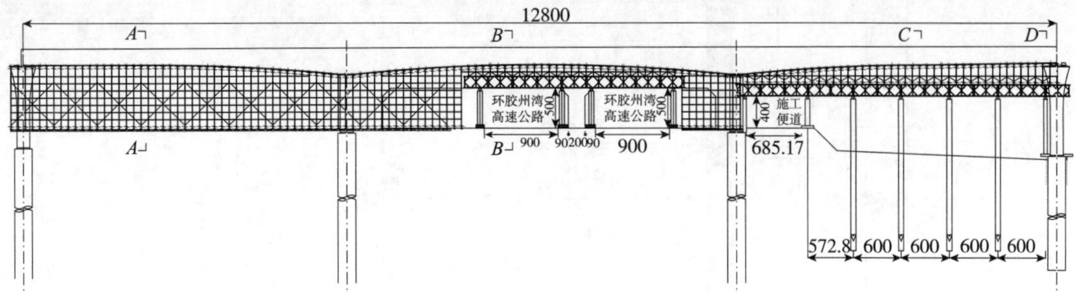

图 6.6-22　箱梁支架方案施工图(尺寸单位：cm)

(2)胶州湾高速公路上基础处理；该处支架地基亦为条形基础，直接在胶州湾高速中间分离带放置两排 C30 钢筋混凝土条形基础(200cm×100cm×35cm)。

(3)海中采用钢管桩基础加工字钢横梁基础，用于第三跨的海中区域。由于海底淤泥质亚黏土层较厚，无法进行换填处理，因此利用振动锤把已经加工完成的钢管桩(壁厚 8mm，直径 530mm)打入地层，靠钢管桩与地层的摩擦力和桩底的支撑力来支撑施工荷载和上部箱梁传来的荷载。

6.6.2.3　支架搭设

支架采用型钢相结合的形式，在支架施工前必须对支架进行计算以确保支架的强度、刚度、整体稳定性满足规范要求。

支架的强度、刚度及稳定性计算时除考虑梁体重量外，还需考虑模板及支架重量、施工荷载(人、料、机、混凝土的冲击力、振动棒的振动力等)、作用于模板、支架上的风力及其他可能产生的荷载(如雨水、冰、雪等)。

该联箱梁支架总体设计图如图 6.6-23 所示。

第一孔属于陆地箱梁，采用钢管桩(壁厚 8mm，直径 277mm)和排架(高 4.3m)作为支架，墩柱两侧支架采用排架，先在条形基础上放置矩形钢板垫片(80cm×60cm×2cm)，然后在条形基础上放置短钢管桩(壁厚 8mm，直径 530mm 钢管桩内浇筑混凝土)，钢管桩和钢板通过加劲钢板进行连接。先在条形基础上放置钢管桩，然后在钢管桩顶放置排架。顺桥向钢管桩间距为 5.2m，横桥向间距为 1.5m，然后在钢管桩顶沿横桥向放置 2I25 作为横梁，工字钢横梁顶再放置 50 号工字钢。50 号工字钢顶沿横向放置 14 号工字钢，工字钢顶放置顶托，以利于调节高程。纵横向钢管桩利用型钢加设剪刀撑连接为整体。支架搭设形式如图 6.6-24、图 6.6-25 所示。

第二孔跨越环胶州湾高速公路，采用组合支架，中央分隔带采用 150×200 组合支架，高速两侧采用 130×130 组合支架。在组合支架上面放置横向工字钢分配梁，分配梁上放置砂箱，砂箱顶放置纵向贝雷片，用来跨越环胶州湾高速公路，贝雷片间距按 1m 设置，贝雷片顶沿横向放置 14 号工字钢，工字钢顶设置顶托。中央分隔带组合支架如图 6.6-26 所示。

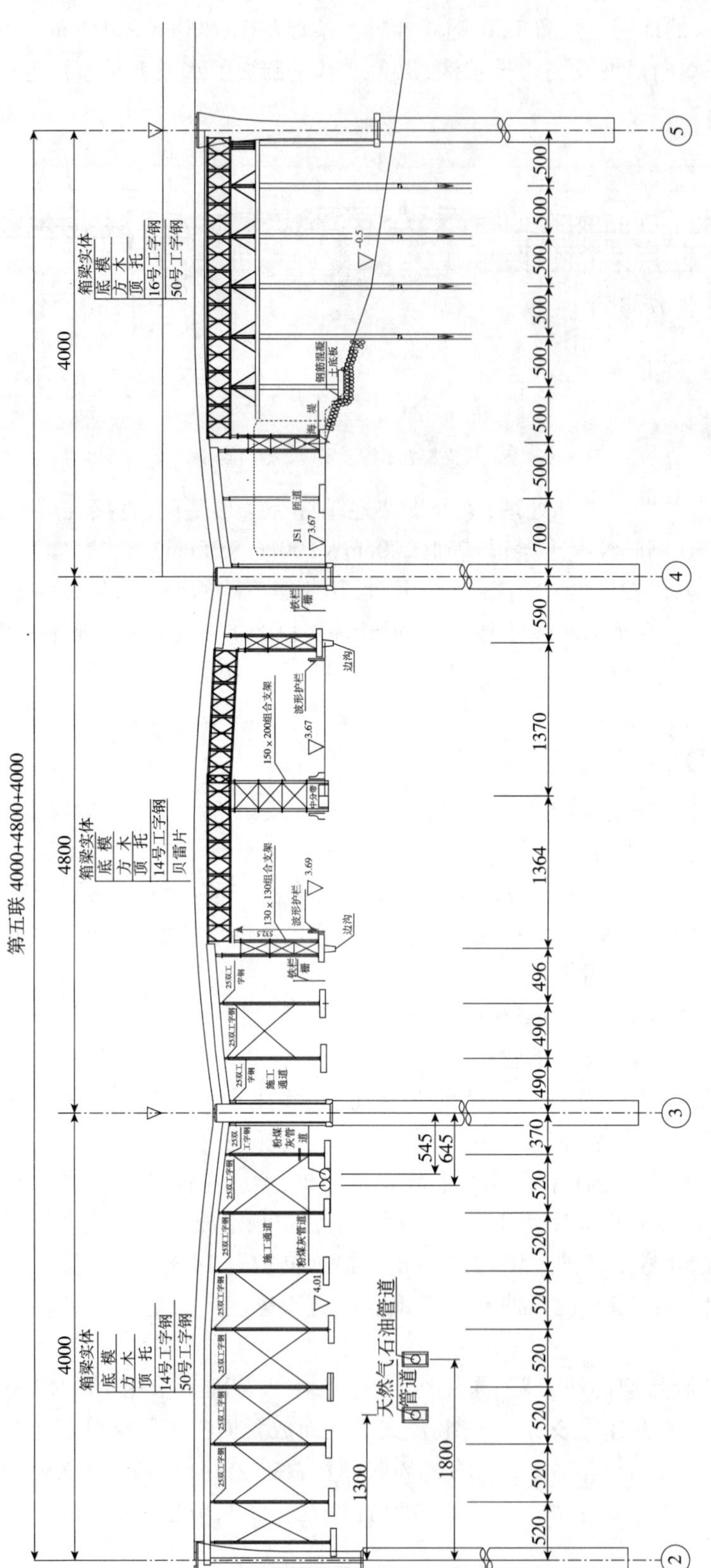

图6.6-23　第五联箱梁支架总体设计图(尺寸单位:cm)

图 6.6-24　陆地钢管桩支架

图 6.6-25　墩柱两侧排架

图 6.6-26　纵向贝雷片架设

第三孔为海中箱梁，采用钢管桩满堂支架，首先打入钢管桩，横桥向间距为 3.3m，纵桥向间距为 4.5m。打入深度按贯入度来控制，同时要保证钢管桩进入砂层深度不少于 4m，在钢管桩的打入过程中，要严格控制钢管桩垂直度。对于拼接的钢管桩，在保证焊接质量的同时，还应保证焊缝两侧钢管桩在同一轴线上。打入的横桥向钢管桩，通过由 10 号工字钢组成的剪刀撑进行加固。然后在钢管桩顶布设由双排 25 号工字钢组成的纵向分配梁，在纵向分配梁上架设由双层贝雷片组成的横桥向贝雷片（该横桥向贝雷片布设在钢管桩顶的分配梁上），横向贝雷片上放置砂箱，最后在横向贝雷片上布设纵向贝雷片，纵向贝雷架以 90cm 一道进行布设，相邻贝雷片通过 90 连接片连接为整体，横向贝雷架和纵向贝雷片分配梁通过八字斜撑连接加固。

6.6.2.4　支架堆载预压

支架搭设完毕后进行预压，预压的目的是消除支架的非弹性变形，收集支架、地基的弹性变形数据，作为箱梁底模设置预拱度的依据，预拱度设置时要考虑张拉上拱、支架弹性变形的影响。加载试验流程如图 6.6-27 所示。

（1）支架堆载预压采用混凝土预制块预压，箱梁预压的重量为 1.2 倍梁体自重。

（2）测点布设：每跨纵桥向间隔 5m 设 1 个，每个断面设 10 个测点，9 个测点分别设在两侧翼缘板边缘各 1 个、腹板处各 1 个、箱梁中心线 1 个。观测前应对各测量点进行编号，以便预压时进行对比观测，控制模板立模高程，保证箱梁的线形美观。

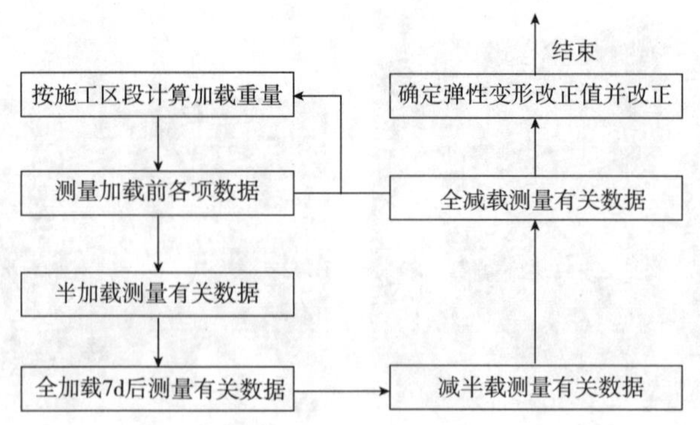

图 6.6-27　加载试验流程图

(3)支架堆载预压观测:支架堆载预压观测应按预压加载前、预压荷载的 50%、100%荷载、加载后 24h 进行。沉降观测规定每天两次,早晚各一次,并做好沉降观测记录,以备支架预设预拱度时使用。沉降观测应选择每天的气温较低时,避免温差较大时影响测量精度,沉降观测的大致时间为早上 8:00、下午 5:00 左右。

支架的预压时间:若全部加载后连续三天的沉降不大于 2mm,即可说明支架沉降已稳定。

6.6.3　箱梁现浇施工

6.6.3.1　钢筋、预应力管道施工

1)箱梁钢筋施工

钢筋施工应严格按照《公路桥涵施工技术规范》(JTG/T F50—2011)中有关钢筋的具体要求和本工程招标文件(项目专用本)技术规范规定执行。

(1)钢筋骨架的绑扎成型在底模上进行,成型时采取临时支撑予以稳固,防止变形,并与临时支撑连成一体,起连接、固定钢筋骨架之用。骨架成型后严格检查其各部分尺寸,不得超过规范允许误差,否则应立即返工。

(2)较长钢筋的连接,根据不同的钢筋直径要求采用对焊、搭接焊或绑扎搭接方式(图 6.6-28)。每断面钢筋接头数不大于 50% 的钢筋数量。

图 6.6-28　钢筋绑扎

(3)钢束、波纹管入模后钢筋施工尽可能避免电焊操作,防止火花烧灼管壁,以免将波纹管击穿或损伤钢绞线。若需使用电焊操作,必须保证电焊条打火、焊接时不得碰撞、损伤钢绞线等预应力材料,以免遭受损伤,带来隐患。同时严禁在钢绞线上打火、焊接。

(4)纵、横、竖向钢筋的间距应符合设计要求。严格控制底板、腹板、顶板两层钢筋的间距,架立钢筋、钩筋按图纸设计布设和就位,以保证钢筋骨架的刚度,不使顶层钢筋出现塌陷或隆起,从而保证顶板钢筋的大面积平整度和混凝土的保护层厚度。因属海上混凝土,保护层厚度不得小于技术规范规定值。

为防止内模顶部顶板钢筋在浇筑混凝土时的隆起,在支立内模时应按负误差(±10mm)控制内模顶高程,从而将内模顶部顶板钢筋位置降低10mm予以控制。

(5)相邻主钢筋的接头间距不小于35d(钢筋直径)长度,且不小于50cm。

(6)底板、腹板、横梁和顶板钢筋入模绑扎成型,并同纵向预应力钢束定位架、波纹管合理的穿插施工(图6.6-29)。

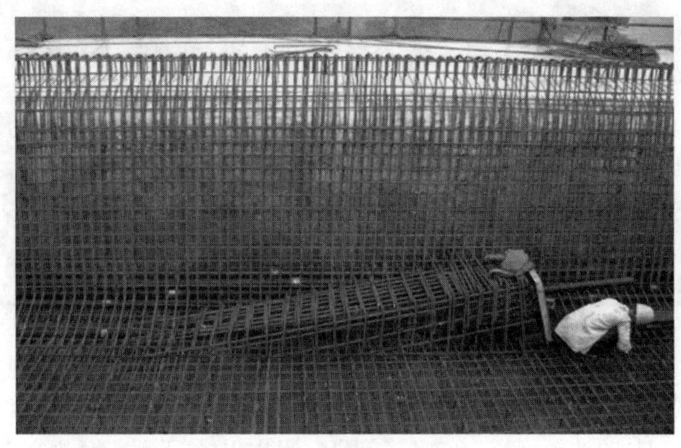

图6.6-29　钢筋图

(7)施工缝处,约3m长段的钢筋需待连接器上挂完钢绞线索后方可绑扎成型。该处波纹管规格应比正常波纹管外径大1~2号,穿束前先套在3m段以外的标准直径波纹管上,待钢绞线挂索完毕、保护罩安装完毕后,及时复位大波纹管并密封接头。

(8)箱梁内钢筋、钢束密集,当相互位置发生冲突时,应确保受力钢束、主钢筋位置的准确,钢束、钢筋位置优先顺序为:a. 钢束;b. 需要准确定位的锚栓,支座预埋钢筋等;c. 主梁纵向受力钢筋;d. 隔梁受力钢筋;e. 箍筋及横向受力钢筋;f. 分布钢筋。常见的冲突、存在的问题及解决办法如下。

①主梁伸入封锚混凝土内钢筋,当其位置与锚具位置冲突时,将其扳弯,不再伸出主梁。钢筋密集部位应在绑扎时考虑适当调整部分钢筋的间距,以满足下注混凝土需要和振捣时下振捣棒的要求。

②箱室内倒角钢筋伸入、靠近腹板外侧钢筋时与波纹管冲突,调整至腹板钢筋圈内侧。箱室内顶倒角及翼缘板倒角钢筋与波纹管冲突,适当调整倒角钢筋角度躲开波纹管即可。

③横梁和腹板内的双排箍筋圈子,与纵向腹板钢束冲突,将双排箍筋圈改为一个大圈子和两侧的两个“U”形钩筋配合使用。横梁内的双排箍筋圈子改为两个“U”形钩筋。

④横向预应力钢束锚垫板、张拉槽口与顶板钢筋、护栏钢筋冲突。将箱梁顶板钢筋调弯套在锚垫板上下左右；槽口处的钢筋截断后紧贴在槽口盒模板上，待浇筑完拆模后将贴在槽口模板上的钢筋扳出进行封锚连接；护栏钢筋底部横向断开后，一半在梁体内预埋，一半留在封锚槽口内预埋。

⑤底板顶层横向钢筋与腹板钢束冲突，将底板顶层横向钢筋端部（即伸入腹板内的部分）适当弯折后就位。

⑥齿板的横向锚固钢筋与腹板内纵向钢束冲突，可适当弯折锚固钢筋的端部位置，保证波纹管位置的准确（图6.6-30）。

图6.6-30 波纹管

⑦锚垫板附近钢筋圈子、螺旋钢筋、加强钢筋网片密集，造成混凝土下注困难和下注后的离散，更无法振捣。应适当调大部分钢筋间距，留出几个下注、振捣的通道。

⑧曲线钢束弯曲部位加强钢筋圈子太密，绑扎后挤压波纹管，将加强钢筋圈改为双向开口的"U"形钢筋。且此处钢筋密集造成混凝土下注困难、振捣棒无法插入，可每隔一定距离调整一下钢筋间距，留有一个下灰、放振捣棒的空间即可。

⑨箱梁顶板横向钢束，在张拉端、锚固端设计有锚下钢筋网片，此处还有箱梁顶板纵横向钢筋、护栏预埋筋，非常密集，绑扎十分困难，尤其是网片下面施工人员手伸不进去、绑扎铁丝钩无旋转空间，容易造成绑扎不牢固、整体性不足的情况。且钢筋十分密集，混凝土中的石子无法进入下部。故建议将锚下钢筋网片去掉，只使用预应力锚具厂家设计的螺旋钢筋。

⑩顶板横向钢束布置在施工缝上，且与顶板副弯矩钢束的锚垫板冲突。可将该钢束调至下一施工段一定距离，则该束与上一施工段横向束的间距比原设计加大。

⑪墩顶负弯矩束在第一施工段内顶板留有锚固端齿板，在第二施工段顶板留有张拉端齿板，第一施工段箱梁浇筑前该钢束穿入，并留设至下一施工段，在下一施工段顶板钢筋绑扎前，该钢束一致暴露在海洋环境中，很容易受到腐蚀或其他损伤，故应将其张拉端和锚固端互换（图6.6-31、图6.6-32），在第一施工段的齿板内留设张拉端锚垫板和预应力孔道，在第二施工段留设锚固端，第二施工段浇筑前穿入钢绞线，待第二施工段浇筑完成后在第一施工段内的顶齿板上进行张拉（图6.6-33）。

图 6. 6-31　钢束锚固端

图 6. 6-32　钢束张拉端

图 6. 6-33　钢筋施工

横梁内箍筋圈子设计尺寸偏小,部分主筋没被箍进去,应加大箍筋圈子设计尺寸,并将需要的主筋箍进去。

及时联系监理和设计人员,根据其批复对有冲突的钢筋进行调整。

(9)横梁钢筋预先在桥垮附近场地上绑扎成型,吊装至底模上就位。其他部位的钢筋在模板上现场绑扎成型。绑扎完后扎丝头应及时弯向远离模板的一侧,防止触模。

(10)施工时应注意桥梁护栏、伸缩缝、泄水管、防雷设施预埋件、交通工程中的通信管线套管及托架等预埋构件的预埋(图6.6-34)。

图6.6-34 预埋件

护栏、伸缩缝预埋钢筋因暴露在海洋气候条件下时间很长,必须采用高效防腐材料进行浸泡处理,浸泡长度以外露长度和埋入混凝土中5cm为宜。护栏钢筋预埋时应随时控制横向两侧护栏钢筋内侧净距、护栏宽度和外侧总宽度满足设计宽度。为保持曲线段线形的顺畅和直线段的顺直,需绑扎临时固定纵向钢筋(也可浸泡防腐材料或混凝土浇筑3d后拆除以防生锈),确保预埋钢筋的间距、高程、位置准确。伸缩缝预埋钢筋亦是如此(图6.6-35)。

图6.6-35 预埋钢筋图

防雷设施预埋件应严格按照设计图规定予以埋设,每个横断面上均全断面焊接连通好,纵向连接筋与断面连接圈焊接牢靠,并在外露的钢筋上用油漆做好标记。

(11)统一使用定型的X型混凝土预制垫块,保证钢筋的保护层厚度,避免出现露筋或保护层厚度厚薄不均的现象。用铁丝绑扎牢固以防扭转、偏位或脱落。垫块放置均匀,按梅花形布置,内外模板之间一对一对应放置,以防钢筋骨架变形。

在内外模之间、内模底倒角下适当放置竖向通高的垫块,以支撑模板。

(12)钢筋绑扎现场备放足够的防雨、覆盖篷布或彩条布,以备下雨时覆盖。

2)预应力管道施工

(1)预应力管道及接头用管均采用塑料波纹管,材料应符合《预应力混凝土桥梁用塑料波纹管》(JT/T 529—2016)的要求,并附有合格证书或质保书。进场后应按照规范规定的项目进行检验和试验,合格后方可使用。

(2)钢束 15-21、15-19、15-15、15-12 的圆波纹管壁厚均采用 2.5mm,扁波纹管壁厚为 3mm(设计要求)。管道应具有足够的强度,以使其在混凝土的重量作用下能保持原有的形状,且能按要求传递黏结应力。

(3)波纹管接长时采用接头管,对接紧密并用胶带纸包裹、缠绕,予以密封,不允许漏浆。接头管的直径、长度满足规范要求。备存一定数量直径或尺寸比标准直径或尺寸大 1 ~2 号的波纹管,用以连接接头或施工缝、连接器位置处操作方便使用。

(4)波纹管的定位直接关系到钢束坐标的准确性,因此应严格、精确定位、固定波纹管,且做到孔道平顺,端部的预埋钢垫板应垂直于孔道中心线。定位钢筋固定在箍筋圈上,预应力孔道的位置应随预拱度而变化,施工时仔细核对其位置,当孔道与普通钢筋发生冲突时,应适当调整普通钢筋的位置,以保证预应力孔道位置的准确。

(5)所有管道均设置排气孔,纵向通长钢束管道在最高点处均设出气孔。扁波纹管在锚固端设一个出气孔。出气孔与特制的引导钢管(或硬塑料管)和塑料软管连接,引致箱梁顶面以上一定长度。

6.6.3.2 混凝土施工

1)原材料

(1)箱梁混凝土所使用的原材料:水泥、砂子、碎石、水、外加剂,由试验室取样进行常规项目的检验,质量必须合格,以满足使用要求。

(2)混凝土用水泥、砂、石料避免采用可能发生碱集料反应的材料。

(3)水泥及集料品质应符合交通部标准《海港工程混凝土结构防腐蚀技术规范》(JTJ 275—2000)的规定及招标文件技术规范要求。

(4)外加剂经检验应符合《混凝土外加剂应用技术规范》(GB 50119—2013)的规定。

(5)所有材料均采用保持洁净的措施搭设覆盖篷遮盖。碎石水洗,砂过筛(图 6.6-36)。料场及其进出场道路采用道砟和不低于 10cm 厚的混凝土处理,并建立完善的排水系统。

(6)夏季施工时,采取相应措施将水温降至 15℃以下。冬期水温较低时采取加热、保暖措施,保证水温在要求的范围内。

2)混凝土配合比

配合比按体积法设计,并经试配、调整选定。试配时采用施工实际使用的材料,并按规定进行各项检测,合格后施工单位报监理复核、审批,确保配制的混凝土满足规范要求和施工需要。

(1)混凝土的最大水灰比、最大及最小水泥用量、砂率等指标均能满足规范要求;其凝结时间能够满足实际施工时的最大时间间隔要求。

(2)配制的混凝土满足和易性、凝结速度、坍落度等施工技术条件;制成的混凝土符合强度、耐久性等质量要求。在使用中随着季节、气温的变化适当予以调整。

3)混凝土的搅拌、运输及供应

(1)混凝土由 HLS60、HLS80 拌和站集中搅拌、供应,实际拌和能力为 $60m^3$。拌和机全部采用电子计量系统进行配料,确保数量准确。其配合比严格按照设计调整后的施工配合比执行。由试验室专人负责混凝土的拌和质量、掺入外加剂和坍落度检测等工作;确保混凝土搅拌时间,搅拌时间不小于2.5min。

a)场棚遮盖

b)洗后晾干

c)砂子过筛

d)石子水洗

图6.6-36　拌和站

(2)拌制的混凝土满足和易性、凝结速度、坍落度等施工技术条件。试验室坍落度控制在18~22cm。试验室初凝时间控制在10~12h,终凝时间控制在14~15h。实际以满足施工需求为宜。

(3)拌制前,根据天气情况随时检测集料的含水率,并据此调整用水量。

(4)运输采用混凝土搅拌运输车进行,运输过程中应不停地搅拌,混凝土从拌和到入模的最大时间间隔应小于规范要求的最大时间。

4)混凝土的浇筑

(1)浇筑前注意收听天气预报,恶劣天气不得进行浇筑。夏季等气温较高时,选择在无雨、气温低、无光照或弱光的时间段浇筑。冬期选择气温较高、阳光充足的时段浇筑,并注意保暖养生。

(2)混凝土浇筑之前,将所有滑模各支撑、连接部位、模板、钢绞线(规格、数量、尺寸、位置)、波纹管、钢筋预埋件及各部位尺寸(如顶底板宽度、护栏预埋筋宽度、内模厚度、顶底板厚度、顶腹底板钢筋保护层厚度等)按图纸要求再次进行检查,仔细检查模板拼缝是否严密,钢筋是否贴模板或保护层是否满足要求,波纹管是否仍有砂眼、孔洞等容易漏浆的地方,若有应进行封堵。

清理干净模板内杂物,翼板上先用吹风机(森林灭火器)往模外吹,底板上用吸尘器清理，最后用高压水枪全部冲洗干净（最低部位的模板事先留有开口，冲洗后的杂物从此处排出，完全清理干净后封堵开口），使之不得有滞水、锯末、施工碎屑和其他附着物。检查钢筋是否露筋，并加垫混凝土垫块。检查结束后施工单位报监理工程师检查验收。布设好泵车、布料机，安排好人员和前后场部署待浇。

（3）因桥梁设计有纵、横坡，且有曲线，为保持曲线箱梁的荷载实际分布工况，曲线内外侧的混凝土浇筑速度和长度按照曲线扇形的分布情况进行，外侧浇筑相对较快、较长，内侧稍慢、稍短。

在设置超高的曲线段，内侧较低，本应先浇筑内侧，后浇筑外侧，以防止灰浆向低处流动。但从偏载的角度来看应该先浇筑外侧超高部位，以保持平衡。故该处按照对称、平衡的方式进行浇筑。

直线桥浇筑时掌握对称、平衡，避免偏载；曲线桥按照实际工况适当偏载。

（4）滑模每孔箱梁采用“纵向分段、水平分层、斜向推进法”一次浇筑完成。浇筑方向宜选择由低处向高处进行，但也应根据实际情况适当调整。因两台布料机同时浇筑，每台可布料 1/2 跨径长度，故从梁跨中向两梁端布料、振捣。混凝土由运输车运至桥位处的输送泵前，由输送泵泵送并经布料机（布置在滑模主梁上跨径的 1/4 处）泵至浇筑部位。

（5）为保证滑模开模、落架、纵移、行走、合模过程中的稳定性，每浇筑完一孔箱梁后，布料机拆卸下来，倒运至下一孔位处待用。

为防止泵送混凝土时，混凝土对悬臂底模和腹板外模造成污染，影响混凝土的外观质量，泵管口先绑扎帆布口袋，以便下料时能深入腹板内。

为有效解决污染模板和钢筋的问题，打开腹板箍筋圈和横梁左右两侧的钢筋开口，以利混凝土下放、入模。腹板钢筋圈每 2m 打开一个下料口（横向距内模 20～30cm 的腹板箍筋圈上，开口在浇筑完底、腹板以后及时派人绑扎、调整恢复到原位），横梁左右两侧、两端各开 1 个共计 4 个开口。泵管深入开口的钢筋内部，下料时弯向内模方向，从而尽可能少地污染腹板外模（及时往腹板外侧模上喷雾以尽可能避免干灰出现，防止混凝土干硬后造成白斑）和堆积在箍筋圈上。另浇筑底、腹板时对布料口两侧的顶翼板钢筋多铺竹胶板跟随布料泵管适时进行覆盖，或浇筑前全部覆盖好。并派专人及时清理、擦洗干净撒落的混凝土，大大防止前期污染和干料现象。

（6）浇筑前和浇筑过程中拌出的混凝土在搅拌和浇筑地点分别检测其坍落度（泵送 18cm）、扩展度、温度等指标，并对其和易性、流动性、离析和泌水情况进行检查、控制，不合格混凝土绝不入模。制备足够的混凝土试件以备检验，前期制作应现场 5 组，与箱梁同期、同条件养护，标养室 8 组，箱梁施工正常后可适当减少。

（7）输送时采用拖式混凝土输送泵泵送，并经布料机入模。在泵送混凝土之前，先泵送一部分水、水泥砂浆，以润滑泵车、布料机管道，然后泵送混凝土。最先泵出的混合物不得入模，也不得排入海中，用罐车接料运出作他用。泵车或布料机展开泵管时远离箱梁模板，防止泵管内残留物污染模板，泵出的混合物排至混凝土罐车内运至后场回收作他用，防止现场污染。直到排出质量一致、和易性好的混凝土后，方可将布料机管口伸展至箱梁顶部浇筑部位的钢筋圈开口内入模。

（8）浇筑应连续、快速、紧凑，浇筑底板、腹板时在保证腹板不翻浆的情况下尽可能地加快浇筑速度，以有效防止施工分层线和冷缝的出现。混凝土的泵送作业，应使混凝土连续不断地输出，且不产生气泡。泵送时泵车动力充足，收料斗内混凝土应一直保持满槽，以保证泵料完全充满泵管。泵送作业后，将管内残留物及时排出，并将设备进行彻底清洗。泵送过程中当出现异常情况非停机不可时，停机时间一般不超过30min，炎热气候时不超过10min。且停机期间需每隔一定时间泵动几次，以防止混凝土凝结堵塞管道。

(9)浇筑程序：

①先从腹板下料和从内模顶部下料来浇筑腹板底部下倒角、底板下部和腹板根部，后浇筑腹板中部、上部和底板顶部，最后浇筑顶板(先浇横向中间部位、后浇两侧翼缘板)，顶板竖向分两层进行。纵向先浇跨中，后向两端推进。

底板混凝土在停止翻混凝土前不得浇满槽，应略有欠缺，以备翻灰涌起；若不翻灰最后再补齐缺料。箱室内部，尤其是腹板内倒角部位往往会因振捣不到位等原因造成局部有气泡、麻面，因此内倒角处模板的振捣孔在浇筑之前就派人打开，防止浇筑开始后无人安排、无人振捣现象的出现。

浇筑腹板下倒角、底板下部和腹板根部混凝土(此时坍落度控制在18cm左右，扩展度应相对较小，流动性应适度。混凝土体积应初步计算，以检验浇筑量。为防止倒角处翻混凝土严重，加设竖向铁丝网，阻挡混凝土从腹板翻、流动至底板上)，混凝土先从腹板处下注到底模上，通过振捣腹板内混凝土使其流动到底板一定范围内，然后再下注、振捣，直至腹板根部、底板和下倒角完全被充满且不再翻混凝土(图6.6-37)。

图6.6-37　混凝土浇筑图

②待底板及下倒角混凝土充分振实并不再翻浆至底板上时，开始浇筑腹板中部、上部等腹板剩余高度内的混凝土(坍落度可适当放大)。此时若底板混凝土不满，应再从内模的开口处下注混凝土直至底板完全充满且振捣密实。

浇筑腹板中、上部时，一次性布料至腋窝顶部以上10cm处，相邻两层混凝土之间浇筑时间间隔尽可能地缩短，以解决和避免分层线的出现。

③最后将内模中间顶部的下料口封盖后，浇筑顶板和翼缘板混凝土至施工高程。浇筑顶板时先浇横向中间部位、后浇两侧翼缘板，顶板在竖向上分两层进行，以缩短顶板与腹板分层的时间间隔。

(10)泵车出料口应有固定专人指挥和挪动泵管使混凝土准确入模，每层入模厚度小于30cm，做到薄厚、下料间隔均匀一致，准确判断和控制下料厚度。两侧底板、腹板下料应对称、平衡，以防模架偏心受压引起倾斜。

(11)混凝土采用振捣棒振捣,振捣该层时,棒头要插入下层混凝土中5~10cm,使上下两层密切结合,减少施工分层线。下层混凝土未振捣密实时严禁下注上层混凝土,指挥人员或跟班技术人员盯紧振捣,做到不漏振、不过振,且振捣及时、到位,不乱振。

混凝土密实的标志是混凝土停止下沉,不再冒出气泡、表面平坦、泛浆为止。由于箱梁腹板高3m,为识别和掌握插入深度,在振捣棒上标记长度,同时由辅助人员用辅助杆将振捣棒辅送到位。

不同部位、不同坍落度、不同气温情况需分别按照不同的时间和方法进行振捣,以达到振捣结果的一致。

锚垫板、钢束锚固端、螺旋筋、钢筋网片和齿板端部等钢筋密集处,混凝土下注、振捣都很困难,要随下料随振捣,并使用Φ30mm棒振捣(若仍插棒困难,则应在绑扎钢筋时适当调整钢筋间距以便振捣)。锚垫板、钢束锚固端下料时集中一次性下满,不得分多次注满。钢筋密集处,布料口混凝土堆积较高,应振捣混凝土来拉动使其流动、下落,不得振动钢筋使其流动和下落。

振捣棒严禁触动钢束、锚垫板、保护罩等部位,以防波纹管内进浆。

(12)混凝土浇筑过程中,尤其是浇筑到顶板时,箱室内的底板混凝土已经收浆,应及时进行对底板混凝土顶面和内模板洒水、喷水养生。

混凝土顶面的施工,顶板混凝土振捣完毕后用混凝土提浆整平机对混凝土顶面进行修整、抹平。收浆前用木泥板至少揉搓、抹压3遍,气温高时尤应注意,收浆后再抹一遍,并采用悬架式高速整平机整平(图6.6-38)。最后及时用修剪整齐的扫帚对混凝土顶面进行横向拉毛处理。但不压光,以防开裂。浇筑完成的箱梁混凝土顶面严禁被油、浮浆等污染,搭设竹胶板、木板,防止人员在上面行走出现脚印。

图6.6-38　混凝土整平

提浆整平后,覆盖湿土工布并再洒水养生(备有高压喷雾机对梁体进行喷雾养生,人工24h值班)达15天,防止混凝土产生收缩和温度裂纹。

由于箱梁混凝土是现场一次浇筑成型,顶面面积较大,所以控制好箱梁顶面混凝土的高程是一个比较困难的问题。故在浇筑顶板混凝土时,及时测量高程控制点(横向中点和两侧翼缘边缘点,纵向为每道横梁处)的高程是否满足施工要求并及时调整。

(13)混凝土浇筑施工应始终掌握以下几点:

①要保持模板、支架的稳定安全,应始终掌握内外侧相对对称、平衡的浇筑原则。曲线

箱梁虽不能对称、平衡浇筑，但也应保持内外侧浇筑的基本、相对同步。

②施工中要专人观测支架沉降、模板的变形移动或错位、波纹管移位或是否进浆，内模是否上浮或隆起等，发现问题及时处理。

③混凝土的浇筑均应连续进行，不得随意中断。快速浇筑是解决混凝土分层线和冷缝的最行之有效的方法，故在解决腹板混凝土翻混凝土问题的同时尽可能加快浇筑速度。

5）混凝土的入模及热期温度控制

热期、雨期时混凝土的浇筑温度应控制在28℃以下，并选在一天中温度较低的时间内进行。冬期，混凝土的入模温度不得低于5℃。

（1）气候情况分析，见表6.6-1。

青岛地区月平均气温表（℃）　　表6.6-1

月份	1月	2月	3月	4月	5月	6月
平均温度（℃）	0.6	3	8.3	14.5	19.8	24.7
月份	7月	8月	9月	10月	11月	12月
平均温度（℃）	27.8	28.8	24.2	17.9	9.8	3

在夏季，受海洋性气候影响，青岛地区昼夜温差稍大，但夜间温度在16～24℃，相对稳定。白天气温相对稍高，当外界环境温度或极端气温在32℃以上时，施工现场均应避开该温度时间段浇筑。

（2）当环境温度在20～28℃之间，各原材料温度在表6.6-2所示数据附近时，能够满足混凝土入模温度要求。

材料温度范围　　表6.6-2

车号	气温（℃）	砂（℃）	碎石（℃）	水（℃）	水泥（℃）	矿粉（℃）	粉煤灰（℃）	出站（℃）	入模（℃）
1	21～27.5	18～20	18～21	18～19	48	47	37	26	26.5
2								26	27
3								26	26
1	20～22	15～17	15～17	15～16	49	45	35	26	26
2								25.5	26
3								26	27

（3）热期混凝土入模温控措施

①严格控制胶凝材料进场温度，温度高于50℃的胶凝材料不允许泵入拌和站储料罐，对进场高于50℃的胶凝材料先让运输车辆静置荫凉场地一段时间，经检测温度不大于50℃方可泵入拌和站储料罐。并于浇筑前4h对储料罐外表面进行喷水降温。

②拌和用水采用自来水，水温控制在10～15℃。热期的水容易被晒热，故不宜过早储存于水池内，应在浇筑前放存、储备足够的凉水，确保混凝土温度符合规范要求，必要时加入冰块降温。

③降低集料温度措施。在混凝土浇筑前2h取凉水喷淋降温（砂子除外），可使集料温度

下降3~5℃,此时拌和用水量应根据集料的含水率适当降低;同时设大棚仓对集料进行遮阳,避免阳光直射。

④尽可能缩短混凝土运输的时间,拌和好后即刻运至施工现场,紧接使用浇筑。

⑤对现场的钢筋、模板可于浇筑前用凉水冲凉降温,并将水及时排出。

⑥对于装载机、拌和设备、搅拌运输车、泵车、泵管、振捣棒均用凉水冲凉降温后使用。

⑦选择一天中气温较低的时间段浇筑是保证混凝土入模温度最有效的手段,故宜选在夜间(热期夜间气温相对较低且稳定)或每天下午的15时以后至次日上午9时前浇筑,从而避开白天高温时段浇筑混凝土。

(4)热期混凝土温控的综合措施

在热期浇筑混凝土,由于外界环境温度过高混凝土表面易产生干缩裂缝。混凝土内部热量不易散发,造成混凝土内外温差梯度而产生裂缝。除采取以上入模温控措施外,尚应注意以下几点:

①优化混凝土配合比,在满足设计及规范要求前提下降低胶凝材料的总量,特别是水泥用量;大量掺加优质矿粉、粉煤灰掺合料,降低混凝土水化热峰值。

②外加剂选用聚羧酸类优质高效缓凝型减水剂,减水率高,在保证施工性能要求的同时大大降低了单方用水量,从而减小了水化热。

③采用薄层浇筑,层厚控制在0.3m以下,短间歇、均匀上升,使混凝土出机后最大限度地减少运输及浇筑过程中的温度回升,加快混凝土的入仓速度。

④加强养护,混凝土体初凝后即实行保湿覆盖、洒水养护。

⑤浇筑、养生过程中及时(每天8时、12时、20时,连续5天)检测环境温度、箱梁箱室内部(两端和1/3处放置温度计)温度等指标,并做好记录,及时采取洒水、通风等有效措施对箱室内降温。

6.6.3.3 箱梁养护施工

1)混凝土的专项养生

腹板混凝土全面开始浇筑时,现场施工人员及时检查箱室内部底板混凝土的收浆、凝结和硬化情况,收浆后及时喷雾、洒水养生,并打开两端人孔通风和在两端人孔处用高速风机吹风降温。

(1)收浆前,若遇到下雨等不良气候时,及时加盖支撑、覆盖防护,但覆盖物不得接触混凝土表面。待混凝土收浆后即可覆盖湿土工布、洒淡水养生15d(图6.6-39)(《青岛胶州湾大桥高性能海工混凝土技术规范》中规定的养护时间)。

(2)混凝土在养护期间或未达到1.2MPa强度前,其表面应保持湿润,防止雨淋、日晒或受冻,防止混凝土受震动,严禁施工人员在上行走。

(3)热期气温较高时及时覆盖、洒水,防止太阳暴晒;冬期气温较低时,混凝土表面少洒水或不洒水,用湿土工布、塑料布覆盖保温养护,保证混凝土的养护温度在+5℃以上。

(4)淡水为供应到便桥上的自来水,每孔箱梁分别接出2条塑料管进行洒水,确保水量充足。水管端部引出扎有小孔的喷雾管,及时进行喷雾养生,另再准备高压喷雾机对悬臂段等人工不方便洒水的梁体进行远距离喷雾养生。

现场准备3m^{3}储水箱,设置开关出水管,以便应急。

图 6.6-39　混凝土覆盖湿土工布洒水养生

2)滑模箱梁的养生

滑模箱梁为一次性浇筑,浇筑后需养护 7d 方可张拉,张拉后才可落架,故在浇筑完成以后 7d 内滑模主梁和底模不得卸落。而腹板外侧模和翼缘板外模是坐落在底模上,也无法单独卸落。只有内模可在混凝土强度达到设计强度的 60% 时(及时检测现场同期试件的 3d 强度,并做好试验记录)予以拆除。故养生方式如下:

(1)底板顶面混凝土,在箱室内部,不暴露在空气中,采用养生管在底板顶面上纵向通长布置在底板中心线上,左右喷雾淋洒。底板底面因带有底模,无法喷水,只能通过对底板顶面良好的养生来实现。

(2)腹板外侧面和翼缘板外模 7d 后方可拆模,故按不拆模考虑,带模洒、喷水养护至 7d,然后再按拆模养生方案养生至 15d。

(3)箱室内部、腹板内侧面带模洒水养生至拆除内模,之后继续洒、喷水养护,直至累计养生 15d 为止。内模拆除时修补应采用确定的方案及时跟进,修补部位也必须与梁体同步做好洒水养生。

(4)养生期间人工 24h 值班洒水,并对钢束孔道加以保护,严禁将水和其他物质灌入孔道。养护剂养护仅作为备选方案予以考虑,最好的养生方式还是用淡水养生。

6.6.3.4　张拉施工

施工现场配备专门负责张拉、压浆的人员,召开专题会议对其进行技术交底,并进行现场培训,明确责任,确保张拉、压浆在可控状态下进行。

(1)当混凝土强度达到设计强度的 90%、浇筑完成 7d 以后方可张拉预应力钢束。梁体混凝土强度应由试验室对现场同条件养护的试块进行抗压强度、弹性模量检测后确定,并给出试验报告。

(2)张拉前的准备工作。

①对千斤顶、压力表(每泵 2 块,读数精度不低于 1.5 级)配套送经主管部门授权的法定计量技术机构定期校验,以确定千斤顶张拉力和压力表读数之间的关系曲线。根据千斤顶校验结果得出的张拉力与油表读数之间的回归方程,计算出实际张拉时各级张拉力所对应的油表读数,并将各级张拉力值和油表读数值标记于油泵或其他适当位置上,便于操作时查

看使用。箱梁施工的每个施工队均配备整束钢绞线正常张拉的千斤顶、油表及油泵等配套的张拉设备(图6.6-40)。

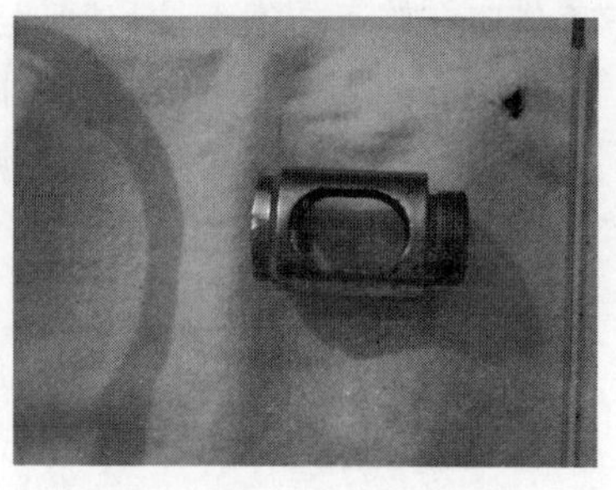
图6.6-40 反力架

②检查梁体混凝土的外观质量,如有无蜂窝、麻面、孔洞、露筋、露波纹管,锚垫板处有无空洞,若有必须按规定方法进行修补。

③检查孔道内是否有灰浆或水,空压机向钢束孔道内送无油空气清除污物,拆除支座周围的模板及其他约束,使支座呈自由状态,构件可以自由地适应施加预应力时产生的水平移动。

④清除锚垫板表面和钢绞线上的污物、锈蚀和油脂。擦洗锚具上的油污,清除夹片上的毛刺。

⑤将每束要张拉的钢绞线理顺,严禁相互交叉、挤压,让所有的预应力钢束在张拉点之间能自由滑动,张拉时的环境温度不宜低于-15℃,千斤顶的起吊采用自制的扒杆,测量延伸量用钢钢尺,安全措施到位并进行安全交底。

⑥张拉顺序号写在锚垫板上或张拉标识牌上。

⑦安装锚头,安装工作锚环、夹片,并将夹片用钢管预顶紧。工作锚环必须装(陷)入锚垫板上的止口环内。

⑧安装限位板,每孔对准相应的钢绞线和锚环小孔,紧贴锚环、无缝隙。为加快张拉速度,配备的4个限位板在张拉前均安装到位。

⑨吊装千斤顶,安装工具锚(工具夹片锥面涂退锚油——石墨或蜡50% +机油50%,和小块厚塑料布)。

⑩准备好千斤顶、油泵等张拉机具、设备,并安装千斤顶,装千斤顶时,钢束穿过穿心千斤顶的孔道中心,千斤顶紧贴限位板,使锚垫板、锚环、限位板、千斤顶和工具锚环的中心均在同一中心线上,即做到"五同心"。

⑪张拉前进行一次箱梁顶面混凝土高程的测量,以此作为初始数据与张拉后的箱梁顶面混凝土高程进行比较,以便检查箱梁的起拱度值,积累数据。观测点的布置在每道横梁处的横断面中心点和两侧翼板边缘点处。

⑫各种准备工作完毕,符合要求并经监理工程师同意后方可张拉(图6.6.41),且张拉

图6.6-41 钢束张拉

工作应在施工技术人员和监理工程师均在场时进行。

(3)按照设计给出的张拉控制应力 $\sigma_{con}=0.75f_{pk}=1395(MPa)$ 执行,张拉分级以及应力、荷载数据等情况写在纸上,贴在操作手方便看到的部位。张拉分级为:0→张拉控制应力的15%(初应力)→30%→60%→100%(持荷2min锚固)。

第一级按张拉控制应力的15%施加,是将预应力筋调整到初应力,把松弛的预应力钢束拉紧。此时开始测量千斤顶的出顶长度作为初始数据,以后每级均测。

第二级张拉到30%,是为推算第一级(初应力以下)的伸长量使用。

第三、四级张拉可直接推算出伸长量。然后各级伸长量累加即为总伸长量。

(4)倒顶,纵向通长钢束的计算伸长量在360mm左右,但大于千斤顶的最大行程时(以200mm为例),就需倒顶。倒顶在拉至伸长达190mm时进行,倒顶之前的张拉油表拉力和伸长量均记录下来,倒顶后先拉至倒顶前的张拉油表拉力并作为初始数据,然后继续张拉至100%。

(5)张拉后,在工具锚端部以外的钢绞线上刻画标记,测量该点到锚垫板的距离,待卸顶后再测量该点到锚垫板的距离,以测量钢绞线的回缩数据。

(6)预应力钢材的断丝、滑丝不得超过规范规定,如超过限制数,应进行更换,如不能更换时,在许可的条件下,可提高其他束的控制张拉力,作为补救措施,但须满足设计上各阶段极限状态的要求。

(7)张拉完成以后,测得的延伸量与计算的理论延伸量之差应在±6%以内。否则应分析原因,并采取相应措施予以处理。张拉采用应力和延伸量双控,实际延伸量应扣除钢束的非弹性变形的影响值。

(8)张拉后,锚固预应力钢束,放松千斤顶压力时应避免振动锚具和预应力钢束。钢束锚固后,严禁踏踩、撞击锚具或钢束。

(9)预应力钢束张拉完成后,用砂轮切割机将多余钢绞线切除,钢绞线露出锚头长度不小于30mm,严禁用气割和电焊割除,封锚、等待压浆。

(10)每次预应力张拉时均有专人及时记录各种数据,如:

①压力表、油泵及千斤顶的鉴定号和编号。

②各级张拉应力及其对应的延伸量。

③千斤顶施松以后的钢束的回缩量。

④天气情况、气温、钢束编号、日期、时间等。

(11)严格按照设计图纸要求的顺序进行,即纵向束先拉腹板、后顶底板,先长束后短束,按顺序对称张拉,最后张拉横向钢束。

曲线箱梁张拉,总的原则是相对对称、平衡进行,以保持梁体尽可能接近于实际受力状态。主要从每束张拉上考虑,先拉曲线外弧,后拉内弧。再分两阶段进行,第一阶段先张拉到设计张拉控制应力的60%后,经观察一切正常后再张拉至设计张拉控制应力,每束均如此进行。

(12)张拉程序如下:

①张拉至初应力,停拉,测量千斤顶的出顶长度,作为测算实际伸长值的起始数值。

②张拉缸继续进油分级张拉并测延伸量(使用钢铟尺),做好记录。

③千斤顶回油即锚固,油压表全部回零,卸工具锚和夹片、千斤顶、限位板。

④卸除后,检查钢绞线回缩值、有无滑丝或断丝。

⑤当钢束伸长值大于千斤顶行程时分次锚固,千斤顶回油倒顶后再张拉至上次锚固时的应力值时,测出顶长度,最后达到实际张拉控制应力后锚固,及时填写张拉原始记录。

(13)张拉完成后及时测量观测点的标高变化情况,计算出箱梁的起拱度,并与设计提供的预拱度作比较,分析原因后根据实际情况调整下一幅箱梁底模的预拱度。

(14)钢束滑丝、夹片破碎的处理。

①清除擦掉钢绞线上的油污、浮锈。

②夹片硬度低会卡不住钢绞线;夹片加工精度不符合要求会影响锚固力而产生滑丝,以上两种情况应更换夹片。更换时用特制的反力架配合单根穿心千斤顶单根抽拉需要更换夹片的钢绞线,重新张拉至控制应力值,用平口螺丝刀拨出夹片、取出。放松钢绞线后,重新放入合格的夹片,张拉至控制应力后持荷2min锚固。

③钢束锚固后受外力冲撞亦容易发生滑丝。因此应避免外力撞、冲击梁体或锚板等。若发生滑丝,应按照上述方法更换夹片,重新张拉。

④发现有夹片破碎后,亦按照上述方法用穿心千斤顶进行单根钢绞线张拉取下碎夹片,换用新夹片重新张拉锚固。

(15)张拉施工安全。

①张拉现场设明显的警告标志或绳索阻挡,非工作人员不得进入。千斤顶对面严禁站人,操作人员戴好安全帽。

②张拉操作人员经培训合格后方可上岗,并有非常熟悉张拉专业的人员负责指挥,技术人员全过程指导。

③卸油管时,先放松油管内油压,以防油压大,喷出伤人。

④如果张拉过程中,预应力钢丝经常出现断丝、千斤顶漏油严重、油压表指针不回零、调换千斤顶油压表等情况时,张拉设备重新进行校验。

6.6.3.5 真空辅助压浆施工

钢束张拉完毕后孔道应在24~48h之内(含封锚)尽早压浆。采用真空辅助压浆工艺,浆体材料中应掺入真空灌浆添加剂和阻锈剂,掺量通过试验确定。

正式压浆前先做试验(图6.6-42),选择在施工现场制作长5m、宽0.5m、高1m的混凝土(低强度等级即可)构件,纵向布置3道圆波纹管(1道水平、1道凹弯、1道凸弯)和2道扁波纹管(均水平),一端封闭并留设出气孔,另一端与锚垫板相连,仅用钢筋架立波纹管,不放钢绞线,浇筑3d后即可压浆,并记录各种压浆数据,待浆体凝固后打开检查密实情况。

箱梁孔道真空辅助压浆原则:根据真空辅助压浆试验和以前工程的施工经验,坚持真空吸浆、动力压浆和人工灌浆(补浆,浆体初凝、泌水后从出气孔端用铁丝通气,人工补灌)相结合的原则,确保管道密实。

(1)水泥浆的要求。

①水泥灰浆的强度等级为C40,实际试验室配制的为C50。水泥颗粒要细,以保证能顺利地压入孔道。水泥浆内掺入阻锈剂,但严禁掺入含有氯化物和硝酸盐的掺料及铝粉。

②灰浆要具有较好的稠度,水灰比控制在0.3~0.35;浆体泌水率在拌和后3h后小于

2%，泌水在24h之内应被浆体完全吸收；搅拌及压浆时浆体温度小于32℃；稠度控制在14～18s之间，浆筒内的灰浆必须不断地低速搅拌；初凝时间不小于3h，终凝时间大于17h并小于24h；浆体体积变化率应小于5%；7d龄期强度应大于25MPa，28d龄期强度应大于40MPa。

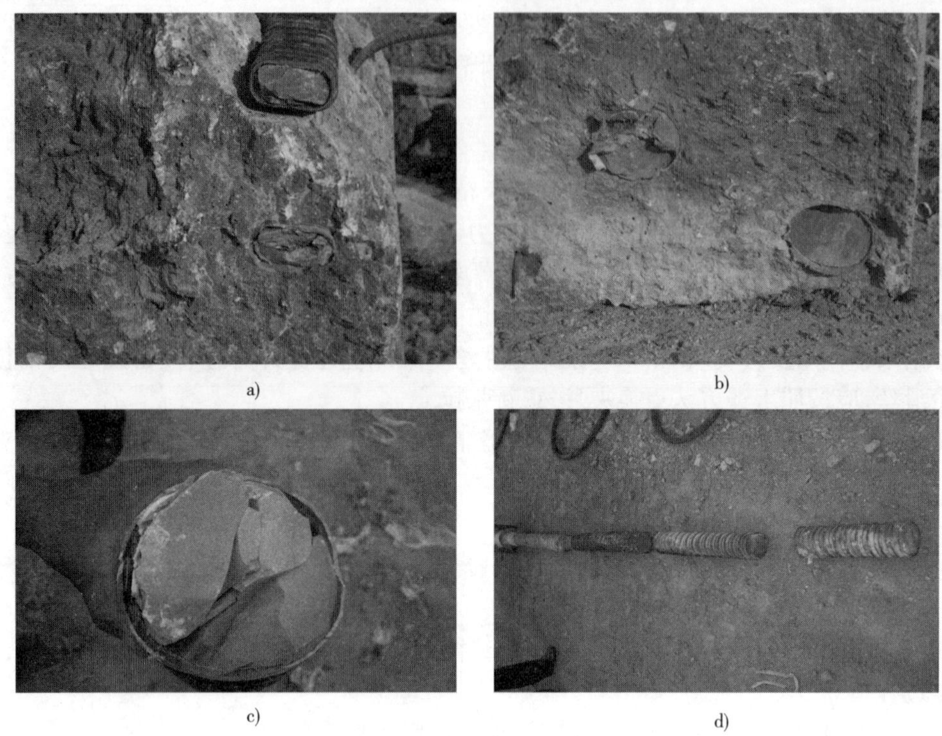

a) b) c) d)

图6.6-42 压浆试验图

(2)压浆设备。

①水泥浆拌和机，采用转速达1300r/min的高速拌和机。

②泥浆泵，采用排液式的，泵及其吸入循环是完全密封的，以避免气泡进入水泥浆内。可连续均匀地压浆，能进行0.7MPa以上的恒压工作，并具有进浆量、进浆压力可调和紧急卸压功能。并试水检查正常运行、无泄漏。

③压力表在第一次使用前及此后监理工程师认为需要时加以校准。

④真空泵，采用水环式真空泵，循环水用自来水，在运转过程中用水冷却泵头，冷却水随着抽出的空气排出泵外。从水源处(附近水龙头或水箱)通过塑料水管接进真空泵，排出的冷却水和空气可收集回水箱，水温不得超过40℃，其抽真空能力大于90%(－0.09MPa)，抽真空效率不小于40m^3/h。

所有设备在压浆操作使用结束时清洗干净，覆盖待用。

(3)工具及辅助材料，每个孔道的抽真空端和灌浆端各有球阀一个、300mm左右长度的铁质水管(两端板有管螺纹)一根。

每台真空泵配扳有管螺纹的铁水管一根与随泵的透明管连接；灌浆管配两根铁水管(两端板有管螺纹)和一副活接。

(4)清除锚垫板、连接器上的杂物，检查进浆口是否有堵塞及杂物，并及时清理，之后连接好铁质水管(两端扳有管螺纹)。

(5)孔道检查,灌浆前清除孔道内杂质,保持孔道内干净。对孔道的封闭性、是否堵塞或漏浆进行检查:孔道两端密封,往孔道内吹压缩空气,检查是否漏气、有无堵塞或漏浆。

(6)安装密封罩,装上配套的O形密封圈,套上密封罩,对角交替拧紧其固定螺栓,使密封罩密贴于锚垫板或连接器端面上。

(7)真空压浆:设备检查→密封孔道→试抽真空→搅拌→吸浆、压浆→清洗设备→结束。

为保证灌浆的连续性,每次拌好超过1道孔道容积的水泥浆体量后方可灌浆。

①将灌注(压浆)泵连接在压浆端、真空泵连接在非压浆端。以串联的方式将负压容器、三向阀门和锚垫板压浆孔连接起来,其中锚垫板压浆孔和阀门之间用透明塑料管连接。

②将灌浆管和阀门组件旋进灌浆孔内,连接真空泵并关闭灌浆端的球阀、打开抽真空端的球阀,即可开始抽取真空。为进一步验证孔道的密封和通畅情况,在抽取真空达到要求后,将进浆端球阀少许开启,则可听到气流的尖锐啸声,同时真空表读数下降。然后再抽真空至 -0.07MPa,持续一段时间后真空度无下降。

③浆体拌制:开启拌浆机并加水,加入添加剂,再加入水泥。按配比充分搅拌灌浆料,通过1.2mm筛网过滤入集浆桶内。浆体备料充足,保证了灌浆作业的连续性,否则,作业过程中因缺料而造成的停顿或泵入空气均会影响灌浆效果。在集料过程中,启动灌浆泵让浆体在集浆桶和灌浆泵及灌浆管(与孔道暂不连接)之间流动,防止浆体沉淀分层,同时起排除灌浆管内空气的作用。

水泥加入后搅拌时间不少于5min,总搅拌时间不少于6min。

④浆体检测,测量现场气温、浆体温度、浆体流动度、初凝时间、终凝时间。制件6组。

⑤浆体流动度经测试合格后,开启搅拌桶阀门让浆体进入压浆泵,同时开启压浆泵。压浆前关闭所有的排气阀门(连接真空泵的除外),启动真空泵抽真空(观察真空压力表度数,管内的真空度均维持在 -0.06 ~ -0.09MPa 之间即可)开始压浆。当在抽真空端的透明管中出现浆体并从三通管中的排废管中出现达到规定稠度的浆体时,立即关闭抽真空机,并关闭抽真空端阀门,同时打开排废管的阀门,让浆体从排废管流出,当流出的浆体稠度合适时,关闭排废管阀门。继续压浆直至压浆端压力在0.7MPa(实际均在1 ~1.5MPa)以上,且保压时间不少于2min,然后关闭进浆口阀门,压浆完毕。

灌浆过程中,真空泵和灌浆泵均同时运转、中途不得停顿。水泥浆自调制至压入孔道的延续时间不宜超过40min,在使用前和压注过程中应保持流动状态。

⑥出气孔在水泥浆的流动方向上一个接一个地封闭,注入管在压力下封闭直到水泥浆凝固。对压满浆的管道进行保护,使其在一天内不受振动,管道内水泥浆在注入后48h内,结构混凝土温度不得低于5℃,否则应采取保温措施。当白天气温高于35℃时,压浆宜在夜间进行。在压浆后两天,应检查注入端及出气孔的水泥浆密实情况,需要时进行处理。

(8)灌浆后约12h后拆除密封罩;球阀和与锚垫板连接的铁水管应在灌浆后5h时内(浆体凝固后)拆除并清洗干净。拆除真空泵与孔道的连接,用清水冲洗透明网纹管及连接的铁管——如果不慎致水泥浆进入真空泵内,则通过透明真空管接入水源后,开启真空泵抽水冲洗干净,准备下一孔道的灌浆。

(9)压浆过程中及时记录各种有关数据,如各仪表的读数数据、每个管道的压浆日期、水灰比及掺加料、压浆压力、试块强度、障碍事故细节及需要补做的工作。填写浆体性能指标测试表、强度检测表和压浆记录表,并在压浆后3d内送交监理工程师。

(10)为保证已灌孔道浆体的完全充满,在浆体终凝、泌水完毕后会出现出气孔处浆体液面下降,故需人工用泥浆壶再灌浆,灌浆时事先通入铁丝,灌注时一边来回抽拉铁丝一边灌浆,直至浆液高出梁体。

(11)封锚混凝土在孔道压浆后尽早浇筑。

第7章

互通立交荷载试验

在胶州湾大桥交工验收过程中,选择了红岛互通立交B匝道第六联(50+60+50)m等截面预应力混凝土刚构—连续箱梁结构(第三墩固结)作为荷载实验对象。

7.1 荷载试验目的及试验内容

1)试验目的

(1)直接了解该桥的实际结构受力状况,判断实际承载能力,验证设计计算结果,评价该桥在设计使用荷载下的结构性能。

(2)获得成桥空间几何状态和结构动力特性等桥梁特征参数。

2)试验内容

(1)结构静力荷载试验

选择边跨、中跨作为试验对象进行静力荷载试验。通过测定桥跨结构在试验荷载作用下的控制截面应力和挠度,并与理论计算值比较,检验实际结构控制截面应力与挠度值是否与设计要求相符。

(2)结构动力荷载试验

动力荷载试验包括自振特性测试试验和行车试验,通过测定桥跨结构的自振特性以及在试验动荷载作用下桥跨结构的动力反应,评定实际结构的动力性能。

7.2 静力荷载试验

静载试验主要测定大桥在与最不利设计(静力)活载相当的试验载荷作用下,结构各控制截面的应力和变形。

7.2.1 测试断面与测点布置

本次静载试验测试断面及测点布置如图7.2-1~图7.2-3所示。

7.2.2 静载试验工况

本次静载试验考核的工况如下:

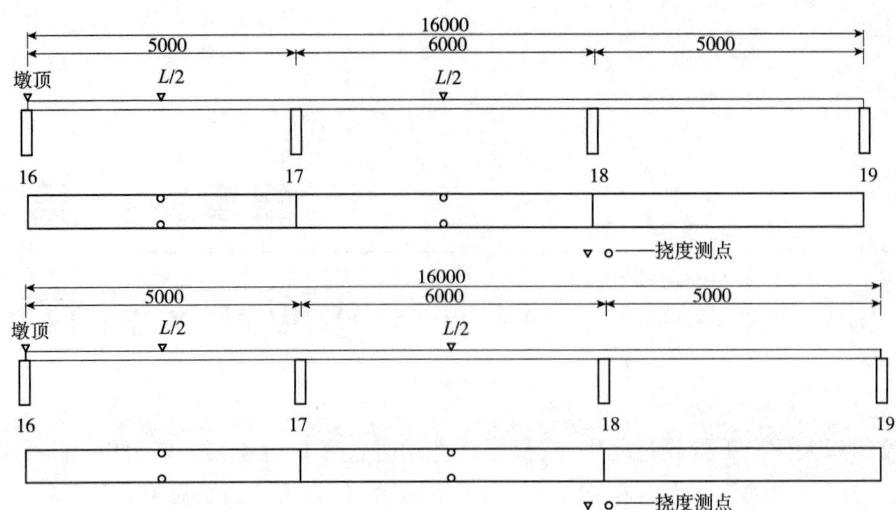

图 7.2-1 静力荷载试验挠度测试断面和测点布置示意图(尺寸单位:cm)

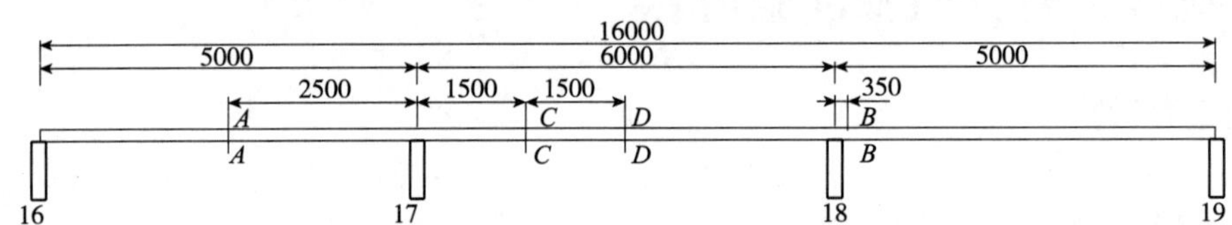

图 7.2-2 静力荷载试验应力测试断面和测点布置示意图(尺寸单位:cm)

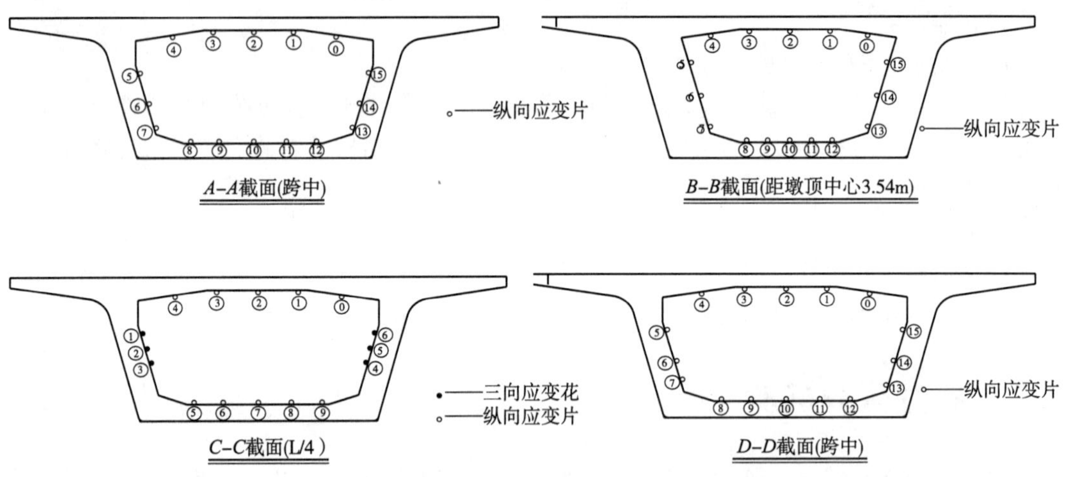

图 7.2-3 *A-A*、*B-B*、*C-C*、*D-D* 截面应变测点布置示图

工况 1:边跨跨中(*A-A* 截面)在最不利汽车荷载作用下的最大正弯矩效应及最大挠度效应;

工况 2:墩顶附近(*B-B* 截面)在最不利汽车荷载作用下的最大负弯矩效应;

工况 3:中跨 *L*/4 截面(*C-C* 截面)在最不利汽车荷载作用下的弯矩和剪力组合效应;

工况 4:中跨跨中(*D-D* 截面)在最不利汽车荷载作用下的最大正弯矩效应及最大挠度效应。

7.2.3 试验荷载效率及载位布置

计算得到荷载效率总结如表7.2-1。详细载位布置见图7.2-4～图7.2-7。

静力荷载试验加载效率 表7.2-1

工况	试验项目	试验荷载效应	设计荷载效应	荷载效率
工况Ⅰ	边跨跨中最大正弯矩效应	10763.23	12980.11	0.829
	边跨跨中最大挠度效应	-0.008	-0.009	0.889
工况Ⅱ	墩顶附近最大负弯矩效应	-8067.12	-8687.10	0.929
工况Ⅲ	中跨L/4截面弯、剪组合效应（弯矩控制）	7464.26	8035.32	0.929
工况Ⅳ	中跨跨中最大正弯矩效应	11692	12489.61	0.936
	中跨跨中最大挠度效应	-0.011	-0.011	1.000

注：表中数据弯矩单位为kN·m；挠度单位为m，挠度方向“-”为向下。

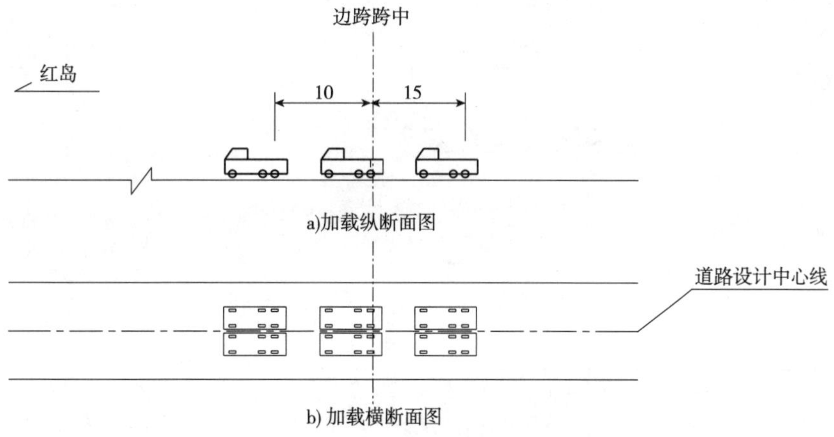

图7.2-4 工况Ⅰ加载载位示意图(尺寸单位：m)

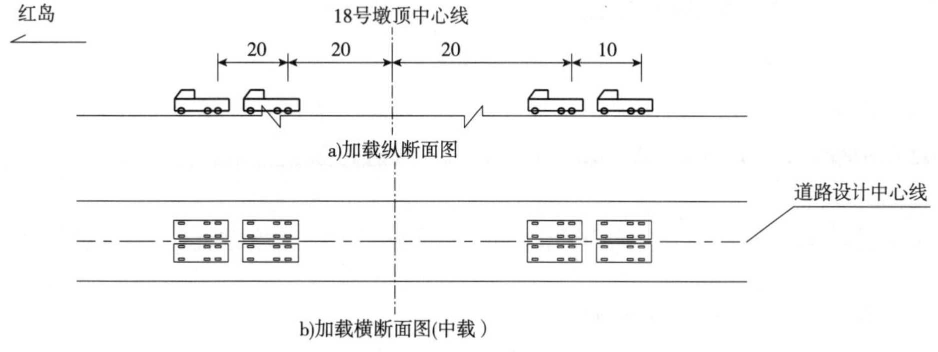

图7.2-5 工况Ⅱ加载载位示意图(尺寸单位：m)

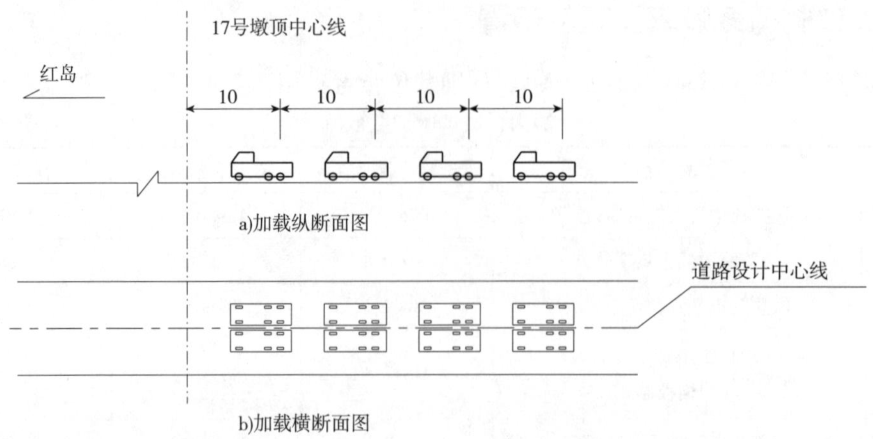

图 7.2-6　工况Ⅲ加载载位示意图(尺寸单位:m)

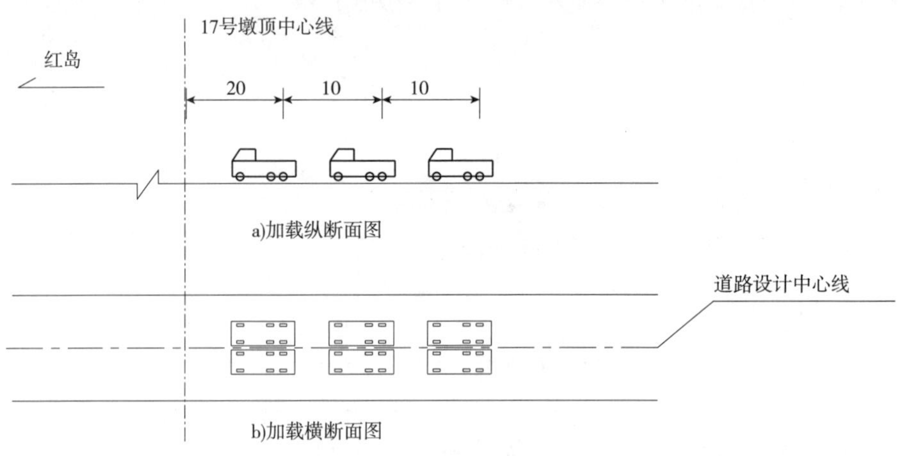

图 7.2-7　工况Ⅳ加载载位示意图(尺寸单位:m)

7.2.4　测试内容与测试方法

1)应力(应变)测试

箱梁测试截面混凝土表面应力(应变),采用在混凝土表面粘贴标距为 3×100mm、阻值为 120Ω 的应变片,匹配 DH3815N 数据采集分析系统进行数据采集。

2)桥面挠度

箱梁控制截面桥面挠度的测量采用高精度水准仪匹配高精度铟钢尺进行测量。

7.2.5　静力荷载试验测试结果

1)挠度测试结果

在各工况满载作用下,主梁实测挠度校验系数介于 0.60～0.83 之间,实测挠度均小于计算值,说明主梁结构竖向刚度满足设计要求,详细测试结果列于表 7.2-2 中。

静力荷载试验挠度测试结果 表7.2-2

工况	挠度测点		计算值(mm)	实测值(mm)	校验系数
工况Ⅰ	A-A断面	内侧	8.0	6.4	0.80
		外侧	8.0	6.6	0.83
工况Ⅳ	D-D断面	内侧	11.0	6.6	0.60
		外侧	11.0	6.7	0.61

注:挠度向下规定为正。

2)应力测试结果

在工况Ⅰ满载作用下,*A-A* 截面各个测点实测应力校验系数介于0.63~0.86之间,实测值均小于计算值,说明该截面强度能够满足设计要求。测试结果见表7.2-3。

***A-A* 截面(工况Ⅰ)的实测应力及校验系数** 表7.2-3

测点编号	实测值(MPa)	计算值(MPa)	校验系数
0	-0.55	-0.88	0.63
1	-0.66	-1.01	0.65
2	-0.66	-1.01	0.65
3	-0.69	-1.01	0.68
4	-0.59	-0.88	0.67
5	—	-0.01	—
6	0.66	0.77	0.85
7	1.17	1.48	0.79
8	1.38	1.85	0.75
9	1.59	1.85	0.86
10	1.55	1.85	0.84
11	1.45	1.85	0.78
12	1.38	1.85	0.75
13	1.07	1.50	0.71
14	0.52	0.72	0.72
15	—	-0.02	—

注:1.拉应力为正,压应力为负。

2."—"表示测点损坏。

3.带"*"表示三向应变花测点,所列值为主拉应力,以下同。

在工况Ⅱ满载作用下,*B-B* 截面各个测点实测应力校验系数介于0.60~0.95之间,实测值均小于计算值,说明该截面能够满足设计要求。详细测试结果见表7.2-4。

***B-B* 截面(工况Ⅱ)的实测应力及校验系数** 表7.2-4

测点编号	实测值(MPa)	计算值(MPa)	校验系数
0	0.41	0.68	0.61
1	0.52	0.75	0.69
2	0.45	0.75	0.60

续上表

测点编号	实测值(MPa)	计算值(MPa)	校验系数
3	0.45	0.75	0.60
4	0.41	0.68	0.61
5	—	0.23	—
6	-0.17	-0.25	0.69
7	-0.66	-0.72	0.91
8	-0.97	-1.02	0.95
9	-0.90	-1.02	0.88
10	-0.79	-1.02	0.78
11	-0.83	-1.02	0.81
12	-0.83	-1.02	0.81
13	-0.69	-0.78	0.88
14	-0.38	-0.40	0.95
15	—	0.07	—

在工况Ⅲ满载作用下,*C-C* 截面各个测点实测应力校验系数介于0.61~0.83之间,实测值均小于计算值,说明该截面能够满足设计要求。测试结果见表7.2-5。

C-C **截面(工况Ⅲ)的实测应力及校验系数** 表7.2-5

测点编号	实测值(MPa)	计算值(MPa)	校验系数
0	-0.41	-0.61	0.68
1	-0.48	-0.70	0.69
2	-0.45	-0.70	0.64
3	-0.48	-0.70	0.69
4	-0.48	-0.61	0.79
5*	0.24	0.33	0.73
6*	0.31	0.51	0.61
7*	0.52	0.76	0.68
8	0.93	1.29	0.72
9	0.86	1.29	0.67
10	1.07	1.29	0.83
11	0.86	1.29	0.67
12	0.97	1.29	0.75
13*	0.55	0.76	0.73
14*	0.35	0.51	0.68
15*	—	0.33	—

在工况Ⅳ满载作用下,*D-D* 截面各个测点实测应力校验系数介于0.62~0.78之间,实测值均小于计算值,说明该截面能够满足设计要求。测试结果见表7.2-6。

D-D截面(工况Ⅳ)的实测应力及校验系数 表7.2-6

测点编号	实测值(MPa)	计算值(MPa)	校验系数
0	-0.62	-0.96	0.65
1	-0.72	-1.10	0.66
2	-0.76	-1.10	0.69
3	—	-1.10	—
4	-0.66	-0.96	0.68
5	—	-0.01	—
6	0.66	0.84	0.78
7	1.00	1.61	0.62
8	1.55	2.01	0.77
9	1.48	2.01	0.74
10	1.28	2.01	0.64
11	1.41	2.01	0.70
12	1.48	2.01	0.74
13	1.21	1.59	0.76
14	0.69	0.93	0.74
15	—	0.10	—

7.2.6 相对残余变形(应变)测试结果

在试验过程中,在每一加载工况卸零后,测试截面测点的相对残余变形均小于5%,相对残余应变值均小于10%,表明结构各控制截面在试验过程中始终处于弹性工作状态。

7.3 动力荷载试验

7.3.1 动力荷载试验基本内容

动力荷载试验包括:脉动试验、行车试验(无障碍行车试验、有障碍行车试验)等试验测试内容。

1)动力试验测试基本内容

(1)脉动试验,主要测定桥跨结构的自振特性参数(自振频率、振型等)。

(2)无障碍行车试验及有障碍行车试验,主要测定桥跨结构控制截面应变的动态增大效应。

2)动力试验荷载及其作用方式

(1)脉动试验,在桥面无任何交通荷载以及桥址附近无规则振源的情况下,测定桥跨结构由于桥址处风荷载、地脉动、水流等随机荷载激振而引起的桥跨结构微小振动响应。

(2)无障碍行车试验,在桥面无任何障碍的情况下,用1辆载重汽车(单车总重为340kN)按对称情形,以10~30km/h的速度驶过桥跨结构,测定桥跨结构在运行车辆荷载作用下的动力反应。

(3)有障碍行车试验,在测试跨中截面处设置障碍物(横断面底宽为40cm、矢高为7cm的木板,长3m,如图7.3-1所示)情况下,用1辆载重汽车(单车总重为300kN)以10~20km/h驶过桥跨结构,测定桥跨结构在运行车辆荷载作用下的动力反应。

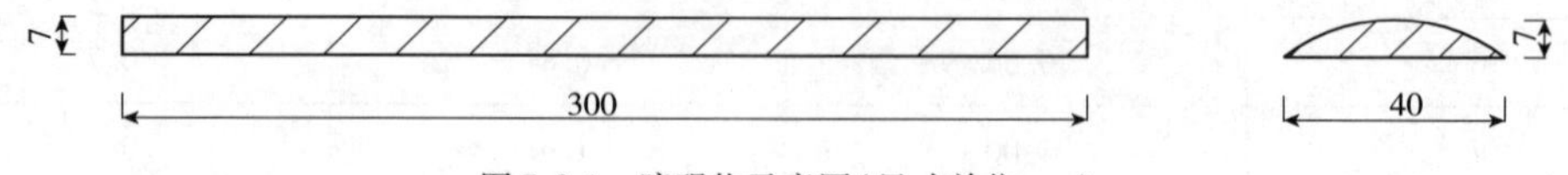

图7.3-1 障碍物示意图(尺寸单位:cm)

3)动力试验测记项目及其测记方法

(1)桥跨结构的振动响应(位移),采用在选定测点上安装891拾震器,匹配INV数据采集分析系统和笔记本电脑采集数据。

(2)桥跨结构的动力反应,主要选取桥跨结构控制截面的动态应变作为主要测记项目。采用DH5933N采集分析系统匹配笔记本电脑采集数据。其次采用光电挠度仪对测试截面试验过程中动挠度进行测试。

7.3.2 测试断面与测点布置

1)脉动试验

(1)测试内容

脉动试验测试的主要项目为桥跨结构的自振频率、振型等参数。

(2)测试断面及测点布置

①基准参考点的布置

中跨主梁$L/4$处布置水平、竖向传感器各一个。

②测点布置

为获得完整的振型曲线,测试断面按每跨四等分点布设,每测试断面测点分别布设在单幅桥左、右侧防撞护栏内侧。在每个竖向振型的测试断面上采用竖向传感器,在横向振型的测试断面上采用横向传感器。测定获得的振型需反映大桥的竖向、横向两个方向的振动形态。

2)行车(无障碍和有障碍)试验

(1)测试的项目内容

主要通过测试桥跨结构在动荷载作用下的应变时程曲线,并通过分析得出桥跨结构的冲击系数、最大动应变。

(2)测试断面及测点布置

行车(无障碍和有障碍)试验测试截面布置在右幅第一跨跨中截面,测试其动应变,详细测点布置如图 7.3-2 所示。

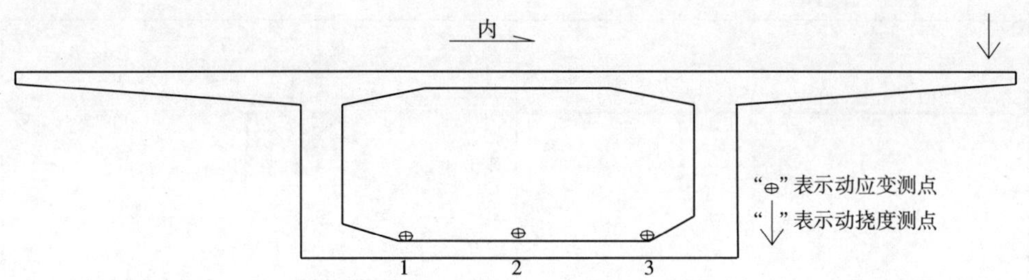

图 7.3-2 行车试验测试截面测点布置示意图

7.3.3 动力荷载试验测试结果

通过测试分析得出该桥 3 阶自振模态(图 7.3-3 ~ 图 7.3-5),实测振型和频率详见表 7.3-1。从测试结果可以看出,频率实测值基本大于计算值,实测阻尼比也处在正常范围内。

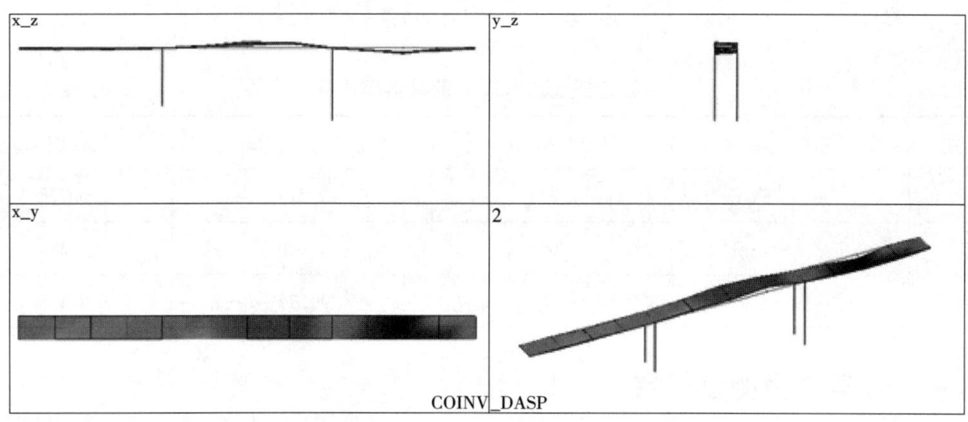

图 7.3-3 主梁竖向一阶模态

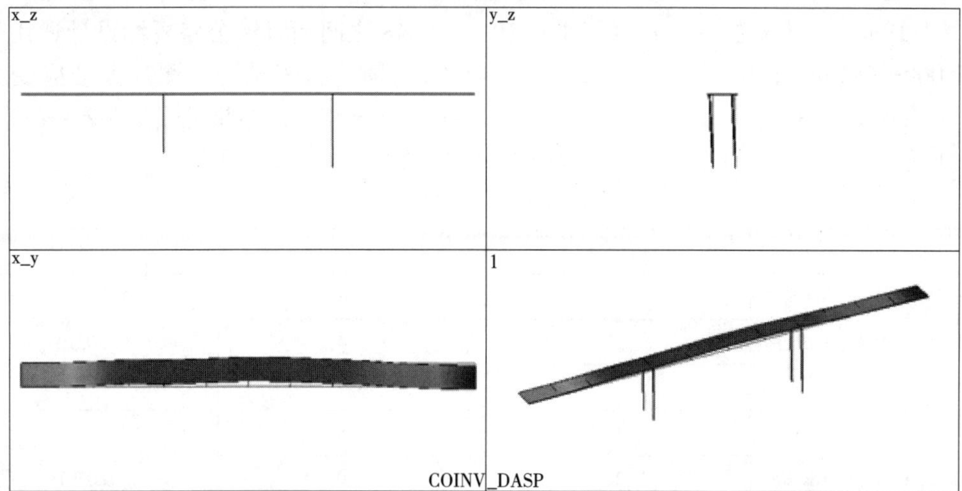

图 7.3-4 主梁侧向一阶模态

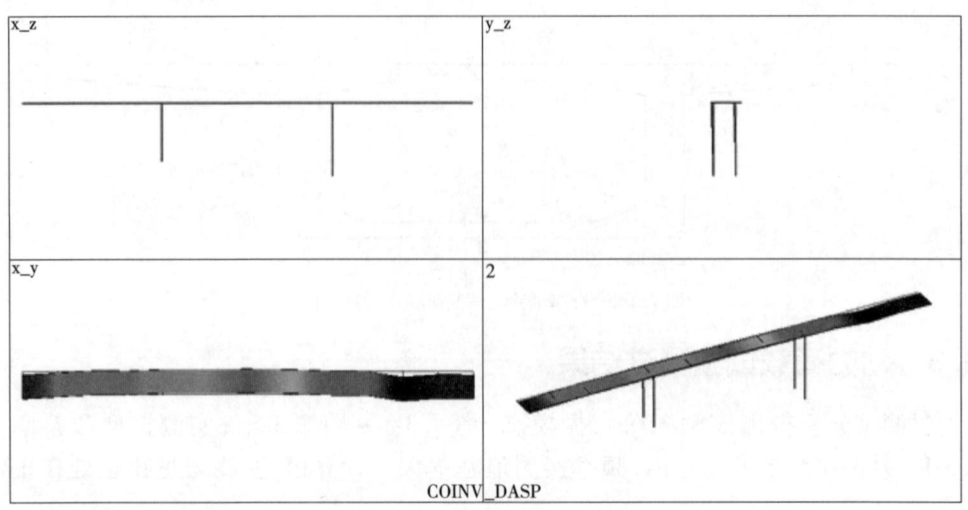

图 7.3-5　主梁侧向二阶模态

B 匝道桥成桥状态的前阶振型情况　　表 7.3-1

序号	振型描述	计算频率(Hz)	实测频率(Hz)	阻尼比(%)
1	主梁竖弯	2.247	2.524	0.728
2	主梁侧弯一阶	1.049	1.050	0.388
3	主梁侧弯二阶	1.206	1.325	0.435

7.3.4　行车试验测试结果

无障碍行车试验各个工况实测最大动应变介于 7.1 ~ 11.3$\mu\varepsilon$ 之间，最大动挠度介于 2.06 ~ 2.19mm，冲击系数($1+\mu$)介于 1.0510 ~ 1.0848 之间，满足《公路桥涵设计通用规范(JTG D60—2015)》限值[($1+\mu$) = 1.15]的要求，有障碍行车试验实测最大动应变介于 11.7 ~ 15.6$\mu\varepsilon$ 之间，最大动挠度介于 2.87 ~ 2.95mm。详细测试结果见表 7.3-2 ~ 表 7.3-4 所列，典型车速、典型测点行车试验时程历程曲线见图 7.3-6 ~ 图 7.3-9。

动应变测试结果(无障碍行车)　　表 7.3-2

车速(km/h)	测点编号	最大动应变($\mu\varepsilon$)	冲击系数($1+\mu$)
10km/h 无障碍行车试验	1	7.1	1.0510
	2	7.4	
	3	8.7	
20km/h 无障碍行车试验	1	8.8	1.0791
	2	7.0	
	3	8.4	

续上表

车速(km/h)	测点编号	最大动应变(με)	冲击系数(1+μ)
30km/h 无障碍行车试验	1	11.3	1.0848
	2	8.6	
	3	10.5	

注:1. 同一车速下各个测点取平均值。

2. 采用动力荷载效率和动力系数进行计算修正。

动应变测试结果(有障碍行车) 表 7.3-3

部位	车速(km/h)	测点编号	最大动应变(με)
边跨跨中底板底面	10km/h 有障碍行车试验	1	14.8
		2	13.2
		3	15.6
	20km/h 有障碍行车试验	1	12.0
		2	11.7
		3	12.5

行车试验动挠度测试结果 表 7.3-4

测试截面	工　况	实测最大挠度(mm)
边跨跨中	10km/h 无障碍行车	2.19
	20km/h 无障碍行车	2.06
	30km/h 无障碍行车	2.14
	10km/h 有障碍行车	2.95
	10km/h 有障碍行车	2.87

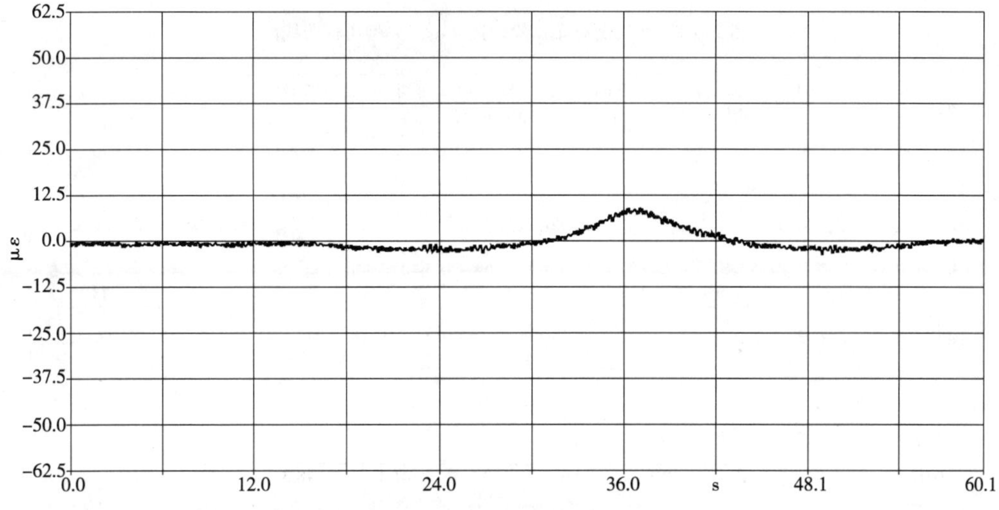

图 7.3-6　无障碍行车试验动应变测点典型历程曲线图

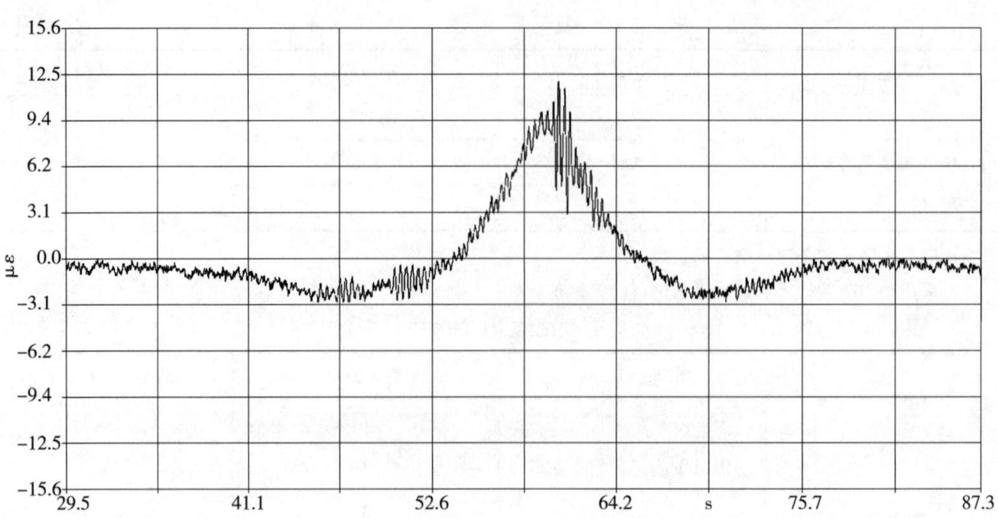

图 7.3-7　有障碍行车试验动应变测点典型历程曲线图

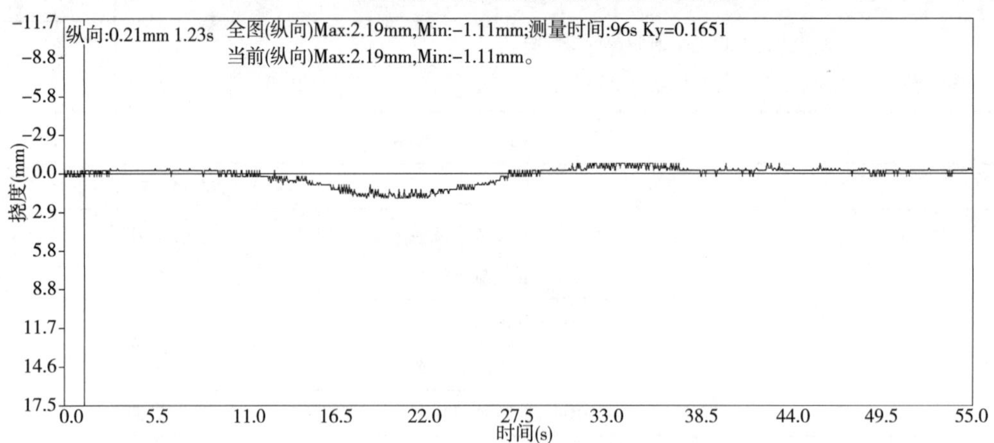

图 7.3-8　无障碍行车试验动挠度测点典型历程曲线图

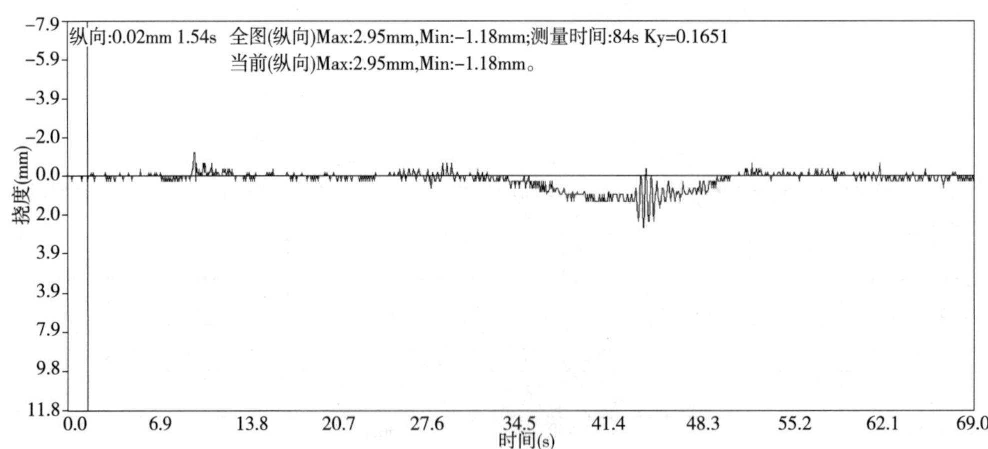

图 7.3-9　有障碍行车试验动挠度测点典型历程曲线图

7.4 结论

1)静力荷载试验结论

(1)在静力荷载试验中,主要加载工况荷载效率介于0.80~1.00之间,满足《大跨径混凝土桥梁的试验方法》(“铁组”YC4-4/1978科研专题)的相关要求。

(2)在各个试验工况满载作用下,各个测试截面测点实测挠度校验系数介于0.60~0.83之间,实测值均小于计算值,说明主梁结构各个测试截面刚度能够满足设计要求。

(3)在各个试验工况满载作用下,各个测试截面测点实测应力校验系数介于0.60~0.95之间,实测值均小于计算值,说明主梁结构各个测试截面强度能够满足设计要求。

(4)在每一加载工况卸零后,测试截面测点的相对残余变形均小于5%,相对残余应变值均小于10%,表明结构各控制截面在试验过程中始终处于弹性工作状态。

(5)在试验工况加卸载过程中,箱梁主要受力截面未发现产生新裂缝等异常现象。

2)动力荷载试验结论

(1)红岛互通立交B匝道第六联(BK0+789.20~BK0+949.20)实测基频值1.05Hz,各阶频率实测值大于或接近各桥相应振型的理论计算值,结构自振特性实测值在正常范围内。

(2)各测试断面底板实测最大动应变介于7.0~15.6$\mu\varepsilon$之间;实测冲击系数介于1.0460~1.0988之间,满足现行公路规范限值的要求;实测动挠度介于2.06~2.95mm之间,满足设计要求。

3)总体结论

青岛海湾大桥红岛互通立交B匝道桥在荷载试验过程中,大桥主要控制截面的实测挠度和应力均满足相关规范的要求;结构基本动力特性指标良好,结构刚度满足要求。